Z帥 白白 Seaman 哪有 大地人 路人 wow Yiling 飛鳥 rex 賢知 lonelyp

三 light 小星星 張妙如 阿丁 arwin cathy0157 Linus Mai 愛 p oubliee

小曾 蔡坤陵 Strawberry1985 林志峰 紫頭 Emis che WLX sam Taiwa

阿ken 哇哈哈～ Ryo fish Taiwan棒 王小月 yuehmei Glenn 阿湯哥 SzuHeng boy look 家順 樂天門月

tc sjgau zubine 就是愛哈啦 貓咪 馬萃思 wide L 換日線 oO咖哩Oo percila 李錦銘 Stran 夜月神 鄧公-

庄子内溪 黃鴻銘 bighead 薛邑萊 文欽 puma727 jorie 璽守 米犀利 Eric 小烏龜 J wendyli 陳彥秦

shliao jj 朵朵媽 泡泡 popo 0xe DLCG pp moi chien Alfie Jessie Justin Judy 小橘 康 地球人 pharli

Aiken Lin CSY tim chenyi Joyce Lu Koala River Walk keepfly Merlin kemp6807yy 旺哥 瞎威啊 Gin

林哥 giru 阿國 幻雲天 ethan the verve 台灣 liao 小羊羹 BO2 Dianne rose jiandan 小王子 nancy

iowei 羅雲 Jii bond AR承 buring Thomas Jinfidel Joe automelon noriko 貝殼 sunwingman 陳素華

yogi 璞茗 我愛故我在 道純子 SJ ipa Mix RIC ivy heyman joe Rafter 紅豆 YUJIA mtlin12 QQ George

scott Eclipse patricia Simon20080202 KURO CFN 小W 慢茶 模擬人 張小毛 春麗 eblue 思樂 小弟

ivan KalenSu 藍 Vivian Crystal cindy 撩撥寂寞的手 jin 貓咪桑 DL 詹正德 火星爺爺 noe Moon john

老和尚 和生 Elaine 謝宗良 nienshu 小蘭 黃少詳 ching 賴志傑 雯 Danny Zoe Kay Violet 仁仁 後山人

尚無聊 浪跡天涯 乂喵S滴乂 莘兒 Neptune2901 D.Wesly REX 雨相 露西亞 ken 小胖 北極小郵差 富

國強兵 阿哲 xixi.tsai linst622 Mr.Q coco amy 應天 打山貓 周聰恩 吳奕軍JasonBosox 楊孝先 (nchild)

river 羊 lilych 小瑀 小波 e159742 姜玉婷 鄭士芳 鄭欽任 輕輕 ~SOD~ 毛毛 Leo malama 老虎先生

peace 蔡春樹 bt Rotch 穎皓 惑 Tt wenchit i_me 小鬼 akibo lee croesus lkwang 007 younger 3個孩

子的媽 Ms. G ppyxk peter lee Roger hanni Allen 黃子桓 愛紫 安 Su Monk-安安 miharuda Licheno

otto coop patience redbean 鐵頭 KK michelle weiss peace vanny stone 陳苓云 破鞋子 ponpon

GINGER 陳怡安 小零 迪亞 ssl Robot 那霸獅子 vicky 心山豆 JH STAN IF chiu 蹄印 朱德容 阿天

Raymond 周明達 Xstar 老克 東尼 May Klaire vanessa str vincent Topper vasili 大屁屁 好伯 海洋狂

野 清水雅堂 想當建築人 克萊爾 Daniel Bill.T 阿米巴 阿韜 度凡 alison 月禾 Wayne 陳冠樺 義夫 負離

子 timkuan 笋笋 Stephen james Irean jazzblur 緬因 小優 娃哈哈 賢知 梁兮兮 海苔 嘉文 kiki vicyeh

Lucien 建明 Scarlett H 柿子 阿湯 徐凱生 阿丹 熊 ET TL 光速老子 仁者 閩台一家人 龍崎 dave sun

Benque 小三 paline garfieros 譚老六 Bauer 老猴 liaocheng 台灣人 alex iunjan Mirai kappa 和平鐘

steve kao facain Tom vickiekao 剪子 Giada Yuan Chu 鍋子 浪中龍 hopper Eagle 蒼藍·詩想·司徒砷

蔡一弘 鄭國威Portnoy 淡淡的藍 guliyen jdwu 星願 愛國 Annie hanniballecter 黃鳥平 劉正幸 peter.

lin 小樹 李建宏 恰恰喵 thd i do teddy Jeff 涼鳥 Amanda nakoyaka 雷胖子 hercules 蟲蟲 johnny丫炫

Tung-Mou cuznsod 柿冰 肯特 mew cynthia stoprain tim 肉餅飯團 檸檬 香香 小\can 郝明義 Bear 邪

神 阿舌 jobo JSL Julie 豆豆油 birdy chung David washe 石秀淨名 black6 Frank 屏屏 Punx 周如祥

如願 小善存 卡不里 afra 黃琬喬 阿渡 Nan zoo 夢 王銘岳 alex 志工陳媽媽 ruby 黃金獵犬CHERRY的

拔拔 鬼吹燈 想想 天照 夏樹 落合 ch543 Jarong 黃小毛 阿將 vivi 小櫻 oldpig yuping in anarch 二馬

flower Ophelie 琴或 海水 黃申在 kiki ltc Horace Chang 活水經濟快點來 亮晶晶 某人 Paul Wang 桃

艾 居子 凱 阿德勒 kc A龍 Tony 索拉西多 心為根本 漆器 COOKIE 小譜霏 chen earnest KK k shi

hweipu 麥少 頭 star 伊佐　繰 李長青 ct 小榮 念 ANN eddie 冷小話 土星來的小王子 董得 Bryan

CRANE Arwen thomasaria 欣 K.R. Brian 東之竹 訪草 豆豆油 Basara 分子 麻雀 闞巧涵 emisjerry 奶

全 zusehn asdic 小鳳 珍妮佛 norbert HUNTER zoeyi 顏絮 apig Fiona Lee Mena 健忠 DAUCTER 小

陳 Joan 葉明杰 Nelson iceblink mowklee 高義傑 不死人 Cola 小人物 金堡主 Lotus kait 雜環 ting 舜

子 Sam Brad 貢丸 夏樹 晴 sagbr 駱駝 五育不全 住庵人 Bighead Sophie allen Kirala one pig 關魚 羽

賈克大叔 KAI 史考特 k huahua 等待迷路的送子鳥 alex 董福興 喀飛 Jam angel 東泥 毛絨絨 漣妹

Rye Catcher 孟哲 斐民 Danny tonyhuang YK PK大王 Poo TWIN 陳德愷 綠豆 小言 linlin Koson S

hlc 星子 糟糕島 謝佩芬 Jay 牙齒 亞齊 勇延 kai rvs aillen Vivienne 秋天 米拉 阿俊 momo 木頭先生

小茹 郭小君 巧可可 leviathanist faraway0 w 星 cold piggy 矼司 Ren Where hanah River 阿伊 劉明

仁 丫翰 Elsa chenthree misschu 大鵬展翅 Eddy Lai Ashoka voicelee grace joanne 荳荳 stan aaa3388 patricia 小P 燕 金戈鐵馬 Fan Julia Julia 莊晶 小瑩 封小唐 平 Gene W 小劉 momo parrt 網路貓男 蘇菲 Maureen may 阿三 connie 星兒 小郭 Sarah neo Ellen Bruce 小姿姿 joech vanisa Sherry 水亞木 aling 甜甜 Lbiza 巴布狄倫 BoA alvin C小姐 sadapple 路仁 ocean 小郭 薰衣草 Ivy hsiao wanling Mia 唐光華 鄧子 霖? PY 土撥鼠 terrific 林瑞珠 可柔 JD 白小茶 風中孤雁 sunny 小麗 譚華齡 ctrl sabina LinoChen 期待 Bea 珍妮花 莊淳淇 歷史老施 liyoung venissa coco cobain 花兒 雪人約書亞 bernice Janice 小喵 cage 可樂誼 obasun CHIU 顏顏 天小空 geroleen chihiro 秀秀 clarechi 然婷 vivian angelprincess Jessy yslin 芸 恩典 阿惠 lily PINKY hui 小a 有沒有那麼綠 小麵包 公民監督國會聯盟 miaotzu Emma abin agu509 kouki JC Ayu chingly 莊岳坪 停不了 linda 林秀茹 侯南隆 妤 missy 月亮上的小狐狸 rutgers rein iRis 江明昌 小布 米雪 花壇的小花 蓉 暈倒中 ELVIRA 阿綠 wenny 小猴子 發哥 小玲子 小卓 Alan Huang gaze Sa.Cat 小憶 黃國書 Kelly 潔米林 小偉 judy 學姐 小朱 冬瓜 Brenda 小辣 愛美 lily 米亞 秦美 吉媽 白熊夫人 小潘 faye sunny 二娘 博物館員 瑄瑄 盈盈 joan spring 冷酷的藍蘋果 婷 george 阿育 popobaby Ingrid amy Judy 小宜 小米 ms. fion 拉丁海 bell 小惠 vincent yh1025 lisa 何雲 劉明宗 isyaju Home-Home Mama air sabina Chen Shih-Lon 米曉西 Akemi 果果 Apple 小六 ivor DearJohn 亞里月沙 酷寶 吳昕 olivia sharon lili 小維 chenli Terri Jung 如如 小莊 Nana7 余尔 即我 chiang river lin yenya EQluby 橘仔 小豬 Duchess mm Lynn 琦琦 穠穠 LULU karen Echo 阿力 Tammy yun Pessimist Jason damh Cody Julia 陳海倫 ting Emmy 青哥 Heidi 羊咩咩 伯朗 翁榮燦 想要寶寶的夫妻 紅茶冰 rita 期待孩子...... 砂石 趙小薇 米格魯 林吳通 TANK ＊都是我錯 丁 Betty Yang Apple loretta fang chubby Samantha Jinny shuanshuan Mian 小溱溱媽咪 雪兒 rc 春捲 阿噗 失眠的文字工法蘭克 Sunday 再零碎不過 栗子 coollong 嗨 lu 幼是傻瓜 W2 janae 真 JW 小珠 半百 小妮子 melody Jennifer 阿更 茜 sun 小甜 晨日 Sean 阿呆 小涵 cie cream 霍元甲 布丁 javan Conti Sky 古阿明 牛奶 teresa_ling 吳容杏 Lancia st 同志家庭權益促進會 soso D寶寶~ Ikk 阿萍 ~G.P啵兒棒~ red 辣媽 涵涵 熊 mllo Jonathan 家 bubble u Mei 小草 youngti vicky 小小 ally 張雅鈴 小比 hwsu8079 Esamy artis 大山 田佩玉 龔千 是我啦 vanessa 李燕 凱洛 小小沙貓貓 小乖 smallove JS Ann marukojason Mooi 老K 小李飛刀 laiya 小西 非非漾 luv ines 蓓樂芙 kelly8079 昭君 micyang 王振圍 阿仁 捲 Eric KK George Lew 世界無敵霹靂丁小雨 寶寶 小燕子 michaelliu.taiwan Fitz 心 Mandy rachel 蓉儿 Elle liao Cher Elle Liao singingpeter altec 千夫指 nice 迷迭香 亮亮 蕾貝嘉 miya 施慧 martian child qo6 小唯 阿維~* 林言 大貓 Meat Lufe 在府 scott 言午太太 Tofu luchen mike 噗 Ruby Max carey 燕燕 少言 judy Gio li 螞蟻 IRIS bv5gt Ken Worker b3516787 高雄優秀宅女 柯達 samu 水西早 吉古拉 好孕 曾淑賢 芬 萱 愛書人 nancy peggy 阿福 yushanc Jill Yu 自由 susan 陽光 紹文 太陽 阿凱 大樹 魏德瑜 小美 mf pink sammi 阿娟 小美 teng 九妹 Nana nieve fun-chien 【獸】阿咪 Cathy 期待我的小孩 dracula 美D Tom Scarlett 安安 蒂芬妮綠 diobo Lynn 小洋 Bob Chen 清新如水 吳小葵 zippo li joygiver 小星星 孟 Spore oyl z5795 無敵小助工 RL Gracie Echo ryan wang Dora 李偉文 fontainbleau min 黑色天空 菲小均 阿sir Kay Kate 帝無晴 dennis Tito Neo 加菲 dape yumin 子怡 shihgae 綺綺 Starss Sylvia 花婆婆 sandra meredith ling 姚姚 阿達 susan女巫 yuki 小合 小飛俠 reeriver hansfu freesia amanda 魔法歐巴桑 MIN 乃文 joyce Emily 阿富 sunnia 小香 pp koshiyen 果子離 貓 小慧 ava 季平 黃婷 星 fayww Bigeyes Evelyn 曉琪 殊殊 小狐 yaya 林言熹 杯杯 vonz 蝴 盧姍曉 hank 三越 jerri226 RYQ 王文信 艾姆 未來 USA ona 黃毛 5小姐 小龍 聽雨軒 梵谷的耳朵 G爸 小林 喵喵 yo chien Ann 轟隆隆 奶梅 payru 貝貝 dodo 左手狐 waiting popo43 Bono PP hoho woody 阿仁桑 SEIKO 瑜汝 史提凡 陳文翔 臺北縣立圖書館張貼版的希望 shirley 小狽 KarKar 小群 PH7 Cleopatra anise Terry Zuma 野百合 欣潔 發呆無罪 sofia CF 孕婦一枚 另一座島嶼 erika 高塞 Rac droger gccheng MARY shirley 魚頭 虫 ppppp Annie 王品惠 艷子 jenny 奉文 Albee june CC 夏瑞紅 戴均伊 姜小謙 琉璃 底波拉 maya Lynn 小英 釧 megan 翁嘉銘 vicright 有河book張貼版的希望 珍珍 ezon yeh 我也支持不孕症健保給付 selient 古維尼 kenny LYP I'm CAMI 畢魯 綠茶 danie zsp hauyuen Howard 格格 秩末熟 Venus 昊廷 霓霓 富誼 Jessica Fay 蔡蔡 donna Ada angie dennis.liu 繡花鞋 凱風卡瑪兒童書店張貼版的希望 鴨鴨 長毛 Kel crazyda cychu meger Lily 雨音 阿不甲 Isa a

Taiwan student in London CYC 飛翔未來 小魚 高雄善理書坊 lib funglily miss陽 大餅 蕭A 吉人天相 liukai 臺北市立圖書館張貼版的希望 望月之貓 香菇 ann 丁丁 alvin onion icechianti Yvonne Zooa 奇異世界的塔 搖滾瘋子 Linda littlehau Mories Mories 米 阿瑞 yyt 元氣小翔 小美 davidtaichi 阿酥 Bowen 木子 hsiflow doren 只給妳溫柔 小小書房希望地圖張貼板 西瓜皮 Q寶 Actualization 一智 ekanana Hsinping serendipity Vivian cychew kuni 雲 達人 yudih 愛立刻 秋秋 Netto BeN demi KK caed JuN`e 菲菲 楓香 了了 WU lian 小神 無 kindness 孤情嵐 Roy Fang 城市頑童 Mindy 盒子 Hamburg 楊小羊 chenhao 王姿尤 將將將 白豬 shishi phyllis 阿櫻 米飛 葉子 lembert HoNG cherry 鄭秀燕 lin 陳怡華 珊卓拉丁 梅耕 羅珊 雁總 shinny Nancy 想當媽的人 蔡英文 DeVOn i_m_samuel 小狗 antony badbear Miss38 carol 菜菜子 muliphen Jenny 鹿兒 noka sisi Opensees520 小u 小哺比 Yoshi 柿子 isis Dow ah tsau 老大 小蕃薯 Nick 小亨利 you gotta be kidding me 克里斯明穎 小可 kitty nuwo YS 波 奕君 小樹 Cony freshlife vesta Emma 花花 Bleeding Knight 多多 Wen patent Sasally Sunny 阿凱 龔 Chaplin Jennifer Gavin Ch.莫 Alan Weiker 姥姥 chiasa 茶壺 固力果 s.h. Super小彥 黃智堅(真情酷兒 vincent) jean 笨貓 田中黑人 秘密 qq頭 JIOU orion 旗津烤小卷 林文仁 魚溥 CAROL MR.T 馬世芳 kuanyen 米虫盛 hosy rainny2008 亂子 鋒老 廖麗綢 cc123tch 薛家琪 babyonboard 豆俠 Celine Chen Chiumu aki Q-Duck 智偉 yen 大魚 zona 小貝 小紅帽 小芸 tosh shieh 阿鴻 小宗 鍾馥名 ddl 好二 TATA 台灣阿誠 阿金 lotus 馮翰鵬 雷胖虎 pighead banmar Lydia 小孩 小米 謝力行 馬世芳 roger steng dorren nikar 阿敏子 小雨 yww kale CC 李定維 monkey lily Heather mei 米雪糕 doggku however 小惠 紫宜 Michael 陳小茜 懶骨頭 小娟 小中中 李易霖 JJ 顏兄 Taco 阿妹妹 a09181008 jessiewu123 goodguy 飛行樹 Leicaboy oZZy 台一線工程師 Hillary doctorM Tanya 雨揚 芋美人 nora 阿慢 Nhope MONKEY chun gordon 自在嬉遊 旅行概念店 JOANN Hiki 茹 顧曲周郎 小翊 betty Wesley 洪承宥 玩具刀 綠茶 黑先生 ys Boringma 一休 林小光 前進 Aki Frank 綠皮香蕉 Kero 阿哥哥 翠 ak84 fausta 老大 richz 冠 candy 阿通 wicca . L 宏 翁嘉佑 繭樓 商晉 小赫 五色鳥 安安 維明 chianglun 艾芊 HenryHsu sc 德 Denny. C 光爸 保小羅 小狼 博元婦產科---不孕症試管嬰兒中心--蔡鋒博醫師&陳昭雯醫師 Kk ysl brenda 自信發光 阿欣-女人心事會館 caroll Fiona TPETINA 由由 Jane 酸酸 jayatii hendry rachel 馬力歐 盒子 小稻穗媽媽 may 惠子 Lilian 兔熊 Lilian 小長今 父親+母親+孩子=幸福 碗糕 蟻男 peggy eiwen 神啊 葉美玉 hope Jessi 小葉 hana 小丸子 黃佩妮 Arthur Chang julia 邱瓊玉 aro Menghorng vasoul James.P OrangeTulip 凱西 Nilworld lj felix 月光 Sandy Shin 大玉兒 king tony christine 布丁 地球公民 趙昱 REG jamie 虎妹 瓢 雨傾 ku Esther 阿布 樹 快樂雲 david Amber 小鞠 jennifer amy 楊小乖 黑面487 夢遊 石頭 希望人人有工作 荳荳 marie 魚 小鳳 0 katy applerin may Hsueh Chen 雨魅 李素雲 Q murphy 小高 p cyctony king 陳翔宇 cycmax 小卡 作夢 老實人 harris Kukalaja 洛 希望有希望 James Lee 小妹 林小咪 alma 李國瑋 Mike Leopaid tom carearth 小龍 不滷絲 Crystal B 黑人 流川東 阿富 A.D. 恬恬 蕾 流浪的代課教師 Jeffrey whx james565 Johnson 蝶舞||希望 鼠* 虛 spiter chiu-li 熾 阿俗 馬的 reader writer winner kowei cow tima 左 ruru 蔡小孟 瓶 無洗腎 LiCS Lynn mary 阿就 carol 阿孤 熊 SP 清水玲 Jil princesski Grace 台灣人 winterandsun brian yummy 摩登 matt 球 jerry cybermajor cyctaipei 奇異筆 Kelly love SEAN Shirley Lee 海闊山昂 hugo90314 bigfool migoo Estelle 小周 阿托 朵姬 小柿折摘 sweet 芬芬 xia jodie1017 小紅帽 May 小朋友 xbio 小白 大瑋 bj 凱斯博 顧雅筑 劉振江 OR catty 小翅膀 Maxwell 小小的太陽 Jean 簡單 靜子 章寶 kallen Zoey lane cindy 蜜汁哈奇 二鴨 Moses Hu 阿博 fitfish Emily 光合作用 小五 Shane lily fan 王膩膩 fiore 拉麵 ＊Evan＊ 張曼娟 鋼絲絨 S baby Peri熊 Punikokk ting no.631 Ichiyo 卡林林 許老斯 dailen 塗偉傑 Fanny 沙魚 Linda jinjin sunny Joey alisa 諾亞林 jane rita 小黃老爸 凱莉 李雨庭 Ivril DANIO p891028 JustJ 岑岑 愚中光 liona fof Lifei 吉賽兒 大馬 麥芽糖 Len val fatbirdy anna wallance 陳淑芬 林大鈞 小南 米老鼠 goldred fish 龍眼 蛋頭 tienlee 阿波 Justice0 YEN 公主 呂純禎 Jack 到過阿里山 hiwigo 新井 唯 官僚 魚兒 meimei 筑 Nicky 黃文虎 希望代貼信箱 jhk chris88 Librarian JANES 大寶他娘 卿沄 JJ 可樂 阿威 Arven K. 班大貓 酣” 大 無敵 希望第一 阿旭 cbird Calvin kevin W. 小茜 Nick 四閒 小貓 jude 靚小妞* 林月蘭 柯姐 ah tou Natsumi 小白貓 張杏

如/信誼基金會 白白 cindy 呂丁丁 Susan 黃小ㄐ Lee 潤澤明亮 戰鬥毛 女巫小魚 ray jimmy 小黛 孫小媗 小天使 Viola 腸 Joyce 沒有回應 為台灣加油的小黑 Inny 仁哲 阿修 無間道 tealee 米 小石頭 Money McFerrin 若小吟 璧璧 Kate Panda 陳甚至 阿倫 貓媽 nini qmiing raymond op561972 Chelli ellen yi seigi 小班 fang patball yii Jessie wen60131 小紅褲超人 小井 大炮 kymco926 RURU titi Ariel 小月半 慧蘭 PC 流星雨 Chang Te Chung 小康 coffe 小娟 丹心楓情 salome74 asahi sydney Sheng 謝馬雞 台灣人 Ya'Yut 莉醬 小胖 Hau elsa Karen 阿建 *穎* 歐弟 陳秋圜 kate S.H. april 5433 嗶啵啵 pp 張琬宣 艾莉絲 大寶 米蟲 花朵 香姑娘 Maggie 張桂越 miyabi ma li 幾米 阿南 鼠來寶的媽 cholin ian Winnie 雯萍 啊意 鼻翾 hopezukunft soni Hitoya 翠華 vivian 王小孩 空街冷巷 太陽鹿 anzo Wei Ling 坌 shinebio 李鈴真 可蜓 sune SUISUI dso2ng huawen Didier 幻 永褆 一路 keryna Deni 貝子維 Janet Sunny yi-hsien Shirley 雪 賴小妹 hueisan 小茜 Joyce Diva Carol Lan M21 pi Joy ray 阿傑 h Maoshiung richard 同人 lulu 潔西卡 潔西卡 YY Joann 林怡琪 阿芬 紫娟 莎拉 Lin 陳建維 kalo swear GTV Mark 蔡惠菁 雅雅 欣欣 Neele 張松年 RX-99 翰 周明湧 懷仁全人發展中心 eunice rain 郁若芷 芋 蘇孫鑫 顏璉瑋 fanfan kuo les ivonne 小筑 micky Magellan singing 小琪 鈴 台灣⑯客爽 琇方 wanglr38 YAYA 貓貓 NSR 翔 小嘉嘉 yo 鍋子 活力果汁 Evita meteor Agnes 阿雯 Stacy Athena z monica 土撥鼠 小乖 vk5472 ArtistWannabe 幽樹 克莉絲 亂 恐大虫 yuchen Angelle 佳佳 慢車道 人類 K&L yi Michelle 葉常涵 喵 宥~~~ kim Homer 米小恩 達米恩 璇叡 Frances J 需要安靜 mimi 朱平 貴(阿貴) Jonathan 小涵 小小宇:} 未歸人 vega brent 無蔚水漾 滿意 嵐 珂 Kuang cy Kuan-Ying 陳季芳 雲出墨容 吳美枝 Edward Yao amy al 小香 火星21 小朋 Sandy 偉 小米 justboy 冬戀˙奇巧 王大鳥 Chen yiru 嘻皮偉 南瓜玄 Di may 思瑩 jlli 約拿單 Rollingstone 海豚 MIYAKE 小五 大成 JesSica 楊門女將 oneness.lin NR 藍色水瓶 Ins_Cafe 啡影巷 ヒカル Weber miao little Haruhi 星 hbo liliman 曉雨 mimicpan 阿婷 mocha 奶瓶 adamchen winnie 特考生 Pamela 牛奶 tarcy piball 林雪琴 仁 涂瑞玲 Cecilia 共生吉祥 勳宰 ~樂~ 美花 blueJay A-Bau Seth Krys i hope Ta 合果 遠星 劉欣憬 elana 笑笑 HSI yoko Layla 宇文道經 Tia yiwen Charlene macyen 高思函數世界-熊妹妹 min xansb 鳳玲文華 Mars Lin 艦丁丁 wei chj 蕃茄王 emababy Salonmo 破 Sean 托托的媽 JUBU mayg Ben 莉莉 陽光男孩 宅宅 yasbtm debby viola sophie Saoirse webber Ivy 梅文 Bobo 阿德 Ochisun 彥彥 C.C 尋找好孕 鹿鞍 let's try Hedy 小時候 ya greendoritos Charlotte 難得糊塗 木子李 tanya kuan 阿祥 小魚 周庭安 greentess 小香 皓子 dreamily zatti hare small_four bruce sally Victor SOPHIA 樂樂 ruth 于玟 Itt 隆隆 ChiChi yun-shin 一尾魚 花蓮人 Ian River 小眼 SJM 津津 threeptw cch mohawktw DQ 劉婷婷 下雨天的週末 正港台灣人 Junchoon grace 阿敏 Gary 簡同學 米 cmbchao AAKER 林謙 grace pema near prince Tina modefo 我 emma allen bird Jacky LeeAngelina Sabrina PChome otober 豐富 Kay onion 艾瑞克 南家 特考生1 愛立克 戴玉雯 老人 ann 天才DD joe Raby 阿勛 豆媽 小綠 rene Papillonaf jin jj 呆徽 ginababe Stfanie labamba 愛家 許曉萍 Amy at12 *笨笨* 喵 oliver Ting 天堂與地獄 張子房 hikaru nina Libra 人安辰頁 小雨朵 曹阿舍 augold BTG kiki maggieli claire 娟娟姨 香兒 王太太 工程師騎士 黑板 歷經10次失敗的人 JWill Josie 小昱 orangedevil 蘇菲亞 劍僑 阿邦 doloil CC 阿上 aquahu 暐暐 sky coal 健兒 小蚊 DD ppuuccaa 蓓拉 dale 花 公牛 Ikk Thomas MoMo grace 醜小鴨 Vicky 阿如蜜 MEGU sophia Angel NIKO spencer 雯 Megan 羊咩咩 小予 candy OO MIN MIN 已婚盼子男 天際 淑娟 饅頭 funnky miau SASA 彭大棋 ruth 大頭 khm min cindy 阿湯 Y哲 鴉 黑玫瑰 吳若瑩 annshen sarupopo masky blue EMILY Christer bobolc James 好健 小渦 Ryan Page 曹中瑋 莉雅 FEN Y小伊 郭哲志 貓咪 kelly huang maple copy 飽受困擾的高中生= =" sharon jenny ChiC 玉米 Hom Tina 蘇菲 xiaoxin 蓮 Jellyfish 陳莉榛 瑆 麥斯 仲豪 正露丸 Kimi麻 陳珮怡 Aidan patrick 翹鬍子 Dorinda Ta-chuan Huang 燕宏 小推 et1974 carrie 宜蘭阿昌 彤恩 靖婷 notgonnasleep niki Chen isliya 老彭 sally 阿汪 蘆葦 Double Ace Lin Leo 楊乃維 jinway Panda 小無尾熊 Jean 小西 yehyvonne kenny Tim coolchet lans 明 JL 阿平 mii 林月蘭 左 艾略特 joe hope JiHue 九萬贏 Lily zzastalavistazz 仁愛 Tiffany dahome Only&Fish simon MM Rainy 范庭榛 Y 木 Jill 亦 橘子色 Sabrina lien 小倫 Che 劉小可 風箏 Yellow 帥哥彪 喜喜 Red 巴將 良心 土撥 黃小妹 Seike neveruu penny 凝 聖雲 5年8班的

我們的希望地圖
Our Hope Map

目錄 CONTENTS

HOPEMAP.net

前言

「我們的希望地圖」HopeMap.net啓動自2008年2月29日，總統大選前三個星期，至選後三個星期的4月11日告一段落。

這個行動，希望透過網路來展現一次公民意識的自發表現，以及行動藝術。而前後持續六個星期四十二天的時間裡，持續創造了紀錄。

「我們的希望地圖」在十八天時間裡，找到五十六位跨越台灣各界人士的共同發起人。其中，許多人彼此素昧平生。

在十一天時間裡，結合三方台灣頂尖數位藝術創作者與網路業者，從無到有，建立起一個以「網路創意與製作的標準，只能以『不可思議』形容」的網站。

「我們的希望地圖」啓動之後，有實體加網路總共22個協辦單位加64處希望張貼板，其中還包括了兩位總統候選人的競選總部。

另有38位來自各方的希望導遊，有205個網站與個人部落格串連。

這個發生在台灣的網路上的公民行動，不只爲國內重要的新聞媒體顯著報導，也爲海外各新聞通訊社及重要媒體所報導。

這個行動最原始的希望，是大家「**共同拼出的這個希望地圖，將送給未來的總統當選人。請他接受我們的付託。**」在這個基礎上，後來這個希望轉化出公民與總統雙方，就施政而展開對話與溝通的構想，並提出具體的計劃。這個計劃在選前即爲兩位總統候選人所答應，不論當選與否都支持。其中，馬英九候選人在選前一天的簽名承諾，更爲這個計劃接下來的推展，開展了新頁。

四月二十二日，「我們的希望地圖」綜合分析報告出來，整理了排名名次較前的一些希望，再邀請了20位學者專家對政府提出相關政策的建議。

「我們的希望地圖」綜合分析報告，已經由出席記者會的馬蕭競選辦公室發言人羅智強，轉交總統當選人馬英九，在總統就職後三個月的時間裡，等待新總統與政府的回應。此後，我們期待，每年一次，總統與公民透過網路，就施政而進行的對話與溝通，將成爲不只台灣，也包括全世界民主體制裡的一個重要里程。

在這段時間裡，我們共同經歷的是：

我希望有一天，很多人只要一聽到你住在台灣，會露出羨慕的表情。

harris
03/11
台北市

Part 3
綜合分析報告

216

希望沒有出現之前，一切是黑暗的..........

之後，一點一點的光亮出現..........

之後，光亮有了聚集和照耀..........

之後，希望的光亮有了作用..........

現在，《我們的希望地圖》從網路而轉化為紙本的這一本書。
我們將交給新總統一本。也希望與您共同分享這個歷程，以及其中的
內容。
身為「我們的希望地圖」發想人及共同發起人之一，很榮幸有機會在
這裡向大家報告這些。

郝明義
寫於《我們的希望地圖》出版之前

Part 1 行動

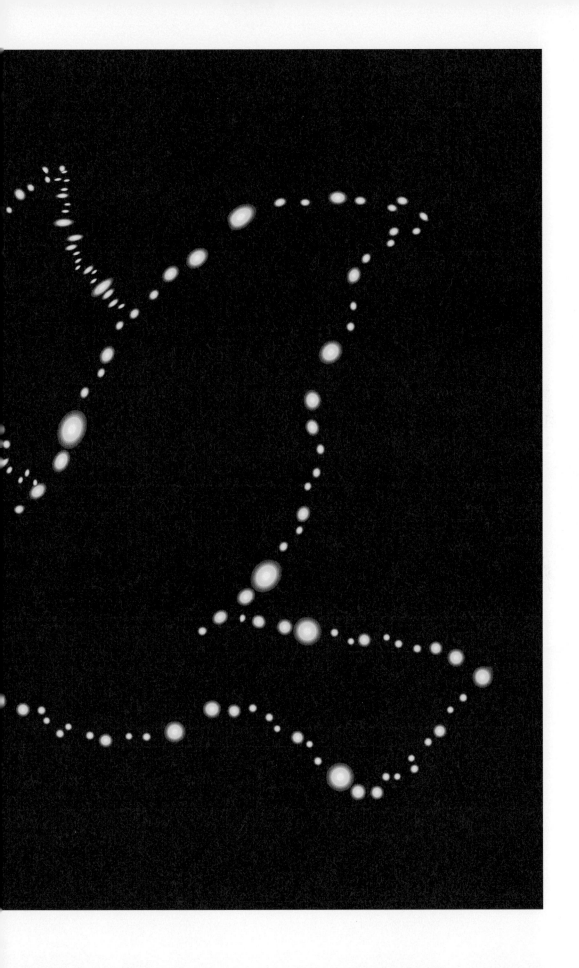

大事紀

2/11

起初名爲「讓我們換個想法迎接未來吧」的行動聲明寫好，開始邀請
共同發起人。邀請對象希望不沾藍綠色彩。行動時間訂爲選前一個月
的2月22日開始，至3月21日爲止共三十天，目標是邀請十五位共同發
起人。

2/15

行動聲明大幅改寫。行動名稱調整爲《台灣希望拼圖》，申請
HopeMap.net 網域。時間從選前一個月拉長到選後一個月。網站，有
了以光點來表現希望的想法。但是經過諮詢，這需要至少一個工作團
隊，一個月的工作時間。2月22日之前只剩下6天時間，已經是不可能
的任務。

2/16

計劃面臨需要放棄的關卡。

2/17

早上十點半，與Seednet總經理程嘉君見面。程嘉
君答應Seednet提供網路頻寬、程式設計，全力以
赴支持準時開站。

下午5:30，見數位藝術設計者Akibo，答應進行網
站界面的設計，再介紹互動設計專家黃心健參與。
晚上8:30至中壢見黃心健，取得支持。

其後，至2月29日，前後共十一天時間內，建立起

Akibo的原始設計圖樣

HopeMap.net網站。（其詳細過程，請參閱本書第200頁＜一個希望和
一個嬰兒的誕生＞一文。）

2/18

行動名稱再度調整，正式定名爲「我們的希望地圖」。

2/19

「我們的希望地圖」網站啓動的時間，決定延後一個星期。2月22日
先把聲明公佈在一個預告版的網站，正式網站到2月29日再公布。如
此，到選舉日爲止，是第一階段三個星期，選後的第二階段再三個星
期到4月11日告一段落。

2/22
預告版「我們的希望地圖」網站啟動。

2/25
網站每天邀請一位客座版主，名稱定為
「希望導遊」。

2/27
發出開站記者會邀請函。
為了服務不上網的讀者，也邀請實體世界的書店及圖書館等加
入協辦，設置「希望張貼板」。小小書房設立了「我們的希望
地圖」第一個希望張貼版。

2/28
林強編曲的「我們的希望地圖」主題曲完成。供網站下載用。

2/29
下午2時開站。並於台北國際藝術村舉行記者會。
開站前，共邀請到56位共同發起人（共同發起人名單，請見本
書第18頁），以及22個協辦單位。馬蕭競選總部派邱淑媞，長
昌競選總部派段宜康為代表出席，並承諾加入協辦單位。
《中國時報》和《聯合報》都根據我們的邀請函及附文內容，
做了顯著報導。尤其《中國時報》加了對許多發起人的訪問，
以及評論，做了二版全版。
開站有華視、TVBS-N、中視、中天、公視等報導。
台北市立圖書館總館設立了「我們的希望地圖」第二個「希望張貼
版」。

3/7
「我們的希望地圖」部落格開張，設立於無名小站
http://www.wretch.cc/blog/HopeMap
美聯社來訪問報導。

3/10
今天開始發行＜希望地圖報＞，每天一次。除了主題內容之外，包括
當天到下午四點為止的前二十名希望排名。第一天的主題是：「如果
總統候選人可以這樣看希望地圖」（請見本書第34頁）
BBC中文網來訪問報導。

3/13
「我們的希望地圖」部落格登上無名小站人氣排行榜第104名。

3/20

選前三個星期第一階段的記者會，在台北
國際藝術村舉行。會上公佈將整理排名前
二十名的希望，提交未來的總統當選人，
請其圈選可以承諾實現的希望，再每年交
由網友上網檢驗一次進程。馬蕭競選總部
派蔡詩萍，長昌競選總部派段宜康來參加
記者會，雙方皆答應不論當選與否都支
持。這將是一個民主社會裡，公民與總統
之間，就施政而展開對話與溝通的新實
驗。其中，馬英九候選人在第二天的簽名
承諾，更為這個計劃接下來的推展，開展
了新頁。

鄭履中攝影／中國時報提供

3/21

中國時報頭版頭條報導「希望地圖網友集願　新總統　勿再撕裂
社會」。
韓國《中央日報》來訪問報導。
今天希望地圖報的主題是「和平」。

3/22

總統大選。今天希望地圖報的主題是「安慰與鼓勵的開
始」。
「我們的希望地圖」選後第二階段三星期行動開始。

3/23

優劇場【發現台灣優質力量—優人神鼓・雲腳台灣】活動開始，
並帶著希望地圖張貼版同行，在台灣各鄉鎮邀請大家寫希望。

優劇場劉若瑀團長

4/3

台中市政府設立四處希望張貼板。

4/11

「我們的希望地圖」選後第二階段行動也告結束。整個行動告一段落。
前後六個星期裡，共有22個協辦單位加64處希望張貼板。另有38位
來自各方的希望導遊，有205個網站與個人部落格串連，總共收集
18,440個希望（網上11,517個希望，希望張貼板上6,923個希望。）

「希望地圖報」今天發行最後一期第33號，主題是：「從M和Y的故事回顧」（請見本書第214頁）

編輯工作中的11,517頁希望。

4/12
開始整理＜綜合分析報告＞，並訪問二十名學者專家，以請提出對新總統施政的政策思考向方建議。

4/22
「我們的希望地圖」在台北市長官邸藝文沙龍舉行記者會，公布＜綜合分析報告＞。（詳細內容請參閱本書第216頁）
馬英九辦公室發言人羅智強出席記者會，代表接受此一報告。
原先希望馬英九總統圈選希望的辦法修正，回應時間也改為至遲在就任後三個月之內。

6月上旬
《我們的希望地圖》書籍出版，一本特別印製版交馬英九總統。

8/20
在這一天之前，對新總統如何回應「我們的希望地圖」上的希望，拭目以待。（其進展情況，請上HopeMap.net網站）

其後每年的5/20
網友上網對總統所承諾的施政，進行年度考績評分。總統並做解釋與回應。（歡迎上HopeMap.net網站）

感謝所有參與、支持這個計劃與網站誕生的人。也感謝所有在我們的希望地圖上發表希望的人。是你們，讓我們從黑暗之中，看到一個個熠熠生輝的光亮，讓我們的希望地圖真正有了生命。
讓我們真誠地相信自己的希望可以實現吧。
把希望說出來。希望會實現的。也可以實現的。

【綜合析報告】諮詢的學者專家
1.王浩威 心理醫師
2.王 蘋 性別人權協會秘書長
3.吳秀英 行政院衛生署國民健康局副局長
4.李佳達 蘇花糕餅舖站長
5.李偉文 荒野保護協會名譽理事長
6.沈富雄 前立法委員
7.南方朔 《亞洲週刊》主筆
8.林進發 公路總局工程師
9.林峰正 司改會執行長
10.洪 蘭 陽明大學神經科學研究所教授
11.夏鑄九 台大城鄉所所長
12.張杏如 信誼基金會執行長
13.張 珩 新光醫院副院長
14.曾志朗 政務委員
15.曾淑賢 台北市立圖書館館長
16.黃達夫 和信治癌中心醫院院長
17.溫啓邦 國家衛生研究院教授
18.廖惠慶 荒野協會常務理事／鄉土關懷委員會召集人
19.劉靜怡 人權促進會會長
20.鄭村祺 前台北市政府勞工局長

我們的希望地圖

親愛的朋友：

再過三十天，不論是誰當選總統，我們都要迎接一個新的未來了。

未來涉及我們自己，更涉及我們下一代的人生。

所以，讓我們抬起頭來，抱著希望，換個想法，來拼一個台灣未來的地圖吧。

希望，雖然會因人而異，但是，在一個成熟的民主社會裡，大家還是應該有些基本的共同希望。

選前的基本共同希望應該有三個：

第一，任何人都不要再挑撥族群之分。

第二，我們不要選舉只是口舌之爭、負面抹黑。請候選人誠懇而明白地告訴我們，你們要怎麼幫我們創造未來。

第三，讓我們為一個和平的選舉而祈禱，而努力。

共同發起人

Akibo（數位繪圖及界面創作者）

BO2（怪怪新村站長）

于玟（台北縣立圖書館長）

小橘（橘子也有部落格站長）

王文華（作家）

王克捷（中華開發副總經理）

王偉忠（影視製作人）

火星爺爺（火星爺爺の故事銀行站長）

李威德（相思李舍舍長）

李偉文（李偉文部落格站長）

李燕（廣青基金會執行長）

何壽川（永豐金控董事長）

果子離（南方電子報主編）

阿哲（晶晶書庫負責人）

林強（音樂創作者）

林懷民（雲門舞集創始人）

吳若權（作家）

唐光華（台北市文山社區大學校長）

虹風（小小書房負責人）

洪蘭（中央大學認知神經科學研究所所長）

洋蔥頭（洋蔥酷樂部站長）

法蘭克（隔壁貓叫日記站長）

馬世芳（廣播人/作家）

郝明義（大塊文化董事長）

夏曉鵑（世新大學教授）

Justin（Justin's photo land站長）

歷史老施（一窩蜂15fun創辦人與負責人）

K.J.許瑜真（中文維基百科管理員）

陳傳興（清華大學教授）

張杏如（信誼基金會執行長）

實體協辦單位（16個，共設立64處張貼版）：

小小書店　台中市政府（4個點）　台中縣立文化中心圖書館　台北市立圖書館（27個館）　台北縣立圖書

善理書房　誠品書店（22家店）　優劇場　動腦雜誌（無張貼版）　Ins_Cafe咖影巷（無張貼版）

網路協辦單位（6個）：

im.tv　Yahoo奇摩　中時電子報　台灣新浪網　博客來網路書店　無名小站

讓我們，抱著希望創造未來吧

選後的基本共同希望應該有兩個：

第一，對當選人提出指正與期許。

第二，對落選人的支持者，提出安慰和鼓勵。選舉支持對象的不同，不應該影響彼此仍然是朋友，仍然是命運共同體的根本。

就讓我們在這些基本的立足點上，拼出台灣未來的希望地圖吧。

未來的希望地圖是大家的，也是每一個人自己所形成的。

千萬個懷著冷靜與善意的國民，共同拼出的這個希望地圖，將送給未來的總統當選人。請他接受我們的付託。

這是一次公民意識的自發表現，以及行動藝術。

這也是一次展現我們信念與價值，創造一個世界性紀錄的機會。

讓我們互相邀請台灣二千三百萬人，大家一起抱著希望，換個想法，拼一個未來的地圖吧。

2008年2月22日

張妙如（作家）

張桂越（台通社負責人）

張曼娟（作家）

凱西（作家）

喻小敏（博客來網路書店圖書部經理）

黃心健（故事業&天工開物總監）

黃婷（作家）

黃薇（創意指導）

曾淑賢（台北市立圖書館館長）

傅月庵（作家）

幾米（作家）

葉匡時（中山大學企管系主任）

程嘉君（Seednet 總經理）

楊孝先（PPolis 創辦人）

劉開（藝術設計工作者）

劉怡伶（Yiling的文學廚房站長/作家）

Mr. 6劉威麟（網路創作及趨勢觀察者）

686詹正德（淡水有河BOOK負責人）

葉李華（作家）

鄭松茂（意識型態廣告公司董事長）

Portnoy鄭國威（龜趣來嘻部落客/Global Voices Online全球之聲作者及中文版發起人）

蔡瀚毅（查理王）（學學文創行銷副執行長）

蔣顯斌（CNEX執行長）

賴青松（穀東俱樂部站長）

蘇慧貞（成功大學環境醫學研究所教授）

權自強（PChome產品經理）

有河BOOK書店　何嘉仁書店民權店　長昌競選總部　馬蕭競選總部　凱風卡瑪兒童書店　晶晶書庫

贊助者：

Akibo Works　故事巢　Seednet

希望導遊名單：

2月29日 HOPEMAP.net
3月1日 BO2（怪怪新村站長）
3月2日 張桂越（台通社負責人）
3月3日 小橘（橘子也有部落格站長）
3月4日 火星爺爺（火星爺爺の故事銀行站長）
3月5日 李偉文（李偉文部落格站長）
3月6日 果子離（南方電子報主編）
3月7日 虹　風（小小書房負責人）
3月8日 洋蔥頭（洋蔥酷樂部站長）
3月9日 法蘭克（隔壁貓叫日記站長）
3月10日 馬世芳（廣播人/作家）
3月11日 翁嘉銘（筆名瘦菊子，作家）
3月12日 歷史老施　（一窩蜂15fun創辦人與負責人）
3月13日 張妙如（作家）
3月14日 張曼娟（作家）
3月15日 凱　西（作家）
3月16日 黃　婷（作家）
3月17日 夏曉鵑（學者）
3月18日 楊孝先（PPolis 創辦人）
3月19日 劉怡伶（Yiling的文學廚房站長）
3月20日 Mr. 6劉威麟（網路創作及開發）
3月21日 HOPEMAP.net
3月22日 HOPEMAP.net
3月23日 686詹正德（淡水有河BOOK負責人）
3月24日 Portnoy鄭國威（龜趣來嘻部落客、
　　　　 Global Voices Online全球之聲作者及中文版發起人）
3月25日 蔡瀚毅（查理王）
　　　　 （查理王旅遊部落格站長、學學文創志業行銷副執行長）
3月26日 權自強　（PChome產品經理）
3月27日 K.J. 許瑜眞（中文維基百科管理員）
3月28日 黃　薇（創意指導）
3月29日 賴青松（穀東俱樂部站長）
3月30日 潘如玲（教師）
3月31日 喻小敏（博客來圖書部經理）
4月01日 夏瑞紅（中時浮世繪版主編）
4月02日 傅月庵（作家，編輯人）
4月03日 沈雲驄（財經節目主持人，出版者）
4月04日 伊　苞（排灣族作家）
4月05日 成英姝（作家）
4月06日 SAM Huang
4月07日 曾寶儀（主持人，演員）
4月08日 何經泰（攝影家）
4月09日 柯裕棻（作家）
4月10日 胡晴舫（作家）
4月11日 HOPEMAP.net 總結

網路串連（205個）：

查理王
洋蔥頭
漂浪誌
小小書店
Yiling 的 文學・廚房
郝明義的作品
李偉文
夢想的地平線
橘子也有
BO2的怪怪新村
果子離
火星爺爺
有河BOOK書店
博客來網路書店
台灣新浪網
Yahoo奇摩
smallove一敢夢
大塊文化
大辣文化
通用設計
我用生命在歌頌
Love the World
Net and Books
意志的狀態
Christabelle 的藝想世界
Kowei in the Light
fakebeca
歷史老施的黑板
一窩蜂15Fun
天下文化書坊
天下雜誌
痞子蔡
老貓學出版
工頭堅
中時部落格
手指腹語師的腹語術
✳回～ ≡ Ω ≡ ～憶✳
工作AND生活
淨光
~小魚の世界~
2008: 廣場電影院
風岸玫瑰にいるめぐと三匹の　ちゃん
の部屋！
濫情者（胡晴舫）
放行浪High
放輕鬆
POLA新娘整體造型交流網
★暨大印心社★ 在你我的心！
★ ☆ PEACE & LOVE ★ ☆
百世經綸
黃金時代咖啡館
阿綠報報✳Hug一下
Mawa/老王
96級華梵大學建築系
流浪電台
渣樂園
關於。日光
STYLEblog
Gaspar info
紅塵來去.獨行不悔
阿醜在公視

希望地圖報

第6號　2008年3月15日

希望的美麗色彩
—遍佈各地的61個希望張貼板

(持續增加中)

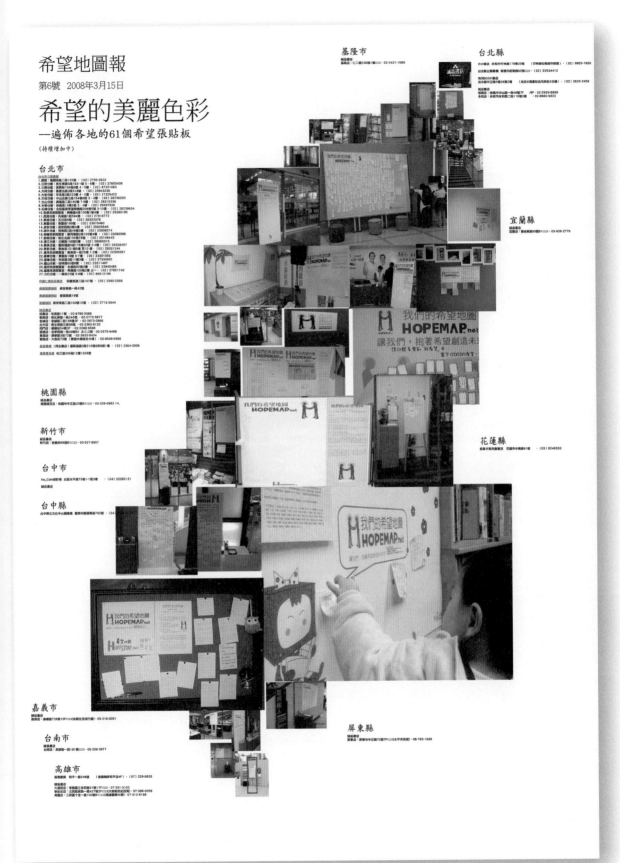

台北市

台北市立圖書館
1.總館　建國南路二段125號，(02) 2755-2823
2.王貴分館　民生東路5段163-1號 5、6樓，(02) 27600406
3.三興分館　漢興街119號4、5樓，(02) 87321063
4.大同分館　重慶北路3段318號，(02) 2594-3236
5.大安分館　辛亥路3段223號 4、5樓，(02) 27325422
6.天母分館　中山北路七段141號3-4樓，(02) 28736203
7.北投分館　光明路206號 7-8樓，(02) 28315339
8.木柵分館　保儀路2段190號 7-8樓，(02) 29367520
9.石牌分館　北投區東華街2段446號9-10樓，(02) 28239634
10.景美分館　羅斯福路6段105號1樓4F，(02) 29380180
11.西園分館　內江街29-54號，(02) 27918772
12.東湖分館　五分街4號，(02) 26321378
13.永春分館　東昌街199號，(02) 23070460
14.長安分館　長安西路3段4號，(02) 25625540
15.南港分館　南港路3段48號3樓，(02) 23938274
16.城中分館　濟南路2段102號4樓，(02) 23080586
17.松山分館　敦化北段155巷76號，(02) 25148443
18.道江分館　延吉街160號3樓，(02) 28960315
19.景新分館　興業路5段176巷20號 2-4樓，(02) 29328457
20.萬華分館　長泰街一段20號，(02) 23331244
21.東門分館　青島東路1樓，(02) 22305287
22.萬興分館　萬美街一段100號7樓，(02) 23391056
23.延平分館　保安街47號，(02) 27534031
24.中崙分館　長安東路2段235號，(02) 23311497
25.啟明分館　松隆路200號3-6樓，(02) 23945485
26.道藩紀念圖書館　吉林路110號10樓，(02) 27851740
27.力行分館　一壽街23號5-6樓，(02) 86612196

何嘉仁親子店
親子館　長安東路二段107號，(02) 2502-2559

長春國際影城
長春路一段47號

飛馬國際影城
豪園商務1F

新絲路書店
敦南東路二段100巷12號，(02) 2713-2644

誠品書店
信義旗艦店　松高路11號，02-8789-3388
敦南店　敦化南路一段245號，02-2775-5977
站前店　忠孝西路一段118號2F，02-2873-0966
台大店　新生南路3段98號，02-2362-6132
西門店　峨嵋街52號4F，02-2388-6588
忠誠店　忠孝西路一段47號B1 及C2樓，02-2375-5498
民生店　民生東路三段67號，02-2633-8434
實踐店　大直街79號（實踐大學綜合大樓），02-8509-6566

晶晶書店
羅斯福路三段210巷8號1樓，(02) 2364-2006

國家書店
松江路209號12樓1209室

桃園縣

誠品書店
桃園統領店　桃園中正路20號B1，03-339-0983 14.

新竹市

誠品書店
新竹店　信義街68號B1，03-927-9907

台中市

Ins_Café攝影棚　北區太平路75巷1-1號3樓，(04) 22292121

誠品書店

台中縣

台中縣立文化中心圖書館　豐原市圓環東路782號，(04)

嘉義市

誠品書店
遠百店　樂橋路726號10F（衣蝶生活流行館），05-216-0051

台南市

誠品書店
台南店　長榮路一段181號，06-208-3977

高雄市

誠品書店
新堀江店　和平一路248號（金鑽綜合平店4F），07-229-8828

誠品書店
大遠百店　專精路三段55號1號7F，07-331-3102
夢時代店　三民區博愛路一段427號7F，07-386-0058
明誠店　三民區大順一路110號B1（高雄新時尚廣場大樓），07-312-8188

基隆市

誠品書店
誠品店　仁二路236號1樓，02-2421-1589

台北縣

小小書店　永和市竹林路79巷20號　（竹林路松青對面街），(02) 8925-1920
台北縣立圖書館　板橋市莊敬路62號B1，(02) 22534412
有閒BOOK書店　板橋市正路中26號2樓　（出局水護運院店司牌坊3分鐘），(02) 2625-2459

誠品書店
板橋店　縣民大道二段46號7F　/8F，02-2959-8899
永和店　永和市永和路二段118號3樓，02-8660-9323

宜蘭縣

誠品書店
宜蘭店　舊城東路50號B1（門市），03-936-2770

花蓮縣

前冠卡萊特風機場店　花蓮市中美路81號，(03) 8246533

屏東縣

誠品書店
屏東店　屏東市中正路72號7F（太平洋西街），08-765-1699

專業 " 道路用地+土地買賣+都市更新 " 道路地買賣資訊平台
阿修的部落格
elep22的地盤
饅頭是我
美麗的曲線
—≡☆小神界—≡☆
YAHOO!奇摩 部落格話題管理員
◆總是在愛裡飄盪的我 也該有個落腳處....◆
傲塵居
《 專業 " 道路用地+土地買賣+都市更新 " 道路地買賣資訊平台 》
吃苹的狼
希望自己成為名符其實有智慧的女人
幼稚老男人
大學生課業愛情&棒球體育交流園地
辰抒心語的心情天地~
誰規定要乖乖?
幽人未眠部落格
搞笑麻辣館
小羊的部落格
板橋中信房屋~文化加盟店
田田的天地
蠻頭是我
月亮上的中間地帶
『 J 』
Sashimi Family
★不成材P.SKI★
圈套
波特曼愛地球
日落前的魔術時光
地下鄉愁藍調
Anywhere 〒 旅途中的克漏字
Life around the Corner
[世界公民運動]李東昇
恩角落 -- N'corner
千 's world
博客來‧分享書的入口
RiCk'S NoTe
等待花季
麥斯 の地盤
『 小西達妹幸福日誌 』
Tigergirl's秘密日記
Another World Is Possible
eva0715
in's bar
trustsomething...trustsomething...
私‧角落
Flash Actionscript 2.0
Living
oO假日森林廣場Oo - oO咖哩Oo
魚的水族館
既然有非做不可的事,那就笑著往下走吧!
繁花光年
Cogito ergo sum
五月舞‧飛揚
城市漫遊的貓語
今天很好
chentung
想靠的魚。手寫愛
無名癮用王
Blog
WORK OT THE GOAL

屁屁的生活手札
fa Cian不是非選
myknons
低調 瘋狂的限制級演出
Nanamini 's 娘爽
四季狂想曲
小館子
麻糬的2008年要一直堅持到最後 堅持到空白格子填上為止
jinjin's blog
♥ ♥キ。【小さくて白い】鷩公社乀 ♥
With Secret
生命。文字。空間
不能忘記,此時此刻的堅定心情
Mojito - 即將成為走狗的小女子
琉球獅子園...就是超愛夏川りみ、大好き!
ms.fion
Aqa
AL
豆瓣
凱風部落格
文學行腳
慢車道
@RechaL
黃金鼠的部落格
資訊素養圈圈
向設計致敬
雨城/藍:39號影像詩
Sashimi Family
LesCircle 中部同心圓
吳若權@權心權意
『小西達妹幸福日誌』
◎☆~貝貝的部落格~☆◎
~凱特喵~
女人本色
+專屬於"我"の 世界+
白色巷弄..
趨近於「綾」
新聞頭皮屑 世界枕頭痕
Free Spirit
轉角事務所在新浪
轉角事務所在無名
轉角事務所在天空
轉角事務所在xuite
轉角事務所在痞客邦
轉角事務所在blogger
轉角事務所在樂多
琉璃冷雨
BRABUS1198's Blog
文學願望池
喬色分的戲劇治療室
阿狗窩流浪動物教育協會
News 2.0工作室（黃創夏）
有求皆苦,無欲則剛_____。
Bittersweet Symphony
Welcom the Real Online
終於游上岸的日子
나는 당신을 사랑하고 있습니다
Sashimi Family
福妹的幸福小套房
你那邊幾點?
數位時代
阿祥的網路筆記本

你推我報
啪啦報報共筆部落格
ms. fion
atlaspost
黑喵幸福.com
.........四月....暫止的時間.......
台北縣立圖書館
公益書籤部落格計畫
迷域的流金歲月
台灣青年公民論壇
Context
哈囉網絡廣播網
[世界公民運動]李東昇
聽你在叭\噗勒 !
和Free Outdoor Party
台北·隨筆
Lohas Travelor
城市流浪貓
阿鈍速回
❋~ 即興的永恆 ~❋
新·龍貓森林
月亮上的文藝復興

希望地圖報

第7號　2008年3月16日

希望是多元
又好玩的
──網路上的島嶼顏色

與希望地圖串連的網站
及部落格

Part 2 希望

接下來這些希望，是以
網站上排名前一百名的希望，加上
希望導遊推薦的希望，加上
共同發起人和希望導遊等自己的希望，再加上
編輯部的挑選，
然後用「關鍵字」來分類整理而成。

人行道

希望騎樓與人行道是平的
尚宏-廖淑娟 / 03-14 / 台北市

除了開車及騎車之外，行人的安全也是重要的！不想再因為騎樓的高低不平及人行道的地磚坑疤或凸起而絆倒或卡住高跟鞋，或被拖著的行李一直翻轉它的身體阻礙行走了。

台灣每條路都有可以讓行人走的人行道
智偉 / 03-09 / 台北市

行人不用在大馬路上跟大車小車機車卡車爭路了，讓每條路都有屬於行人走的人行道，讓老人小孩及身心障礙者能自在平安的走在人行道，讓每一個人都喜歡走在人行道。

希望騎樓不再鋪瓷磚
small_four / 04-07 / 台北市

不只是身障朋友受害，好手好腳的騎士朋友們應該也常身受其害。

尤其是在濕淋淋的瓷磚地板上牽車時，常會一個不注意就摔個狗吃屎，全身傷痕累累，一不小心還會內傷而不知。

瓷磚是個好地材，可還是居家用就好了，騎樓就不用了吧。

Heather / 03-10 / 台北市

希望台灣能夠「真正」重視盲人的福利，在人行道上導盲磚常常因為一般行人的行走踩踏而損壞，但是很少定期維護整修這些損壞的導盲磚，或是在施工的時候，需要圍住一部分人行道時，也常常任意的就將導盲磚遮起而沒有進一步的配套措施（例如：導盲磚的替換導引或是將觸碰到圍牆的部分放置停止訊息的導盲磚），我們都是因為能夠看得到而有機會在這裡打字描述希望，卻很少有人能夠為了那些無法發聲的人陳述他們的願望。希望未來的總統能照顧人民更照顧那些沈默的人民。

大家一起多走路
isyaju / 03-03 / 台中市

每個城市都有綿延不絕、清爽無阻的人行道，可以讓大家愛上走路，少騎機車、少開車。走路可以節省油資、可以運動、可以順道放鬆一下心情，可以多看看路上的風景，拉近人和人之間的距離，走路，還可以減少溫室氣體的排放，讓我們的家園更乾淨，子孫更健康。

大眾運輸

孩童安全單車通勤的用路環境
多多 / 03-09 / 桃園縣

我平常都是搭乘公車上下學。因為我想要履行最直接的環保活動。選擇搭乘大眾運輸工具。但是，台灣除了台北市有較完善的運輸設備和環境，許多偏遠地區卻少了完善的大眾運輸環境。車水馬龍、道路坑坑洞洞，讓許多擔心孩童行路安全的父母，都不得不自己開車接送小孩，使得交通更加堵塞。

by 許育榮

Rotch / 04-01 / 台北市

補貼大眾運輸，在石油越來越少的情形下，油價上漲是必然的趨勢。如果在油價高漲之際，能夠補貼大眾運輸業者，讓大眾運輸不要漲價，這樣就可以減少私人汽機車的數量，既能節省石油，又符合環保，何樂不為？當然，希望政府官員能從自身做起，搭乘大眾運輸上下班。勿貪圖自己一時的方便，破壞了後代子孫的生存環境。

跳脫私人汽機車的思維

Rotch / 03-29 / 台北市

一直以來，大家都習慣自己騎機車或開車。近年來，因為全球暖化與石油消耗等議題，讓大家開始重視大眾運輸與單車通勤的重要性。然而，大家的觀念並沒有隨著時代而進步。首先，政府不願意重視這種趨勢，或者說是不夠積極。以單車為例，單車族的要求一向都很簡單，就是希望有一個安全與便利的騎車環境，但是政府的政策卻往往都是朝「如何讓單車對汽機車的影響降到最低」的方向來思考。再來是大眾運輸，除了台北以外，大眾運輸幾乎發揮不了任何作用，主要原因當然是班次過少。之前即使是與台北市同為直轄市的高雄市，大部分的公車至少也都要二十幾分鐘才有一班；最近有民營公車加入與高捷通車，班距才因此大概減少了五到十分鐘。在班距過長的情形下，大家搭乘的意願自然不高。因此，政府應該想辦法鼓勵大家搭乘大眾運輸或騎單車，當然更要從自身做起。本來周美青女士會是一個很好的範例，卻因為許多愛湊熱鬧的記者而不得不放棄。再來，就是我們自己了。全球暖化與石油短缺這些都是我們已經知道的事情。然後呢？會不會在二十年後，我們的孩子會問我們，「為什麼你們那時那麼自私，只為了自己一時的方便，就不斷排放廢氣污染我們的環境，甚至讓我們現在沒有石油可用？」

Rotch / 03-26 / 台北市

機車墊上的灰少一點，其實有個很好的解決辦法，就是推廣大眾運輸與單車，環保又節能。

公車

Yiling / 03-16 / 台北市

公車上不要有電視，如果有也請作成無聲的。以前公車司機聽廣播節目太大聲都會被罵，後來不聽廣播了，乘客不用被強迫聽不想聽的廣播節目，結果裝上電視，同樣的折磨又來了。強迫乘客接受非選擇性的訊息就是一種污染，更別說整天重複播放相同的內容，對司機也是一種疲勞轟炸。我希望台北市公車上的電視能夠拆下來或是通通無聲，至少讓我可以選擇閉上眼睛，拒絕垃圾資訊。

五色鳥 / 03-11 / 歐洲

台灣是世界第十六大的經濟體，我們的人們應該可以享用更好的公車運輸系統，可惜十多年來台灣的公車系統一直沒有進步。
我希望能台灣能效法倫敦使用低底盤的公車，重新規劃公車的內裝和設計，方便弱勢通勤族（老人、小孩、婦女、身障者）。
延伸閱讀：
倫敦公車的設計──
http：/／blog.pixnet.net／haofeng／post／2797031
倫敦公車站牌的設計──
http：/／blog.pixnet.net／haofeng／post／9732653
法國的公車是這樣的，排氣管在車尾右上角的地方。這樣路邊的行人，推娃娃車的媽媽，和騎車的騎士，都可以少吸一點廢氣了。

by 五色鳥

自行車

by Justin

便捷挑戰安全的自行車道
0xe / 02-29 / 南投縣

「只要是國道，不論是東西向，或是南北向，或是快速道⋯⋯只要是國道，都能鋪設自行車專用道，提供民眾便捷挑戰又安全的自行車專用道，倘真能如此，不但符合節約能源，避免污染環境，又能提倡全民健身活動⋯⋯樽節健保醫病給付，效益是多邊多贏的，況且興建鋪設經費應不是問題，設計更非困難，問題僅僅出在政府做與不做而已。」

駱駝 / 03-02 / 台東縣

就是愛騎單車。

阿風 / 04-11 / 花蓮縣

推薦了很多人的希望，我也來講講自己的希望。看了「練習曲」電影後，也好想去環島騎單車，希望今年能實現夢想，呵呵。

今年能完成環島騎單車
月亮上的小狐狸 / 04-11 / 台北市

我也想要騎單車環島～～我三年內一定要作^^

看完練習曲&最遙遠的距離後，整個就是「愛台灣」啦～～哈哈哈

Eagle / 03-03 / 台北縣

台灣，絕對有能力可以成為世界上環保減碳的模範國家，建立一個與環境共生的環保國家，減少污染，不消費大自然，研發替代能源，恢復我們那美麗的名字──福爾摩沙。1.積極研發替代能源，也將會是未來其他國家取經學習的優勢國家。2.發展替代能源的公共交通系統，在大都市推動腳踏車成為通勤交通工具與規劃。3.減少污染，復育生態，不消費大自然，讓民宿，企業與生態一起和諧共存，永續經營。台灣加油！！

希望腳踏車不要再被偷了
sky4726（希望代貼信箱）/ 03-24 / 雲林縣

希望腳踏車不要再被偷了，希望提供付費公共腳踏車。

最近流行單車代步，但是⋯腳踏車偷竊率非常高，讓我不知該怎麼辦！

我都不敢買新車了！！ 期望台灣能向法國「里昂」與「巴黎」學習，能在「車站」附近提供公共腳踏車供市民代步，以提高大眾運輸的使用率，降低空氣污染。

付費公共腳踏車的規劃，可提高遊客城市觀光的便利性：

A地接車

B地還車

全台灣各地都能擁有自行車專用道
Irene / 03-26 / 苗栗縣

我希望全台灣都能開闢自行車專用道，單車族上、下班或假日上路不用再閃躲汽、機車，也不用再被汽、機車族叭～

捷運

捷運族敢坐博愛座
梁兮兮 / 03-03 / 台北縣

最近的博愛座大部分人好像不大敢坐,其實看到比自己需要座位的人不管是不是坐在博愛座都該讓座,"博愛座"的存在應該只是在提醒大家要當個博愛的人,所以,只要有愛的人都可以坐應該坐啊。

留博愛座給需要的人,
而不只是讓座。
Brenda / 03-16 / 台北市

有時我們會覺得博愛座空著也是空著,先坐一下,等有需要的人上車了再讓座就好,可是有些有需要的人或許外表看不出來,她可能才懷孕3個月,她可能剛好生理期腰痠腿腫,或他可能腳扭到,又或著他脊椎側彎不耐久站,所以我希望一般人可以直接將博愛座空著,留給有需要的人使用。也所以,當有些年輕人坐在博愛座時,或許她 / 他真的有不舒服之處,也請大家不要苛責。^^

搭乘捷運的旅客能將電梯、
較寬的閘門與博愛座禮讓給
有需要的人
fish / 03-26 / 台北縣

捷運較寬的閘門和電梯是為了讓行動較為不便的身障人士,如輪椅使用者、拄著枴杖的人,以及攜帶大件行李者或是手推娃娃車、手抱嬰幼兒的媽媽們便於行走而設置的,並非讓一般大眾為求圖個方便或節省時間來使用的!而且這樣的閘門和電梯數量極少,更不應該被無此需求的人來使用,希望所有搭乘捷運的旅客可以有此 基本觀念,將某些設備禮讓給有需要的人。

台中捷運趕快來～
阿宏 / 04-09 / 台中市

台中捷運能趕快動工,
不要再變來變去,
台灣不需要唬爛的政客,
台要要真正有執行力的新總統。

by 力晶 潘瑞彧

馬路

我希望馬路是平的～
Seaman / 02-28 / 台北縣
請學學日本人舖柏油路用心的態度，不要只挖個五公分意思一下，然後隨便舖上柏油。一下雨就破個坑洞，看那個倒楣的機車騎士會騎過去……

小曾 / 02-29 / 高雄市
許多在挖馬路填馬路的工程僅僅是因為縣市政府單位要在年度中將經費執行完畢以提高經費總執行率。請想想台灣還有多少孩子沒錢吃飯、沒錢唸書！不要再亂花納稅人的錢了！

父親+母親+孩子=幸福 / 03-11 / 高雄市
希望每條馬路都是平坦的，讓我騎車載小孩可以更安全，不用怕不小心踩到坑洞或凸起的人孔蓋，受傷了政府又不負責，只能自認倒楣。 希望那些管商勾結的人，不要再利用挖馬路來收取回扣，要挖就挖你家門口的吧，這樣你們就會知道，每天使用不平坦的馬路是多麼的痛苦。 希望不要只有總統府前的凱道是平坦的，台灣的馬路，不是只有那一條，我也希望我家的馬路是平坦順暢，可以讓我陪孩子更安心的走過他的每一個成長階段。 最後希望，台灣的每個人都要學會遵守交通規則，學會公德心，學會彼此尊重。政治談話性節目（例如：大Ｘ新聞、2100全Ｘ開講、火Ｘ雙嬌…等等拉哩拉雜的，不勝枚舉。）可以全部停播，每天討論那些政治話題真的很沒營養，又沒建設性，那些名嘴們怎麼不想想，台灣連馬路都舖不好了，還跟人家談什麼國際觀呢…唉…

希望管理道路的機構能聰明點
chung175tw（希望代貼信箱）/ 03-21 / 雲林縣
希望管理道路的機構能聰明點，今天挖水管挖一個星期鋪好路面後、隔天挖瓦斯管挖好後又再度鋪上柏油路面、隔天還再度開挖挖電管、挖網路管、挖高壓線管路、路面刨除……林林總總，老大～錢不是這樣賺這樣花的……聰明點來個排程一次解決OK？

kenny / 03-06 / 桃園縣
希望政府能夠統合各方需求，各單位彙總一起施工，馬路挖一次，能夠「ㄅㄨㄥˋ」上至少1年以上.

fayww / 03-09 / 基隆市
我已經忍受不同單位，不定時的挖地，挖了又重鋪，反反覆覆。只希望重鋪後不要三個月就開始龜裂，凹凹洞洞。騎車時，會一直想，唷～原來繳的錢就是這樣花掉的。

lsa / 03-07 / 台北縣
每逢地方選舉，我家附近的馬路就會被挖了起來，當我們走過時，便會想起……喔！又要選舉了。就算要靠造橋鋪路贏得選票，也要鋪好一點嘛！

mohawktw / 03-17 / 台北市
以生活在台北市的經驗，馬路實在是太差，完全沒有大城市的樣子！各位大官們的避震器都很好喔，我的避震器再壞就要申請國賠了！我唯一走過平坦的路是國道三號木柵交流道連結木新路的最後三百公尺，請找出是誰鋪的，全國的道路都給他鋪好嗎！？

呆 / 04-05 / 屏東縣
因為自己在騎車的時候，每次遇到坑坑洞洞，總是讓我的屁股和車子痛的要死，好幾次其道路段比較差的地方，都想問候政府的人員的老爸老媽，你們這些開車的人都不知道騎摩拖車的痛苦！！！

希望污水下水道建設加速＋配合電線地下化→促進馬路是平的

Lembert / 04-02 / 台中縣

根據經建會在2008年3月9日公布的訊息，台灣地區到2007年用戶接管普及率為17.47%，而整體污水處理率為39.47%，與2006年底的接管普及率15.58%相比只成長了1.89%。因為2006年的數字是靠台北及高雄兩大都市撐起來的，而省錢的都會區被做完後，花錢的地區因為錢不夠（中央及各級政府的經費到哪裡去了呢？），所以進度緩慢⋯⋯電線地下化應擴及各種線路，包含電線、網路線、自來水管、天然氣管⋯⋯等，將管線地下化結合污水下水道，至少有下水道的馬路就不會被常常挖來補去的。

寒尾毛 / 04-01 / 台中市

平常騎自行車上學就很希望馬路是平的。路上坑坑洞洞的，走起來不舒服，感覺上也會比較慢，好像快遲到又騎不快，心裡很緊張的啊!這幾天下了雨，路上積了水，要過一灘水前，還得先看清楚積水有多深，畢竟我們不像機車、汽車一樣，可以騎在路中央較少積水的地方(容易被撞)。所以啊，能不能把柏油舖得好一點呢?還有在道路施工前可以先通知小市民一下嗎?忽然發現平常走慣的路被封了很不好受呢，因為臨時改道會浪費不少時間的啊。

手指馬 / 03-27 / 台北縣

每到國外遊覽，我總是很羨慕國外的柏油路為什麼那麼的平，開起車來安全又舒適，反觀台灣每天有多少人因為路不平、視線不良而車禍，衍生出來的社會問題更不可計數，台灣是一個進步的國家，應該要有國際水準，不要讓來台灣寶島觀光的人因為一條不平的馬路而取笑我們⋯⋯

我希望馬路是平的～

ltt / 03-17 / 宜蘭縣

全國路段都跟5號北宜高頭城蘇澳段一樣平；它辦到的方法是：

1、橋面完成後先收方並作縱坡線形調整。
2、橋面清理後刨除或鋪瀝青混凝土調整層最後再分層填築。
3、注重瀝青混凝土的品管，這是輕而易舉可以辦到的。
4、瀝青混凝土施工嚴格監督(例如橋面有水吹乾後才鋪瀝青混凝土)。

Seaman / 03-10 / 台北縣

同感，政府機關的路都比我們家前面的路還要平，真是讓小市民覺得#$@&...

我希望馬路是平的～

呆 / 04-05 / 屏東縣

因為自己在騎車的時候，每次遇到坑坑洞洞，總是讓我的屁股和車子痛的要死，好幾次其道路段比較差的地方，都想問候政府的人員的老爸老媽，你們這些開車的人都不知道騎摩拖車的痛苦！！！

梨子 / 03-26 / 台北縣

路不平外還加上水溝蓋很多，除了有礙美觀外，對於騎車的人來說也很危險，也因為常常在半夜施工，有擾睡眠品質。

Meat Lufe / 03-05 / 屏東縣

昨天挖了，今天挖，今天挖了，明天又挖；挖完了，馬路像打完二次戰爭，亂七八糟，過幾天，下雨，坑坑洞洞加上滿地碎石，騎車經過，不是爆胎就是摔車；可不可以用點心呀！總統先生，我不要統一或獨立，可不可以讓馬路天天是平的呀！

---

ltt / 03-17 / 宜蘭縣

更長的平路是5號北宜高頭城蘇澳段約有24公里長

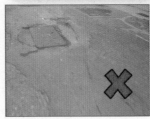

by 土撥鼠

台鐵

台灣鐵路可以準時

小魚 / 04-07 / 屏東縣

台灣可以比照日本鐵路，準時又效率；有規律又有效能的作業方式，既可以養成國人守時的觀念，也可以促進台灣鐵路的經濟發展；對於現在幾乎都是上班為主的台灣人，都有莫大的幫助。

台灣鐵路可以準時

流浪的代課教師 / 04-07 / 台北縣

台鐵可以比照捷運嗎？
起點終點都用刷卡式，
不用剪票查票……
可以節省人事成本，
把經費花在刀口上吧！

希望台鐵的追分─成功的紀念車票可依乘客需求被指定日期

Better（希望代貼信箱）/ 04-08 / 台北市

這個願望有點小，但是，因為是我經歷過的，所以希望它可以被改善。我希望台鐵的追分─成功的紀念車票可以依乘客需求被指定日期，追分─成功的車票買來用在搭乘已不是現今主要目的，乘客往往想藉由買追分─成功的車票來傳遞一個小小的祝福，既然台鐵也將追分─成功的車票保留為舊式硬紙車票，就明白追分─成功的車票是一種紀念，為什麼還限制日期，讓這份想傳達的祝福被打折扣，因為這樣和站務人員有口角，站務人員的服務態度非常差，讓專程去買車票愉快的旅程蒙上了一層烏雲，想傳遞的祝福也因此減少了不少。目前政府在大力推銷台灣的美，希望讓別人來旅遊觀光，我想如果遊客到了這裡也會想要指定日期，作為紀念。因為這是一個很特別的車票！因此，我衷心希望這類紀念價值大於實際用途的車票，可以依需求指定日期。

by 鉅晶 鄭承富

車禍

by S3

希望台灣車禍的傷亡率能夠降低，減少家庭的悲劇及社會的負擔

S3 / 04-07 / 台北市

以後發生車禍的傷亡率能夠降低，減少家庭的悲劇及社會的負擔，並且要求車商對他們所販賣的車款負起責任，最好都到ARTC(台灣財團法人車輛測試中心)作測試後再到市場上販賣，這樣才能夠使消費者買的安心，開的放心，而不是廣告文宣往往都是強調速度和內裝及外型，連air bag都翻譯錯誤成安全氣囊(正確應為輔助氣囊)，誤導消費者，不要為了銷售額而罔顧了消費者最基本的權益，雖然外型馬力省油內裝都是重點，不過和生命比起來，生命才是重點中的重點才是無價的吧，也讓耗費鉅資的ARTC發揮它的價值吧。

另外也請趕快改善大貨車及大客車底盤過高的問題，因為發生車禍的時候，小轎車往往都會卡進去，往往造成延誤救援時機。

最後希望台灣以後是一個車禍傷亡率低的國家。

hana / 03-11 / 台北市

我也希望每個用路人都能替彼此著想，小黃不再橫衝直撞，公車不再霸道，每個用路人都能專心駕駛，希望減少車禍的發生率。

小米 / 03-11 / 花蓮縣

出門，能夠不用害怕！車子實在，太可怕了！迴轉，也不看一下左右的車子，就很快速的開過來……沒出車禍，也被嚇死了！不是第一次，遇到這樣的事了！

不再迷路

笋笋 / 03-01 / 台北市

記憶好一點~記取失敗的經驗，方向感好一點～不再迷失生命的未來旅程！

不要再酒後駕車了！

Karen（高雄善理書坊）/ 03-07 / 高雄市

不要再有人酒醉駕車，治安可以更好，夜歸不用耽心，行事不用受怕，一切平安，社會安寧，台灣更美好喔！

路口不再有人發傳單

keihun / 03-30 / 桃園縣

每當開車下交流道或路口等紅燈時，總心驚膽戰，害怕一個不小心，可能造成兩個不幸的家庭。

我總納悶：

1 為何警察不取締，此已嚴重影響行車安全。

2 若取締於法無據，而這些人又是社會弱勢者，為何不見社政單位主動關心、處理。

警政與社政業務皆歸內政部所管，希望政府能正視此問題！

如果總統候選人可以這樣看希望地圖

親愛的朋友：

美聯社在上個星期發信給我說，"The idea of gathering hopes from those who care about Taiwan is great."（把關心台灣的人的希望收集起來，這個主意很不錯。）因此採訪了我。今天又接受BBC中文網的訪問。

為了回答這兩個（以及其他可能的）國際媒體的訪問，過去幾天我努力思考如何解釋「我們的希望地圖」。選前這段時間，當兩位候選人有許多政見發表會和辯論會可以露面，當報紙和電視有那麼多關於他們新聞的時候，「我們的希望地圖」到底在發出些什麼聲音？兩位總統候選人，有什麼理由要在百忙的行程中注意在這個地圖上閃動的那些亮點？

昨天，三月九日，大約在兩位候選人進行第二場電視辯論會的那段時間，下午四點到五點之間，我看著網上累積的95頁，大約2,850個希望，努力整理這幾天的思緒。

很多人都在使用我們網站上的「相同希望數」排序，來看看「我們的希望地圖」上最多人同意的希望是哪些。三月九日的《中國時報》，也用這個排序作了相當大篇幅的分析，突出了一些平時在競選人政見中看不到的希望，譬如排名第一的「將"不孕症"夫妻所做的自費醫療支出，納入健保或育兒補助內！」（以下簡稱「不孕」），第二名的「住在台灣的人都是台灣人」（以下簡稱「都是台灣人」），第

BBC中文網訪問。

三名的「我希望馬路是平的～」（以下簡稱「馬路」）。

但是，「我們的希望地圖」就只是提供這樣排名二十或更多一些「另類」希望嗎？
或者，分析一下這2,850個希望裡，5%是有關個人的，34%是有關社會的，8%是
有關世界的，然後有53%是給新總統的？有沒有其他可以觀察這幅地圖的角度或方
法？我一直想回答這個問題。

既然，從邀請共同發起人的階段起，我就以努力尋找沒有明顯政黨傾向的人為目
標；既然，我們以民主社會裡五個共同的基本希望為聲明，成立了這個Hopemap.
net網站，吸引這麼多人來發表各自的希望，那，我們能不能從這些參與者所提出
的希望裡，多發現一些平時從其他地方聽不到的聲音？

這個既是公民意識，也是網路拼圖遊戲的網站開站一個多星期後，我希望從參與者
之中，找到回答這些問題的方法。
我想起了使用「關鍵字」。我想測試一下，最近在選戰中吵得沸沸騰騰，在報紙及
電子媒體上佔據那麼大篇幅的一些「關鍵字」，在希望地圖的參與者之間，受到關
注的程度如何。

我先鍵入了「一中市場」、「綠卡」、「非常光碟」這些最近大眾媒體新聞的熱門關
鍵字。看這些關鍵字出現在希望地圖的「主題」裡有多少次，出現在「內容」裡多少
次。再看不論「主題」還是「內容」裡出現這些關鍵字，最高瀏覽次有多少，得到
最高的相同希望數有多少。

我想知道，在希望地圖的參與者心目中，這些關鍵字，是否也像大眾媒體所呈現的
那麼熱門。以這個方式，我鍵入一些關鍵字，整理出下面的比較表：

關鍵字	出現在「主題」	出現在「內容」	最高瀏覽次數	最高相同希望數
一中市場	0	3	54	1
綠卡	0	5	80	1
非常光碟	1	1	8	0
獨立*	4	26	47	3
統獨**	8	3	42	3
統一***	8	11	85	4

* 「獨立」出現在「主題」裡，有3則是「司法獨立」。有關「獨立」的最高瀏覽次數，是把有機農場的獨立農地
  等刪去後，和政治有關的「獨立」希望。
** 「統獨」出現在「主題」裡，共8則。8則都是「不要再吵統獨，致力提升台灣景氣」。
*** 「統一」出現在「主題」裡，共8則。6則是「不要統一，千萬不要統一」，還有一則是「統一發票中獎號碼變
  多」。出現「統一」的希望瀏覽次數最高的，是張妙如的「兩眼都看，才有深度」，這裡已刪去。只保留和政
  治有關的「統一」。

然後，我又鍵入一些其他的關鍵字，整理出下面的比較表：

關鍵字	出現在「主題」	出現在「內容」	最高瀏覽次數	最高相同希望數
三通	22	7	163	10
經濟	40	134	1686	38
公民	73	56	746	34
孩子	76	108	328	16
愛	85	195	2063	76
同志	105	55	1545	64
都是台灣人	125	21	2056	76
教育	125	158	376	16
馬路	129	55	1520	73
不孕	240	140	2886	157

從這個比較表，明顯可以看出，最近兩位候選人在大眾媒體上花那麼大陣仗在攻防討論的「一中市場」、「綠卡」、「非常光碟」等議題，以及長期以來牽動媒體神經的「獨立」、「統一」、「統獨」等議題，在希望地圖的參與者心目中，其瀏覽次數和得到相同希望的數目，都是十分低落的。

我看到的還不只這些。甚至，即使在「經濟」這樣比較受希望地圖參與者所重視的議題上，大家重視的方向也顯然有點不同。舉「經濟」關鍵字議題裡相同希望數最高的「進步的迷思」（3月9日總排名第五，發表者：天馬賢三）來說好了。這個希望所傳達的聲音是這樣的：

"我希望這個社會能夠看穿進步與偉大建設的迷思。

我希望在追求進步的同時，這個社會能夠想想做為一個人生存的基本所需是什麼？足夠的糧食、基本的居住與工作權、簡單的生活。重要的是快樂而富足的心靈，還有可以讓心靈與文化成長的空間。

我希望我們存在的社會可以不必以過度消費與浪費地球資源來換取經濟進步的繁榮假象。我希望我們可以不必再用賺多賺少來衡量一個人的幸福與否與存在價值。我更希望台灣的未來不必以犧牲他國的勞動代價還換取財富，或是成為他人進步市場下的犧牲者。我更希望這個社會可以不需要用更多的賦稅與國家資源來投入各種龐大國家建設，換取各種企業怪物。我們可以不用加入全球各種所謂自由市場經濟與貿易協定底下騙人的邏輯，淪入掠奪與被掠奪的惡行循環裡。"

由於以上這些因素，我想，我找到繼續觀察「我們的希望地圖」的角度與方法，以及呼籲更多人來參與希望地圖的理由了。

我們的社會裡，如果是熱情參與政黨活動的人，可能從來都不愁沒有發聲的機會。大眾媒體有許多版面可供使用。「我們的希望地圖」，是希望把一些在政黨活動之間難以發聲，或無從發聲的人，透過網路這個工具，讓大家把自己的聲音發出來。

現在，這些聲音發出了2,850個。除了我們需要調整自己，練習用不同的方法來聆聽這些聲音之外，也一定要找到更多的人來參與希望地圖。
為什麼？

因為不論對哪一位總統候選人而言，2,850個希望，都可能太少，遠不足以讓他們從自己陣營熱情的吶喊聲中撥出精神來注意。你告訴他們，他們那麼熱中攻防的一些關鍵字，在我們這裡多麼不受重視，他們可能會說，「那是因為你們才2,850個希望而已。」

所以，希望地圖上所展現的聲音，如果要請他們更加注意，勢必要找到更多的人來參與。這也是我們一開始在開站的時候，說是希望「喚起三百萬個希望」的原因。

所以，我們就從現在這個時間點開始繼續吧。把「我們的希望地圖」拓展得更大吧，讓總統候選人們更看得到這個地圖吧。

郝明義 rex

女人

不要讓女士哭泣

梁兮兮 / 03-08 / 台北縣

女士泛指所有溫柔的、美好的存在。我們有義務守護女士們的美好且不吝於給予讚美，聆聽女士們的意見，重視女士們的感覺。讓女士哭泣是吾輩罪過，感動之淚、喜極而泣不在此限。

另一座島嶼 / 03-06 / 台北縣

希望每個女性都不用害怕性侵害與性騷擾，遠離肢體語言語暴力有力量保護自己……

不要歧視有胸毛的女人

梁兮兮 / 04-08 / 台北縣

還有，女人也有不刮腿毛跟腋毛的自由。 XD

周美青女士繼續她所從事的工作

Yiling / 03-24 / 台北市

支持周美青女士繼續她所從事的工作，女性不應該因為配偶的職位而影響自己的事業，如果總統夫人可以不受配偶的影響，繼續從事自己喜歡的工作，對於整個社會女性價值的提升更有所助益。 期待總統夫人從事公益活動或是在總統身邊保持形象只是一個約定俗成的觀念，也是以往妻以夫為貴的傳統思想，如今社會型態已經改變，夫妻應該以各自在職場上的表現成就為榮，而不是因為某一方的成就就讓另一方犧牲自己的事業。 周美青女士是否因為馬英九先生當選總統而必須辭去自己辛苦經營的事業，對於台灣社會將是有一個指標性的意義。

by 洪水棉

婚姻

嫁給Mario
Amanda / 03-26 / 台南縣
爸爸會答應讓嫁到哥斯大黎加。

蔡一弘 / 04-07 / 台中縣
政府鼓勵並補助網路交友，解決晚婚現象。

台灣的好女人都找到好男人
Gio / 03-04 / 台北市
台灣所有的適婚熟女都找到不會劈腿的台灣男人共組家庭，然後生很多小孩。

我們的新總統，會讓人覺得人生還有希望
朱德容 / 03-01 / 新竹市
讓單身的不怕結婚，結婚的不怕生子，生子的不怕沒工作，沒工作的不怕變卡奴，變卡奴的不會想自殺，想自殺的不會拖著全家……想拖著全家一了百了的，一想到我們的新總統，會覺得人生還有希望……

廢除一夫一妻制
steng / 03-10 / 宜蘭縣
台灣單身男女比例快過半，離婚率更是世界數一數二，一夫一妻制在台灣似乎是不合實際？更考慮廢除一夫一妻制，讓婚姻制度更多元。

今年順利畢業 結束單身
May / 03-12 / 基隆市
已經單身三年，希望今年可以有一個伴作伴。

落實 同志人權保障
胖大個 / 03-26 / 北美洲
願天下有情人都成眷屬，對象男女可以不拘。願有繳稅的人都有結婚的權利。

衛生棉條

推廣衛生棉條
世界公民 / 03-29 / 北美洲
大家對衛生棉條要有正確的認識，衛生棉條真是最偉大的發明。台灣女性應該有更多的品牌選擇，可以自在的享受棉條帶來的舒適與方便。

施搭搭 / 03-29 / 台北市
希望衛生棉條不要被列為醫療用品，讓更多品牌進來。也希望政府或教育單位能夠推廣棉條。棉條清爽乾淨又好用，我們卻把它列為醫療用品，市面上只買得到難用的OB實在不合理。我好想在台灣買到T牌P牌或U牌的棉條阿～～

by 阿丹

by 力晶 陳淑惠

同志

落實同志人權保障
阿哲

有天，台灣成為亞洲第一個承認同志婚姻的國家，保障同志受教權、工作權。

Joanne / 03-19 / 台北縣

我希望，我與我心愛的她，能夠不只是一生的伴侶。每年五月，可以能夠選擇所得稅要不要合併申報，購買保險，可以能夠決定要不要將保險受益人列成她。當我病了，可以能夠讓她的意見被醫療人員尊重合法接受；當我死了，可以能夠有她的名字列入遺產分配順位。我希望，我與我心愛的她，更可以是，為台灣法律所承認的配偶。

我要我們永遠在一起
Akemi / 04-03 / 台南市

不單單是說說，也希望有張證書，證明我們能永遠守在彼此身邊，誰說只有男人才能給女人什麼，女生也可以給女生彼此依靠，給彼此承諾，只要有愛……只要我們有愛。

by Akemi

by 阿哲

落實同志人權保障

greendoritos / 03-16 / 台中市

革命尚未成功，「同志」仍須努力！！這句口號已經流傳很多年了，衷心希望「革命成功」。

Eric / 03-27 / 台南市

我希望能夠跟自己所愛的人結婚，享有婚姻的保障。

很多人都這麼想，但持反對的聲浪很多，這是可以被克服的，不是嗎？

異性戀也是人，同性戀也是人，為什麼異性戀可以結婚？同性戀就不能？

想想看，買了一份保單，結果受益人不能寫自己的伴？

那麼陪妳在一起度過那麼多歡笑，甚至熬過雙方家長的反對，甚至生活上的困難、而她卻無法與妳分享妳的一切……

我誠心的希望，同志婚姻法，能通過……讓穩定的我們，能夠更加的安穩！

家，她不再屬於名詞，而是動詞……

一個愛妳的，而妳也愛著的人，共同擁有名副其實的家。請新總統落實同志人權保障。

萬分感謝。

by piball

susan / 03-28 / 台北市

我希望有一天我的父母會因為看到我跟另一半的合法婚姻而感到放心～

淳 / 04-10 / 屏東縣

不要再有這麼古板的想法，雖然上天希望我們傳宗接代，可是愛是自由的，都一樣有愛。

small_four / 03-17 / 台北市

幼有所學：有些同志學生的受教權備受歧視；中有所用：同志的工作能力跟異性戀們一樣好，我們不是智障才成為同性戀的，是DNA、是我們的心選擇，我們和平凡人一樣，沒什麼……也不會傳染「同性病」給其他人，但同志的工作權往往都被忽略了，老有所終……年老同志始終是被忽略的一群，或許當我們都年老時，家人唯一會把我們送去的地方就只有「創世」或「養老院」了，因為我們沒有結婚沒有子嗣，是家人的負擔。諷刺的是……很多同志的父母，年老時都是靠著同志在孝順的，因為沒結婚，但其他的手足有自己的家庭要顧；所以等到變老年同志時，他們也不會照顧……會幫忙送去機構的，算好運了。但一般的養老院並不一定適合同志朋友們，有專屬的同志養老院才是能讓年老同志終年安養的好所在。以上這些都是政府應該照顧同志朋友們的地方，我們守法、我們繳稅、我們努力的在社會上貢獻，我。們。值。得。受到這些保障，目前這些都是政府虧欠我們的。

Q寶 / 03-07 / 台南縣

我要平等的人權
我要相同的婚姻保障

by Q寶

性 愛

by 土星來的小王子

性產業合法化
姚子 / 04-04 / 台北市
滿街的情色行業，每天成千上萬的性消費人口（其中包括滿口仁義道德的政治人物），但我們的性產業仍然屬於「犯罪行為」，希望政府早日面對這個虛偽的社會，並遏止警察貪腐行為。

火星21 / 03-15 / 基隆市
希望性產業跟博奕要合法化，並且做有效管理，同時加強完整性教育及兩性教育，讓社會可以少一點性別歧視與不平等；另外，我想提通姦除罪化，個人情慾情感不應由法律來約束，道德屬個人自由，每人價值觀不同，應該要有包容與開放討論空間。

我希望台灣有真正本土的AV文化
keibun / 03-20 / 東北亞
不要再用傳統道德價值自我催眠了，我們都知道，日本AV早已深入台灣人的感官意識。情色可以是一種藝術，也可以是一種可被社會道德規範的商業市場，如同博奕一般。

梁兮兮 / 04-8 / 台北縣
終止罰娼不罰嫖的惡法，支持性產業合法化！

希望妳愛我
愛 / 02-29 / 南投縣
我我我……願望沒有那麼大耶！只希望暗戀的她也喜歡我就好了（羞）

把愛傳出去
——沒你救不行
飛虎 / 04-10 / 台北縣
「沒你救不行」行動，能讓更多台灣的孩子找回幸福的滋味！從照顧、陪伴、關心身邊的孩子做起，若您有能力，捐款、志工、給予建議都可以讓我們更有力量。透過小貼紙在部落格傳遞，就像每個種子在網路上發芽、成長、茁壯。哪天又有一朵陌生的花開了，幫他的家修好漏水的屋頂、讓他重新上學、協助他病了可以正常看醫生。每個他，是另一個陌生人的孩子，卻都是我們希望扶著他走的寶貝……希望大家能多多發揮愛心，一起把這份愛與關心傳播出去，以實際行動支持。感恩！

我們要重視感情
封小唐 / 03-13 / 台北縣
除了重視感情之外，希望我們也都能學會明辨是非，而不是互貼標籤。不是說誰怎樣怎樣就是「罵」，其實會說你的，背後意義是希望能讓你更好。雖然可能講ㄅ很難聽（想想有時候爹娘恨鐵不成鋼，口不擇言罵小孩的話就是了。）也不是說今天不幫你講話，就是挺另一個人。我們看事情，要明辨是非。 但，在是非之外，最重要的還是大家的感情。但我的意思不是說因為重感情就盲目的亂挺進而貼標籤，我的重視感情是說再怎樣壁壘分明都要記得我們彼此有愛。

小比 / 03-27 / 台北市
今天聽說我喜歡的「他」也喜歡我耶＞／／／＜
希望他跟我告白 x D

希望人人可以有愛
AAKER / 03-17 / 基隆市
人可以愛自己、人可以愛家人、人可以愛朋友、人可以愛世人、人可以愛眾生。

我希望自己能成為
一個幸福的人

YYJ / 03-19 / 台北市

很久沒有好好寫以自己為出發點的作文了，小時候會寫「我的志願」、「我的希望」，後來就逐漸隨波逐流沈浮在人生的高高低低裡了。30歲之際，在體內忽然有一種強烈的渴望「我想成為一個幸福的人」，就從幸福由自己帶給自己做起，也同時做一個可以帶給周遭人幸福的人。

當一個能帶給父母幸福的女兒，當一個能帶給伴侶幸福的伴侶，當一個能帶給寶寶幸福的媽咪，當一個能帶給朋友幸福的朋友，當一個能帶給老闆幸福的部屬，當一個能帶給同事幸福的同事，甚至當一個能帶給陌生人幸福感的陌生人，還有當一個能帶給閱讀我文字的讀者幸福的作者。就是學習怎麼適當地愛自己，怎麼適當地愛人。然後每天早晨在感恩中清醒，每個深夜在感恩中入睡。

小高 / 03-11 / 台北市

我希望妳捎個信息給我。

by 尚無聊

by 儷容

讓愛傳遍台灣

大頭 / 03-18 / 基隆市

我希望每個人都能懂得感恩台灣這塊土地，人與人都能彼此尊重，讓台灣的生態環境能夠保存，讓蝴蝶可以在城市間飛舞，每條小溪都有魚蝦、野鳥在河床上飛舞，只要每個人懂得樸實的生活，做環保回收、帶環保筷，人與人相見都會打招呼，目視或點頭微笑，擁抱，讓愛傳遍台灣！

我要戀愛…

保小羅 / 03-11 / 苗栗縣

找到屬於自己的新戀情，希望我的真命天子，能夠快快出現…

我要全世界

LEWIS / 04-05 / 嘉義縣

1.陪雯晴到英國唸藝術碩士
2.考上專利師
3.當科技人、藝術者、旅行者
4.陪妳一起老

台灣有愛

cindy / 03-18 / 台北縣

住在台灣這塊土地上的人們能夠互助互愛，別讓政治的個人鬥爭、媒體的斷章取義、挑撥族群的對立與社會的不安，彼此有愛，「友愛」台灣才有未來！！

記得愛

Fay / 03-07 / 台中縣

希望每個人都記得最初的感動，
然後將這份感動傳達出去。

放下與愛

李宗原 / 03-18 / 台北縣

我希望全世界的人民，都能夠了
解放下的意義，還要明白愛的存
在。

耶穌愛你

連結上帝的國度（我是女生XD）/
03-29 / 台北縣

整個世界都能認識耶穌。因為上
帝愛你 / 妳，願耶穌的國度降
臨，願祂的旨意行在地上，如同
行在天上。相信耶穌總是能帶來
平安喜樂，願你我一起為傳福音
而努力~:)

留時間陪伴彼此

維明 / 03-11 / 基隆市

可以學習把時間留給愛我的人，
以及我愛的人，自己也慢慢的嘗
試改變把時間分配給愛我的人以
及朋友，希望能再進步一點，不
想再為了忙碌而失去愛我的人。

愛與信任

封小唐 / 03-04 / 台北縣

「人人都愛陰謀論」。這是讀
《達文西密碼》令我印象深刻的
文句。
而下述內容也已經是一個老梗的
議題了。
打開電視看新聞，無論國內外，
鮮少看見正向的話題，新聞內容
幾盡是：國際戰爭、藝人八卦、
社會詐騙案件、政治政爭、醫病
關係的緊張……等等。似乎所有
的議題以「陰謀論」起始，才能
拿到賣點；彷彿人跟人之間不互
相踐踏，就會滅亡。
這個世界發生太多奇怪的事情，
已經使得人與人之間最單純的美
好逐漸褪色。我誠摯的許下心
願，希望從我這個小小的意念開
始，以一種正向的思維出發，找
回人與人之間最單純的愛和信
任，好讓這個世界能更加美好。
我願從此刻開始以愛和信任為基
礎來對待我週遭的人。

希望仇恨停止世襲

若夏 / 03-20 / 台南縣

希望大人們不要再把仇恨、偏見
誤認為正義。不要教導孩子去
恨，不要讓孩子代替大人，說
出仇恨的語言，拜託，停止仇
恨……

ET / 03-01 / 新竹縣

請政治人物在越來越缺乏愛的現
在，不要再製造仇恨！

by 封小唐

by Justin

埋怨，是心靈的癌症！
臺北縣立圖書館張貼版的希望 /
03-14 / 台北縣

為什麼我要說「埋怨」是心靈的癌症呢？有以下的兩個原因：埋怨會擴散，一個人如果常怨天尤人、批這評那，那麼，他（她）的情緒很容易就會波及到旁人，甚至影響了整個群體中的氣氛與風氣，漸漸地，群體中充滿了怨聲載道、楚囚相對的消極氣氛。埋怨會吸光您的「養份」（福氣）；埋怨的情緒會吸光您的快樂，吸光您的人緣，吸光您的自信，吸光您的動力，不但得不到原本所沒有的，還會讓您原本所有的也漸漸被噬去。

韓小小 / 02-29 / 東北亞

有人說，我們能對世界最大的貢獻是時時心存善念，散發正面磁場，我相信，也希望人人都能如此。多一份善意，多一份快樂，踏踏實實的，沒有後遺症的。

雅江 / 03-28 / 台北市

世界沒有心機。人人和平相處，為別人著想，自己的利益不要著墨太多。

有一顆心顛倒夢想
liukai / 03-07 / 台北市

在孩子的世界裡，小孩子問大人，為什麼兩個乾淨的東西碰在一起它會變髒呢？
大人永遠想不到的思考。
身上的衣服是乾淨的，蛋糕也是乾淨的，可是蛋糕沾上衣服，就會髒掉。

小安 / 03-21 / 新竹市

明天就是選舉，每天的電視內容充滿政治與選舉惡鬥，選舉永遠只是口舌之爭，負面不斷與抹黑，是真是假？對於如此一般的小老百姓，又能如何……看到今天新聞特地介紹這網站，我非常感謝有人如此用心，祈禱我們的未來是充滿希望的，我立即mail相關資訊，讓我的朋友們一同點燃希望。經濟不景氣，物價波動漲不停，對於現今在社會上的每一隅小角落的家庭，有的是連過生活都困難重重，有的等待社會救援，有時多希望人人都有能力回饋社會ㄚ……能和身旁的朋友認識，和自己的親人相聚相處，真的要感謝付出的人ㄚ。如果你我都充滿感恩的心，感謝之意，那麼是否能不要再有那麼多的不平靜。不論你是男是女，是老是少，是藍是綠，能否抽點時間多想想，能為身邊的人做些什麼，付出什麼，這樣子，心善面善，人人見面也充滿甜蜜微笑，世界就能更美好，不是嗎！我也希望如此美好的希望地圖一直持續下去，希望所寫下美與善的希望，都能實現，世界充滿感恩美善的星星吧 ^O^

希望

希望我可以對未來有
十足的實踐力

黃佩妮 / 03-11 / 台北市

不要只是空築夢想，我希望自己
可以儘量付出，不求回報，我希
望自己能多點關懷心，不被冷漠
所影響，我希望這個環境是有保
障的未來。

Hope is the thing with feathers

喻小敏

Hope is the thing with feathers

That perches in the soul,

And sings the tune--without the words,

And never stops at all,

And sweetest in the gale is heard;

And sore must be the storm

That could abash the little bird

That kept so many warm.

I've heard it in the chillest land,

And on the strangest sea;

Yet, never, in extremity,

It asked a crumb of me.

這是Emily Dickinson的一首小詩。這首詩讓我滿懷希望，像戴上了翅
膀，飛上了天。看大家的希望，也能讓我有同樣的感覺。

每天，都離希望更近一些

周庭安 / 03-17 / 花蓮縣

我希望人們可以快快樂樂生活。

喜歡的人最後總能在一起，不管男女、男男或女女。

我希望不一定順順利利，但最後總能滿心足意。

我希望家人、朋友都能健康快樂的活下去。

我希望台灣可以有許多富裕到誇張的人，但不要有任何貧窮不得翻身的
家庭。

我希望能努力的讀書工作。

我希望森林都充滿綠意。

我希望海洋變得乾淨，台灣變得更美麗。

我希望，我每天睡醒，都會覺得自己離希望更近。

不要老是希望別人給你希望

人類 / 03-29 / 台北市

希望要自己去實現，如果自己能努力實現希望，何必去要求別人給你個希望。

路人 / 03-01 / 桃園縣

希望是個起頭，是個點燃的火種，需要有人去生火，去實踐。自己已經生完火的人，可以去幫助別人點燃火種，甚至幫他生火。自己無法點燃火種的人，可以靠近別人點燃的火種，讓自己的火種感受那份熱力，再度燃燒起來；無法自己生火的人，可以在旁觀看別人生火，感受那種實踐的喜悅，累積自己再度生火的力量，一生火就燃燒不止，希望是個起頭。

小小的心願

老K / 03-04 / 台北市

和平，遠離戰爭與飢餓

我希望心中的希望永不熄滅
楊孝先（nchild）

許了關於社會、世界的希望，就用這句話作為給自己的希望禮物吧！

我希望我能看到……

失眠的文字工法蘭克

我看到了，凌晨零點，一輛捷運列車靜靜滑出起始站，準備護送滿身疲憊的人們返家；

我看到了，凌晨三點，敦化南路的書店裡，捨不得夜晚的人們正努力當著蠹魚；

我看到了，凌晨六點，阿公阿媽在清潔隊規律的掃地聲中，舞動身軀迎接新的一天；

這裡，是台灣。

我也看到了，上午八點，早餐店老闆以飛快的速度，滿足每一個急著上班上課的胃；

我也看到了，下午一點，一面超大的國旗在棒球場上擺動著，沒有其他顏色，只有團結；

我也看到了，下午三點，巷口李伯伯正低著頭，幫隔壁陳阿姨的鞋換上新鞋跟；

這裡，還是台灣。

人，不是因為政治而存在，
但，政治是因為人而存在，
所以我希望我能看到，一台沒有口水的電視，還有一份填滿希望與關懷的報紙。

by 楊孝先

Seaman / 04-11 / 台北縣
希望爸爸媽媽身體健康～
希望太太永遠美麗～
希望小孩可以健康平安長大～
希望地圖可以繼續讓我們貼希望……

楊門女將 / 03-29 / 台北市
我希望能買得起房子…但是我不想加班；我希望貪污政客要下台…但是我投了他一票；我希望同性戀能受到平等對待…但是我不希望我兒子是同性戀；我希望空氣能好一點…但是我不想搭捷運；我希望要愛護流浪狗…但是我花了5萬元買了一隻名犬；我希望總統要把台灣經濟搞好…但是我不知經濟部長是誰； 我希望希望能實現…但是希望離我好遠……

Mr.Q / 03-10 / 高雄縣
希望是發自內心的誠懇，不要只是為希望而希望，我們總是希望得太多，能實現的太少；希望得太美好，失望的卻一大堆，把理想確立，把目標訂好，然後努力去做就是了，就算沒達成希望，也不會有沒有努力過的失望，希望我們不要只是為希望而希望。

薛邑萊 / 03-10 / 台中市
看了大家這麼多的希望，有個感覺：
能夠引起共鳴與迴響的希望是迫切的渴望！
而雖只有一個人孤芳自賞的希望也是願望！
然而，我的內心非常感慨，也深深感受到：
我們的【希望】不正是我們所【缺憾】的嗎？
希望我們的希望不再只是希望，
希望我們的渴望有一天是事實，
希望總統先生看到了也想到了，
希望總統先生說出口也能做到！

by 力晶 謝榮源

by 力晶 潘瑞彧

希望就是希望

夏瑞紅

現實環境如何，仍然有這麼多人認真對台灣懷抱希望，

這就是台灣的希望。

雖然也常批評台灣「不好」，但那是因為，台灣有許多「好」令人感
動、珍惜，所以不願放棄希望「台灣可以有更多的好」。

從日常生活經驗來說，台灣之「好」應該至少有以下十點：

1.台灣人大多熱心爽朗又好禮，人情味濃。

2.溫和務實、堅守崗位不斷努力的人，仍是台灣人中的最大數。

3.台灣百姓日常生活很方便自在，沒太大安全顧慮。

4.台灣社會對異族異文化包容力強，敏於學習新事物。

5.台灣對宗教虔誠、努力追求自我成長的人很多。

6.台灣願意為公益慷慨奉獻的人很多。

7.台灣人比過去能獨立思考、表達自我，也更具幽默感。

8.台灣的言論和資訊相當自由開放。

9.台灣本地蔬果又豐富又好吃。

10.台灣菜市場非常親切、充滿活力。

要不要也算算您的「台灣十好」？也許您也會發現，我們台灣值得肯定
的地方真不少，一定要珍惜，不能放棄希望啦

希望地圖報　第02號　2008年3月11日

希望地圖是一個許願練習機

親愛的朋友：

「我們的希望地圖」（HopeMap.net）開站後，我聽到了幾類反應。

有些反應十分激動又熱情。有一位之前並不很熟悉的作者，在一天夜半讓我收到一封信，信裡有這麼一段文字：

「我沒有自己的網站也沒有部落格　但合作的公司都有我能發佈消息的管道　只要用得上　我們全力配合　祝福您祝福一切　希望之光　已點燃」

另一類反應，正好相反。我一位親近的朋友寫信給我：

「腦袋一片空白，沒有感想。……我不知道我為什麼如此無動於衷……希望地圖應該是領導人與政府要給我們的，而不是要我們去告訴他們的。(莫名其妙)……我早就對一切不抱希望了！」

另外，還有這一類：

「我這樣說你大概就知道我對選舉大概也是這麼一個心態……『乃不知有漢，無論魏晉』」

「因為換漢換魏換晉都一樣啦，當了那個位就當著那個頭，再也想不起那個當腳的心聲啦！但我還是去投票，百無聊賴又心存一絲希望的去投票。」

我為什麼要發想「我們的希望地圖」，雖然本來我自認為想得很多了，但是這段時間下來，又讓我有了一些新的感觸及心得。

台灣社會長期在選舉與政黨的動員及左右之下，藍綠陣營都各自不怕沒有支持者，支持者很習慣於暢言自己的希望，同時也很容易找到有志一同的熱情伙伴。

但是在這同時，另外有些人則越來越沒機會，也不習慣於表達自己的希望了。

在急切於爭取認同的政黨及其支持者面前，一個人一旦表達了某個希望，很容易遭到被「綁架」的下場：或者，你的人就因為說了這麼一個希望而被政黨「綁架」了；或者，你不過是想表達「一個」希望，卻被政黨的政見包裹給「綁架」了。

希望地圖裡，有兩個希望是這樣的：

「今天穿了一件淺藍色的襯衫去上課,學生問:"老師,你很善變哦!昨天挺綠,今天就挺藍了喲!"

「我猛然想起昨天穿的是蘋果綠的棉T!

哇哇哇!小學生就已經如此政治高敏感,那...明天我該穿什麼顏色好呢?」

（「請還給我自由選擇顏色的權利」by Home-Home Mama。高雄市）

「有那麼一天，台灣的男女老幼，都可以很從容自在地說，這次選舉我支持某某某，而不必擔心引起任何不愉快.

「就像在說今天晚上我決定吃雞腿飯而不是牛肉麵一樣……」

（「政治不再是天大了不得的事」by 負離子。北美洲）

說的都是這種不再想被「綁架」了的希望吧。

事實上，長期擔心自己的希望被綁架而不說出來，其後遺症不只是對政治冷漠，不只是連穿衣服的顏色都要擔心。長期不說出自己的希望，結果就是逐漸說不出希望了——包括政治以外的其他希望。很可能。

這一點，我又有兩個例子可以說。

一位朋友，平時也是經常抱怨希望被綁架的人，也是平時一直等待有另一種發聲機會的人。我深信他一定是知道希望地圖這件事情後，最先參與的人之一，所以直到開站一個多星期後，才打電話問他許下了什麼希望。

「我這一陣子忙，」他又說，「我明天再好好想想要許一個什麼樣有價值的希望。」

另一位朋友，是最早上線提出希望的人之一。可是好幾天後，她跟我說，她覺得自己提的希望有點虛假。她告訴我那個希望的意思，然後說，「我忽然覺得這麼一個四平八穩，冠冕堂皇的希望，很不真實。」她說要再想一個很「切身」的希望。

因為如此，這一個星期以來，看到「我們的希望地圖」上，有這麼多人還是願意提出希望，越來越多人提出希望，我的心情很難以感動來形容。並且，有些希望很是真切動人，並且力透網路。譬如：

希望妳愛我　by 愛　南投縣

隱匿希望：有河可以撐過今年　by 有河book張貼版的希望　台北縣

希望地主都賣土地給我 by 達人 台北市

有一位朋友問我希望地圖是怎麼回事，聽我解說之後，她說，「那這不就是一個『許願練習機』了？」

我想，這也許是個很好的解釋。

如果你看到這裡，停下來十秒鐘，想一想還是說不出你的希望，可能你也太久沒有說出希望，可能你也忘記怎麼許自己一個希望了。

為什麼不來「我們的希望地圖」試一試呢？

郝明義　　Rex

不孕症

Opensees520 / 03-09 / 桃園縣

台灣現行的新生兒於去年不足20萬，但是墮胎的嬰兒數約30萬。這表示了好幾種現象，本人對其中最明顯的感受是想生的生不出，不想生的一大票。針對想生的生不出的部分而言，台灣已走到人口老化與人口減少的部分，這可是會亡國的初徵，到時誰來喊「愛台灣」誰來喊「反攻大陸」呢?故我的希望為讓不孕的夫妻有免於無法生育的「恐懼」，將能夠生育的問題變成「常態」的人類疾病看待。將有機會有能力「養育」的夫婦列為較高的排序且做適度的補助，而將無法養育但想生育的夫婦列為資格輔導，將有資格生育但不願養育的夫婦列為鼓吹生育，而最後對不該生育也不願養育的男女列為「教育」。

如此一個完整的生育系統才會回到正常的現象，而不會讓婦產科醫生或不孕症的醫生「拚命」賺大錢，而一般的婦產科醫生乏人問津。也讓普羅大眾感受台灣的「青春」慢慢的回春。

將「不孕症」夫妻所做的自費醫療支出，納入健保或育兒補助內！

等待迷路的送子鳥 / 03-02 / 台北縣

未來的總統能夠在育兒、醫療政策補助時，能將「不孕症」的醫療性支出，納入或補助費用！ 新總統，您有一個人人稱羨、圓滿的家庭，但是，您卻忽略了一群每天期待擁有小孩的夫妻，我們為了早日聽到小孩的歡笑聲、吵鬧聲，努力做一對勇敢的夫妻，接受種種難以承受的治療與壓力，一次人工授精自費負擔約兩萬，一次試管嬰兒自費約十萬，但是健保卻沒任何的補助！您的政見，不論是醫療、育兒津貼，我們夫妻目前都不合資格！但是，一年下來平均我們要支出至少二十萬以上的不孕症費用，在希望擁有小孩的夢想裡，健保費我們繳、所得稅我們也繳！只是因為我們怕別人知道我們不孕，所以不敢挺身爭取補助！導致以前的總統忘記了我們！現在您說：每年提高重症病患的健保支出，卻對也必須借用醫療才能生育的不孕症患者沒有任何補助，這樣公平嗎？生育的補助，一定非要有小孩才能享有嗎？不孕的夫妻呢？希望新總統，想想我們這一群新貴的家庭，因為不孕症使我們付出龐大醫療費用，如果您願意將不孕症納入常規的健保支出或部分補助，讓有小孩及不孕的夫妻，都能有實質的補助，才是台灣第一個提出完整生育補助的新總統，也讓我們有希望成為圓滿的家！

張妙如 / 03-17 / 台北縣

世界各先進國家人民不孕的也很多，就我知道也有很多美國人願意（甚至排隊）領養他國小孩，請想自殺的成人多想一想，你應該無權為小孩決定生死，而你的孩子沒有你也不見得就會活不下去，或活得不好，請不要斷送他（們）的希望。 我同時希望不孕的人也可以考慮領養。

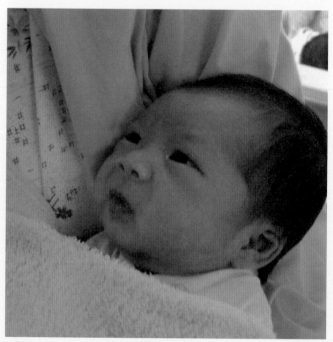

by 顗容

vivian / 03-27 / 屏東縣

每次只要一聽見有人懷孕了，
心裡就要飽受煎熬，
為何我不能？
我的寶貝到底何時才會報到？
將自己變成藥罐子，
從南到北的求神問卜，
一切的努力都只是希望能跟一般人一樣，擁有一個完整的家庭和人生。所以，馬總統請您聽聽我們這群身心煎熬的人的心聲，至少減低我們的經濟負擔，讓我們都能免於遭受不肖醫師的剝削，幫助我們圓這個夢吧！

高小炫 / 03-17 / 新竹市

經過9年的努力.南北奔波.10次失敗.上百萬的花費.數以千萬計的眼淚.社會邊緣.弱勢的我們.有誰能投以我們關愛的眼神呢..你們命好.不能親身體驗我們的痛.我只能恭喜你們.但請你們不要漠不關心我們的問題.最起碼也分一些醫療資源給我們.上網蒐尋一下吧.有多少心酸的親身故事.不用我來多說.

Tammy / 03-03 / 新竹市

1. 健保可以給付二次人工授孕及一次試管嬰兒費用，幫助想生育的不孕夫婦的不孕治療，以改善台灣出生率太低問題。

2. 或至少可以用健保給付不孕症用藥。

Yoshi / 03-09 / 台北縣

是應該納入健保幾付，既然民生用品及所有消費都漲，薪水不漲的狀態下。百姓已經需要多支付所有的開銷了。
讓想生卻有難言之隱的家庭可以放心的去治療，這樣不但可以提升人口數，又可減輕百姓的負擔，何樂而不為？
再者，不孕症的治療幾乎千篇一律，使用的藥物大同小異，真不知為何不納入健保？

獨生女 / 03-24 / 桃園縣

支持代理孕母合法化，快快合法化！借蟲借卵的人工生殖法都可不忌諱亂倫的問題，也不忌諱20年後哥哥愛上親妹妹。代理孕母當然更有理由合法，除非忌諱醫療利益的大餅不再只有醫生、立委獨吞，而要分給那些真的需要的人。

白熊夫人 / 03-03 / 桃園縣

我身邊就有這樣的真實例子。我的友人嫁給獨子，結婚多年經過很多努力，但卻都沒有懷孕…媳婦除了要面對公婆壓力，還要接受親戚的冷嘲熱諷…最後，先生以太太<不會生>的理由理直氣壯外遇，離婚收場！！台灣不孕夫婦的比例也占15%左右，治療不孕症的費用又很高（健保不給付），對於一般小康家庭來說…還真的是一種無奈的負擔與壓力，更何況，很多都是雙薪家庭，太太要上班幫忙家計，還要承擔不孕之苦，及婚姻破裂的壓力，真的好苦！！

生育

給下一代健康乾淨的生長環境

noriko / 02-29 / 台北市

台灣的生育率是全世界倒數的，當社會在呼籲提高生育率時，卻忘了檢視我們給下一代國家未來的主人翁是怎樣的生長環境，顛倒的是非，無所適從的社會規範，只求溫飽是現在大多數家庭的願望，希望國家政府能帶領人民走向光明的大道，因為只有健康的心靈，正面的社會風氣才能蘊育出有希望的下一代。

我希望能把托育給我的孩子帶好

Nanny阿姨 / 04-07 / 台中市

我希望給我帶的小孩，不單只是體格健壯，更希望能把他們帶得心靈健壯，身心靈健壯的話，將來無論遇到什麼問題、困難 都有足夠的自信去完成自己的使命…

by Nanny阿姨

不要殘害小嬰兒

阿梅 / 04-09 / 高雄市

世界上不要有墮胎這個事件，因為嬰兒也有生命。
所以不要這樣做，
就這樣ㄚ。

讓孩子們快樂的成長

Sea / 02-29 / 台中市

希望孩子們不必再為考試成績而拚了命的補習與讀書。
希望孩子們能有真正多元活潑的教育環境。
希望孩子們能有擁更具啟發性的教育。
希望孩子們不必再背著厚重到會壓垮肩頭的書包。
希望孩子們能有快樂的成長時光。
希望讓他們能有更多的時間接觸更多的事物與環境……藝術 / 田野 / 山林 / 動物等等。
希望孩子們能學會謙卑與自愛……
學會尊重自己……尊重他人……尊重生命！

給每個人希望，請重視養育雙胞胎父母和雙多胞胎的成長

twins / 04-07 / 基隆市

一般民眾或政府或媒體只會報導雙多胞胎好玩，殊不知父母養育的負擔，尤其0-3歲，經常生病，在醫療費用即使自費單是掛號費或住院照顧花費不貲，加上若兩個雙胞胎有有好動特性、腦性麻痺、自閉問題，更是讓父母無法承擔這個辛勞，有一些父母因而分手，或過勞死，希望大家能一起來設計一個友善空間與支持系統。除醫療問題外，其他托育、教育、衣物等也是雙倍費心，我們為台灣目前「少子女化」問題提供增加人口的機會，但是也希望能對雙多胞胎有一點關心。人工生殖下媽媽健康的風險，也需醫療提醒與關心。
對雙多胞胎而言，從小需要與他人共享父母的關心，而有被忽視情況，嚴重的手足競爭鬥牆、自信被傷害，師長同學的比較等，都需有人提醒，學習面對，使能快樂成長。
請許給每一個人發展成長的空間，關心自己與周遭。

柯欣雅 / 04-09 / 縣

現在的時代殘害小嬰兒的人太多了，請各位不要再殘害小嬰兒了，我們的人口已經夠少了，要好好的照顧自己的小嬰兒，不要再傷害小嬰兒了。

給我們一個可以生養小孩的優質環境

Mei / 03-04 / 台北縣

不要政治惡鬥，不要國家資源空轉與無謂耗損，不要自私短視的政客，不要貪腐舞弊、寡廉鮮恥的領導者；要有效率且中立的文官體系，要經濟與文化並重的宏觀政策規劃，要務實、與時俱進且與民同在的台灣政府，要讓人民有意願將根留台灣、撫育新生命讓台灣綿延不絕。

將墮胎的行為列為禁止行為

謝孟蓉 / 04-08 / 屏東縣

青少年常常發生因無法養育子女或怕被父母發現而選擇墮胎這種做法，不僅傷害生理及心理，更容易讓一位年輕人墮落，甚至走上不歸路。

希望台灣是大家想要養育孩子的地方

張杏如

我主持信誼基金會，研究、推廣幼兒的早期教育幾近三十年，經常有人問我，什麼是最讓我感動的事？

是啊，是什麼支持我走了這麼多年呢？

在路上，我會碰到人，握著我的手說：「謝謝妳啊，我的孩子都是看信誼的書長大的！」或者「是學前教育月刊陪著我一路養育孩子的。」在一個台灣沒有學前教育系統的年代，現在很多幼兒教育界的學者，當年都曾在我們的學前教育館受到啓發呢。幾個月前，一個台北教育大學的學生，和同學一起來基金會參觀，把她當年在我們實驗托兒所前身實驗教室的上課證拿來給我們看；一定是媽媽和孩子一段共同的美好回憶吧？前幾天參加一個座談會，一位與會的貴賓，拿著一本已經黏了又黏、貼了又貼的《媽媽買綠豆》給我看，說這是她和女兒最喜歡的書，這是一本我們第一屆信誼幼兒文學獎的作品，到現在二十年了，仍然很受媽媽和孩子們喜愛。 這都是歲月和工作留下的軌跡。

但真正讓我感動的是，每天我上班的時候，看到小小的孩子拉著媽媽的手，催促著：快點！快點！甚或就跑到媽媽的前面去了。他是這麼急切的要來上學、到幼兒圖書館聽故事、到親子館玩遊戲。是孩子臉上的快樂感染了我吧？

去年，一位新同事和我一起開會，她告訴我，她是因為以前的公司100多個人，只有她一個人有孩子，覺得自己是個異類，所以換了工作。來到信誼，發現好多人 都有孩子，她好高興。她說，來到信誼，她真的感到做媽媽好幸福。這大概是我這麼多年來聽到最美麗的讚美了。去年金豬報喜，信誼就生了8隻小豬，整個大樓喜 氣洋洋的，同事們看到我，都向我道喜。大家都說我們應該是生育率最高的機構了。

我們的那位新同事，今年要生第二個孩子了。

在這裡，從懷孕開始，大家都阿護著我們的媽媽們，生孩子的時候，我們是那些先生們的後援部隊，孩子生下來了，就是我們大家的孩子，在大家的疼愛和祝福下長大。是媽媽臉上的幸福感染了我吧？

我希望：台灣是一個孩子可以快樂長大，媽媽會覺得幸福的地方。只有這樣，台灣的生育率才會提升吧？

by Justin

我把你當成我的孩子
劉怡伶

Dear Darren,

跟你媽媽通電話時，話筒彼端傳來你咿咿哦哦的聲音，我一面講話身體不由自主的搖了起來，彷彿我也將你懷抱在我的臂彎輕輕的哄著。你媽媽告訴我你現在已經長大不少，早上 睡醒時會翻身，看到人會衝著一直笑，滿月時你爸爸給你剃了大光頭，現在也慢慢長出頭髮來，你的姥姥老爺不時傳給我一些你的照片，我放在電腦的 桌面上，每天一開機就看見你對我笑。然而，我卻一直很鍾愛這張你剛剛出生時候的照片，你的媽媽陣痛了十多個小時，你的姥姥在一旁都心疼的掉淚，你的爸爸緊張地握著你媽媽的手全程陪伴。當護士阿姨將你舉起來，我按下快門，那一瞬間我的激動和你的哭聲一樣響亮。

今天我是希望地圖的希望導遊，除了要導覽希望地圖的景點之外，還要說一說自己的希望。已經張貼了很多希望，也推薦了很多別人的希望，我才發現好像都沒想 過，當你從安靜無聲的子宮滑落到這個世界來的那一刻，你有沒有什麼希望？你還不會說話，我無從得知，不過當你開始思考這件事情的時候，我希望你可以與我分享。

我的希望是大家都能夠學習將心比心，設身處地的從他人的角度來看待事情，欣賞並且包容每個人的差異性，當自己就是他者，分別心不再，歧視和偏見才會消失，對立、誤會與戰爭才會逐漸減少，世界的和平才不再是空想。

Darren，我也許不會有自己的孩子，但是我把你當成我的孩子，我無法確定當你長大的時候，這個世界會變的更好或是更糟，唯一肯定的是我會一直默默的努 力，希望所有的孩子都可以在更好的環境裡成長，不管未來是一個怎麼樣的世界，你都能保持呱呱墜地時號啕大哭的力量，勇敢的實現自己的希望。

（附註：Darren 是我妹妹的小孩。）

by 怡伶

父母

做自己

美女燕 / 03-30 / 嘉義縣

爸媽不要再拿我們跟別人比較了。

may / 03-07 / 南投縣

小時候，父母慢慢陪我們長大；長大後，換我們慢慢陪著父母親變老。

大貓 / 03-04 / 台北縣

為人父母者一定要以孩子為生活重心，不論家庭經濟如何，父母是孩子最堅強的依靠，健全的家庭有最幸福的孩子，希望不要再有狠心的父母，虐童案再也不要發生。

Janet / 03-14 / 台北縣

身為父母的，可以坦然無懼的教導孩子，身為中華民國的國民是驕傲的；做父母的可以不用再絞盡腦汁的解釋成語；三隻小豬、不用再解釋新聞中打架的高薪、高位立委的行為、不用解釋為什麼在這塊美地「芋頭」和「地瓜」的不能共存，地瓜要罵芋頭，甚至罵了兩代。

caroline / 04-10 / 高雄縣

政府能夠讓家長每天參加親職教育可減稅，一方面幫助親子溝通及家庭氣氛(可減少許多青少年狀況)，一方面藉由減稅可幫助弱勢的家庭也能不必擔心花時間去上課少了收入，婚姻教育及家庭教育……一直是我們需要工作及努力的部份，少了和諧的家庭及婚姻溝通，就多了不快樂的青少年及破碎的婚姻，社會要付出的成本比減稅或安排教育多更多倍……

3個孩子的媽 / 02-29 / 台北縣

希望有孩子的父母，關掉電視，陪您的孩子講一本故事書，帶孩子去公園玩，讓他們體驗大自然，身心更健全！社會就變好！

薛邑萊 / 03-10 / 台中市

有快樂的父母才有快樂的孩子，由於我們是印模孩子是印泥土，更因為孩子是我們的一面鏡子。

Rotch / 03-03 / 台北市

窮困的家庭，通常都是因為父母沒受過良好的教育，也因為家裡的窮困，孩子也得不到良好的教育，這些孩子將來長大了，很可能步上他們父母的後塵，如此造成惡性循環，無論家庭再怎麼窮困，希望每位孩子都可以享受上學的權利，而不需要輟學打工貼補家用……

小葉 / 03-11 / 台北縣

希望我媽不要愛操心。
全世界的媽媽為自己自私一點，對自己好一點～～

by Justin

孩子

幸福從何而來
凱風卡瑪兒童書店張貼版的希望 / 03-07 / 花蓮縣

「每個孩子都可以有最基本的生活滿足：吃的飽飽的，穿的暖暖的。」

by 蛋司

給下一代健康乾淨的生長環境
noriko / 02-29 / 台北市

台灣的生育率是全世界倒數的，當社會在呼籲提高生育率時，卻忘了檢視我們給下一代國家未來的主人翁是怎樣的生長環境，顛倒的是非，無所適從的社會規範，只求溫飽是現在大多數家庭的願望，希望國家政府能帶領人民走向光明的大道。

因為只有健康的心靈，正面的社會風氣才能蘊育出有希望的下一代。

Yiling / 02-29 / 台北市

不再有家庭暴力，不再有虐童事件了...政府積極宣導，社區互助友愛，讓家庭暴力的傷害減少，讓無辜的孩子都有一個快樂的童年。

童年時光
梁� / 03-17 / 台北縣

孩子們多些時間用在發現自己的興趣專長，挖掘自己的可能性，能玩就盡量玩，不要因升學壓力被迫停止興趣。

希望孩子們可以在健康快樂的環境下長大
Cherish / 03-26 / 台北縣

政客們互相攻擊，互相抹黑，抹黑了對方，卻也抹黑了社會的價值觀希望未來的政客們，可以不用他政客的角度來看這個社會.用一個家長，一個家中有小孩的家長的角度來看 多些讚美，就算不同政黨，做的好，一樣給予讚美，我想，這個社會，將會更加快樂的!!!

我的孩子
蔡坤陵 / 02-29 / 台北縣

我的孩子平平安安、快快樂樂、健健康康的成長，我願以我全部的心力祈求我的孩子生活在一個無憂、無慮、無紛爭的國度裡，我願用我所有的一切來換取我孩子每天快樂的笑容，這就是一個平凡的父親的所求。

by 蔡坤陵

讓孩子們快樂的成長
Sea / 02-29 / 台中市

希望孩子們不必再為考試成績而拚了命的補習與讀書. 希望孩子們能有真正多元活潑的教育環境. 希望孩子們能有擁更具啟發性的教育. 希望孩子們不必再背著厚重到會壓垮肩頭的書包. 希望孩子們能有快樂的成長時光. 希望讓他們能有更多的時間接觸更多的事物與環境......藝術 / 田野 / 山林 / 動物等等. 希望孩子們能學會謙卑與自愛...學會尊重自己...尊重他人...尊重生命!!!

Debbie / 04-03 / 台中縣

讓孩子們快樂的成長希望孩子們能有真正多元活潑的教育環境.

by 薛邑菜

孩子的笑
阿威 / 03-12 / 台北縣

我希望我那三歲多的孩子，他最珍貴的笑容，可以延續在他臉上一輩子，不要因為教育而讓他失去了......那可以面對一切，讓自己充滿力量的無敵笑顏......

我愛一切孩子
張曼娟

二、三〇年代的學者作家，周作人曾經說過這樣的話：「因為我有妻子，所以我愛一切女人；因為我有兒女，所以我愛一切孩子。」當時許多人都因為這幾句話，肯定他是個人道主義者。而當我讀著這幾句話，卻聽見另一種聲音，從內心發出來：「因為我沒有兒女，所以，我愛一切孩子。」孩子是這個世界上最珍貴的禮物，更是全人類的希望。近來看見一個廣告，成排的育嬰床上空空如也；公園的遊樂設施沒有孩子，生育率日漸下降，這景象不久就會成真，那種荒涼與絕望，使人心驚。我沒有孩子，常常覺得每個孩子都可能會是我的孩子，因此，孩子總是可以準確的觸動我內心最純粹的柔情。

當他們的手，暖暖的牽住我的手指；當他們的聲音，輕輕的湊近我的耳朵，當他們用澄澈的雙眼注視著我，那裡面有著專注與信任，我便願意為他們付出一切。我願意給予孩子深深的愛，同時，成為他們的「教練」，教他們延遲享樂的道理；教他們慷慨與真誠；教他們為自己的夢想堅持，就算是永遠達不到還能微笑。我最想教給他們的是，哪怕在最困難的時候，依舊可以樂觀的快樂起來。

「摯愛」與「教練」，一是感情，一是理性，彷彿是對立面，卻正是上天賜給父母親最神聖的職務。因為愛孩子，所以，要包容他的一切，也許他們並不像你那麼傑出優秀，但，你還是要愛他，因為他是你的摯愛。有了愛卻還不夠，孩子得具有生存能力，他們需要嚴格的教練，不妥協、不放棄。一遍又一遍，直到他們可以跳過那些柵欄；一次又一次，直到他們可以跑得更快

by 曾漢仁

速。有了愛的支撐，又有生存能力，他自然懂得成功時該謙卑；失敗時應堅毅。我愛一切孩子，也愛「摯愛」的心靈與「教練」的雙手。

一個希望一個未來，孩子的未來看不見
ans / 03-21 / 台中市

看到地圖才發現原來大家的希望好單純，安心平安生活是希望卻總讓人失望。當爸媽才發現，現在環境讓人擔心，孩子保障呢？社會走到這非藍即綠，原相互照護變彼此衝突，非富即貧，有權有勢日揮千金，沒權沒勢只為飽三餐，有錢的生活舒適身家有保障，數位化警衛森嚴的住宅不用擔心小偷火災意外，小人民家戶鐵窗一個接一個，新聞不斷播送住家因電線起火燒死一家幾口，因債舉家自殺，因沒飯吃只能吃餿水，因從事工地等危險工作受傷，而我更關心的是現在社會對孩子的關心呢？施打疫苗是多重要的事，在這處處用抗生素的時代，多少萬種致命病毒隨時等著入侵他們小小身軀，現在的疫苗已不符需求，舊疫苗不更新，新疫苗貴的嚇人，這變成了有錢人專利，有錢人才享有的安全保障。教育政策？神聖的教育部應

努力想如何教育孩子卻做最壞榜樣，反覆不定的政策讓孩子變白老鼠，或許現在感覺不出來，但10、20年後社會要付出多少代價。現在的社會只著眼於現在，當別人生活提昇我們卻為私人私黨利益衝突，同是生活土地上原該相互關懷照護，但每到選舉就變派系鬥爭，演變成非藍即綠，不支持等於不愛台，社會上不時出現人民為藍綠大打出手，做出不理性舉動，這不是我們要的，希望停止分化，希望有個看得見未來的生活環境。

希望小孩可以開心的長大

權自強

我的希望不像別人一樣偉大,其實很平凡、很簡單－－我希望下一代有一個安穩、快樂的生活。

最近愈來愈能體會育兒的快樂。說句老實話,從小孩誕生至今,如果我說每天的生活都只有歡樂,是不可能的事;相反地,其實疲累、倦怠的時間遠比快樂的時間來得多。經常會有一個念頭浮現腦海－－如果沒有小孩就好了,現在多麼自由快樂啊!

不過,隨著小孩越來越大,我們一一見證他的成長、改變,終於愈來愈能體會到有子萬事足的快樂了。小孩的心思最是單純,肚子餓、身體不舒服時會立刻哭給你看,但除此之外的大部份時間全都是笑嘻嘻的,稍微給他一點鼓勵,他會笑得超開懷,看到他的笑容,一切的疲倦和不愉快就全都拋諸腦後了。

小孩每分每秒都在進步。不久前才剛學會走路、跑步,現在已經會隨著音樂起舞、轉圈圈;會說的單字也愈來愈多,之前只會叫爸爸、媽媽、阿媽、姊姊、謝謝、這個等等,昨天他突然開始會叫自己的名字「小熙」,和他說話時,也會彷彿聽得懂的樣子回答你「好」。這些一點一滴的進步,我們都看在眼裡、溫暖在心裡。

也因此,我更是由衷的希望,我們的下一代可以在無憂無慮、沒有壓力的環境下成長,培養健康、快樂、開朗、積極的人格。看一下現在希望地圖上的TOP10希望,就有兩個是和育兒有關,可見所有為人父母者,應該都有很類似的希望才是。

不過,我覺得這個希望可能不能只是仰賴執政者而已。其實自己年紀也已不小,在社會打拚多年,社會風氣的好壞,本來就應該責無旁貸,共同出一份心力才是。至少,要以身作則,努力多做一些好事,就從改變周遭的環境氛圍開始做起吧!

讓孩子們快樂的成長

jamie / 03-27 / 台北縣

希望孩子們能快樂的成長,首要條件是孩子們的父母親友師長們都快樂。

在家快樂,在校快樂,走在馬路上快樂,坐在車子上快樂,就連去補習都覺得快樂。

台灣所有人都快樂,孩子一定快樂。

by jamie

by 權自強

一起變美

封小唐 / 03-09 / 台北縣

我希望我們能一起變美，把心變美、把身體變美、把社會變美、把政治變美、把電視頻道變美、把風景變美、把食衣住行育樂相關的都變美。什麼都很美。到處都很美。啊！根據月亮上的小狐狸所傳授，秘密絕招是，已經實現變美了。

尊重每個不同性別傾向的人

梁ㄅ ㄅ / 03-09 / 台北縣

「每個人都可以是自己想要的樣子，自己喜歡的樣子，不需要套上讓自己不舒服的樣子。肚臍結個蝴蝶結，肌肉襯上蕾絲，鬍子腋毛挑染粉紅，短裙搭上粗壯小腿...自在就是美，沒有異樣眼光，人人自在。」

美的教育

str / 03-01 / 台東縣

我希望政府能認真地看待「美的教育」；這似乎是很空泛的四個字，它不僅是考試不考的畫畫課，不僅是營養的通識學分，不僅是各地的大拜拜文化藝術節、不僅是造型突兀的昂貴天橋路燈公共藝術，也不僅是雞肋的文化局預算。它可以是個人簡單而健康富足生活的依循、可以是對大地的認識與保護、可以是對社區環境與公共事務的重視、可以是媒體對品質的堅持、可以是政治與公眾人物行止對社會風氣的改善，當然也可以（已經）是產業與發展的必須。台灣曾經是美麗之島，現在卻好像一切都不再那麼美麗了。我希望有那麼一天，每個台灣人都可以大聲的說：我是一個美麗的人，我的家很美麗，我住在某個美麗的城市的某條美麗的街道上，我們擁有美麗的山、美麗的河、美麗的海，還有美好淳善的社會與文化。

建築的美感

bunny / 04-14 / 台北縣

台灣人夠有錢了，我們的居住環境實在很不美，所謂的豪宅右邊有小廟，左邊有鐵皮屋，前面有鐵皮圍繞的菜園，我希望能看到美麗的住宅市容！

讓這個環境更美好吧！

藍彗華 / 05-30 / 台中縣

讓台灣，我們居住的這個島更美麗！

我的家在台中縣潭子鄉，在這裡有一座橋，橋邊總是一次又一次的堆滿垃圾。

我想幫這個環境做一點事，我想讓我們居住得更美好，我知道這不是一件容易的事，它需要多方的配合。

在台灣應該還有其他的地方，有著相同的問題。

我希望我能成功，讓這個台灣更美好。

孔子說：

道之以政，齊之以刑，民免而無恥;道之以德，齊之以禮，有恥且格⋯⋯

這些需要長遠的時間才能達成，我願意，為改變這個環境做點事，期待台灣能夠更好。

讓她繼續美麗

qo6 / 03-04 / 宜蘭縣

大家能相親相愛，好好愛惜我們的世界，讓她繼續美麗。

建設美麗精緻善良熱情創意的台灣

mtlin12 / 02-29 / 台北市

新總統能將我國建設成：

人文地景美麗、
文化藝術精緻、
人民善良好施、
熱情有生命力、
富創意的國家。

希望我們的孩子能在安靜、美麗的環境中長大
幾米

第一個希望，就是我希望…台灣是個讓我們的下一代愈來愈美麗，然後在一個非常平靜、安穩的狀況下慢慢長大。不需要有那麼多的爭執，那麼多不理性的…可 惡的、令人討厭的言語不斷的充斥。希望孩子可以在一個比較美的環境，去做他們喜歡做的事情，然後可以去培養他們比較快樂的個性。

生活在台灣，好像沒有辦法逃離整個媒體施予的壓力跟轟炸，尤其是像總統大選，這麼大的一個選舉，幾乎要讓人喘不過氣來。然後我的希望非常卑微，我只希望趕快把這場選舉選完。縱使我已經很久不看電視了，可是，我還是會受到整個社會躁動的影響。我希望有一個很單純的創作的空間，還有保持一個很單純、很平靜的創作狀態，可是好像有點困難。整個社會做評論的人非常多，我希望可以有更多做創作的人，然後大家可以專注在自己的領域上，做自己最喜歡、最棒 的事情。

我們可以有的三種心理準備

——請任選一種

親愛的朋友：

從發想「我們的希望地圖」，到開始邀請共同發起人的過程中，我不是沒有被朋友質疑和勸阻過。質疑和勸阻的出發點不外乎幾個：一，我應該珍惜自己這麼多年沒有碰觸政治的經歷；二，我身為出版人可以做更有意義的事情；三，即使真的啟動了，又能發揮什麼作用？

為了回答朋友前兩個質疑，同時也為了把自己的想法整理得更清楚一些，我寫出了「我希望當一個公民而不是選民」那篇文章。基本上，我能說的都表達了。

但是對第三個，「我們的地圖」即使啟動了，又能發揮什麼作用這個問題，我卻一路在思考。我有我的回答，但總覺得有什麼話說不清楚。

今天早上起來上網，看到一位「梁兮兮」的留言：

「我算是常在希望地圖上"灌水"的傢伙吧

「一開始看到這個訊息也是想著:這樣的活動又有什麼用,政治就是那樣,人還是只能靠自己,純粹只是看到喜歡的創作者也在發起人之列才支持,抱著支持善意支持夢想的想法開始努力發願(300萬個真的還有好一段路要走)

「不過,許了幾個願之後發現,只要參與這個活動的人們有看到彼此的願望,願意一起努力就好了啊⋯⋯我相信我說出的願望不只是我一個人所希望的,我只是代為發言的人,說出來然後努力為自己說的話負責,從自己做起,政治人物看不看到做不做到不是重點。」

我覺得梁兮兮說了兩個重點。

第一個，就是「抱著支持善意支持夢想的想法開始努力發願」。光這一件事情就很有意思了吧。

像我，將近十天的時間裡，我的心思一直跟著這個希望地圖的那些光點在波動。我特別喜歡在睡前，把屋子裡的燈全部熄掉，看螢幕上那些光點的聚散、變化，一面喃喃自語。（其中有兩天我還錄影了下來，但沒來得及貼上網）。

有一位學校的老師來信說：「純粹說一個自己真心喜歡的話，光想這個畫面就很開心。」就是這個意思吧。所以，參與希望地圖要想有什麼作用，最基本的一種心理

準備，就是讓自己開心。

梁兮兮講的第二個重點是，「說出來然後努力為自己說的話負責,從自己做起,政治人物看不看到做不做到不是重點。」我也覺得講得太好了。只求政治人物看到，那是只當選民的心態。所以，參與希望地圖要想有什麼作用，第二種心理準備是，先要求自己實踐自己的希望。

不過，我也從這個出發點上，想到應該還有第三個重點。

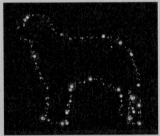

那就是，公民除了「努力為自己說的話負責,從自己做起」之外，可以怎麼進一步要求政治人物聆聽、注意我們的希望呢？畢竟，他們看不看到做不做到雖然不是我們能掌握的，但提出要求是我們的權利，不能放棄的權利。所以，參與希望地圖要想有什麼作用，第三種心理準備是，公民應該有方法讓政治人物注意他們的希望，並實踐他們承諾的希望——如果有承諾的話。

「我們的希望地圖」啓動之前，我思考過一些做法，所以說，在選前最後一天「公佈最後綜合對候選人的希望」。但是怎麼公布？怎麼更有效果地要求他們注意到？還想再聽聽大家的意見。

選舉即將只剩一個星期了。我這份「希望地圖報第三號」發出去之後，請大家看到又有想法的話，盡快上網貼出你的希望，或留言。快的話，我想在明天的「希望地圖報第四號」裡，就能公佈細節。

謝謝。

在那之前，我要回答梁兮兮的最後一句話：「所以,請加油,請維持熱情^^（我則要想辦法鞭策我自己不要只出一張嘴）」一定一定，一定加油，也一定維持熱情。你也是！^^

郝明義 Rex

創造無書包的基礎教育

wide / 03-04 / 台南市

希望以後上新聞的不會是某些小朋友得科展，某些算術很快。而是小朋友更尊重生命，更懂得世界的呼吸，懂得美。

JW / 03-04 / 屏東縣

「不論是幼稚教育、國民教育，都希望能創造一個無書包的環境，書包代表了分數，分數的評定又在哪裡？強烈希望下一代在遊戲中學習，發自內心的喜歡某個科目，教育要能在生活中實踐，而非填鴨式的教學，考過就忘。」

教育改革

ppuuccaa / 03-17 / 台中市

教育學費能減低，書本能減少，減低學生背書包的重量，學習的東西能更多元化，並多推向國際，不要以升學主義掛帥，應著重於學生的潛能開發！！！！小學老師編制每班2人，每班學生降低規模（最好是28人），並擴增學校教育經費！！！！

真正正確的教育

玉米 / 03-18 / 台北市

以建築的原理而論，給孩子的教育，是應該以「打穩深厚的根基」為優先。 而什麼是基礎？什麼是孩子最需要的「根基」？沒有別的，正確的價值觀以及道德意識。此兩者而已。不是什麼雙語教學，不是什麼數位學習，也不是什麼才藝補習，那些都是家長們唯恐孩子「失去競爭力」、希望孩子們實現自己的願望、虛榮、商業鼓吹炒作…所造成的結果。並不是說上面這些是「完全不須要」，這些也同樣是教育的一部分，但重點在於：父母們在給孩子的教育中，父母是不是用最多心力來付出在孩子最需要的那些？是否將正確的信仰與價值觀的建立，列為塑造孩子品德的首要？起居言行進退應對是否時時教導？身教何在？現在的「父母」似乎並不在意兒女的「人格教育」。更糟糕的是，我們的政府，也完全沒有朝這方向推動的打算。為什麼？ 因為這些沒有「數據」，難有「政績」。先這樣吧！給孩子一分鐘疾走300公尺的能力，卻沒有告訴他們正確的方向…… 小例子： http://www.wretch.cc / blog / Martial5&article_id=14526284

希望老師更像老師，學生更像學生

葉匡時

希望教改不要一再「叫」改，教育關係太大了，一定要「謀定而後動」。 希望我們投資更多在教育，讓教育能夠做到不放棄任何一個孩子。 希望老師更像老師，學生更像學生。

by jin

ltt / 03-17 / 宜蘭縣

更積極的建議

1、由行政院成立教育檢視專案小組並指定專責的政務委員負責並納入全國教師及家長代表。
2、教育經費回復到至少原憲法教科文規定的水準。
3、訂定具體之公務機關經歷認可制度。
4、大學比照德國沒有學年限制但嚴格評鑑。
5、開始實施十二年國教並廣設各類高中職。
6、各級學校廣開人權教育、全球暖化等教育課程。
7、教師會校內部份改移設至鄉鎮市仍維持三級制。
8、積極落實教育基本法。
9、重視並積極落實本國語言文化教育英語教育則配合從小三開始。
10、升學管道多元化基測學測僅作為參考非作為依據。
11、立法給予家長上親職教育課程的時間。
12、寬列各級家長成長課程經費。
13、落實禁止體罰規定。
14、成立各級家長申訴委員會。
15、各級教師考核機制應將家長代表列入。
16、不參加剪綵、開工、破土、完工及通車典禮。
17、不訂定預算執行率而應回歸各契約的執行。
18、由各政務委員負責考評所督導部會之執行績效，建議家長可有的作法：
a.真正愛護孩子先關心周遭孩子。
b.不合理是因為我們不關心。
c.充實知識、學會溝通。
d.積極參與、學習成長。
e.我們改變孩子的環境、孩子改變我們的世界。
f.觀念開放、態度正確。
g.學習從不同的角度看問題才能真正解決問題。
h.創造無限可能。

教育是未來的希望工程

lib / 03-07 / 台北市

這是我曾經聽過的一句話，如果政府不投注於教育，那勢必是投注在監獄上。

放鬆、重組各級學校的權力關係

唐人＿TangJen / 03-31 / 北美洲

現代社會的學校，組織結構權力關係似乎是從官僚組織、軍隊、工廠複製改造而來。通常我們認為中小學組織上下階序清楚嚴謹，其實大學研究所，才更是一個以男性為主的階層社會。

要解放學生、老師的自主性和創造力，必須先讓教育行政人員以盡義務、提供服務為他們的本分，然後將學校裡面「各種長」的官氣、權力減到最低。

權力關係沒有新的可能性，談任何的教育改革，都是說話的人自己的想像。改革一定會經過混亂、失序、不適應，但是改變的方法、策略、技術如果不講究，結果只會越變越糟糕，至少也是越變越讓人不放心。

教改——因材施教

峰宜 / 04-10 / 台中市

許芳宜、孫大偉、王建民都不是很會唸書的人，但是他們都是職涯領域中的翹楚，幫學生找對方向，因材施教，不放棄任何一個孩子，把每個孩子都帶上來，人人都是台灣之光！

發現內在的聲音！

hopezukunft / 04-11 / 台北縣

希望每個人都能發現他內在的聲音，同時也能尋到對眾人有益的最美好的方式來加以實現。希望我們的教育能夠引導並激勵孩子去發現他們內在的聲音，並培養

他們面對實踐理想時所遭遇的可能困境所需要的智慧、勇氣與毅力，同時也讓他們擁有開闊包容的心胸與體貼善解的心懷。讓每個人都成就他獨有的善，同時也豐富眾人的善，讓台灣和世界因我們的存在而更加美善 :)

小班教學

峰宜 / 04-10 / 台中市

現在小學一班約35人，若能降到20人，教學品質相對提高，少子化趨勢學校面臨減班，現在班級人數降低，此其時也，也可以少一點流浪教師。

考大學

kiki / 04-11 / 台北縣

我希望不管是在家自學或受另類教育的孩子，只要通過學力檢定就可以參加大學學測和指考！考大學是每個人的權利！

關於國內未來的教育發展理念和迷思

Mr. fL / 04-11 / 花蓮縣

國內的教育方向不要太早限制學生的發展範圍（雖然目前升學管道多元以及通識教育的推廣等，可彌補此問題），像是依專長、所學、能力分班或分類組，因為我認為在此知識爆炸、終身學習的時代，一個人的學習興趣和能力是不一定的（但也有其限度）。所以我認為一個人的興趣和未來志向的確定非常重要，透過目前多元升學和就業的管道，可依此來彈性選擇與變換不同的學習和發展領域，相信未來是充滿願景和希望的！另外我覺得目前國內還是太在意升學和就業的發展機會，而把目前高等教育學習和就業發展畫上等號，雖然就

業和應用所學是教育和學習之目的，但我認為個人的學習興趣與追求知識的動力才是重要的本質和精神所在。最後我也認為考試分數是不能等於未來的發展，培養一己之長和將所學能應用於現實社會和生活中，是很重要的！

讀高中可以變成義務教育

海綿 / 04-09 / 屏東縣

如果讀高中可以變成義務教育，高中生就不怕被退學，不怕以後沒工作，不怕被當沒錢修學分，如果大家都可以讀高中，台灣人的學歷都很高，就不怕被外地人瞧不起，誰不希望自己聰明，誰不希望台灣是個大家都稱讚的好國家，大家都聰明，不是很好嗎？這樣只有小學畢業的人也不會被別人笑，說只有小學智商，什麼都不懂，重要市面也沒見過。

希望可以跟外國學校一樣

小伍 / 04-09 / 屏東縣

能夠每天讓學生睡飽一點養足精神，不要每天考試，可以跟外國學校一樣做報告實際體驗會比筆試來得好，真的，我國學校跟外國學校水準差很多。

「讓每一個小孩子都能夠有飯吃，有平等受教育的機會，順利的長大。」

Merlin / 02-29 / 新竹市

親愛的總統先生，你要三十年後台灣變成一個什麼樣的國家，那就要看你怎麼對待現在的孩子。孩子要有飯吃，家長要先有工作，平等受教育的機會不是齊頭式的平等，而是我們是不是能夠栽培，讓願意唸書的孩子可以

盡其所能，而不要被家庭或社會環境所限制。不過，坦白說，孩子無法投票給你，30年後你應該也沒有再參選了，我希望我們能真正明白我們關心的到底是世代（generation）還是選舉（election）呢?」

我希望台灣的教育環境能改善好一點

LeeAngelina / 03-17 / 基隆市

不要扼殺殺我們的思考，我們不需要填鴨式教學。教授該換的快換。評鑑都說學生沒問題，教授有問題。

BeN / 03-08 / 桃園縣

希望學生學習的過程，不是痛苦的，不是死板的；
希望我們的教育，不是把學生訓練成考試的機器，
而是培養我們獨立自主的思考、熱愛追求知識的動機；
希望每位學生的學習歷程，不僅僅只有競爭、壓力、考試、補習班！！！

希望教育更好

bladerong / 03-21 / 雲林縣

台灣的教育真是越走越退步，希望能把教育部的小丑通通撤換掉。多元入學真的有比以前的聯招好嗎？？多元入學只有讓學生壓力越來越沉重，反觀以前的聯招看起來還比現在好。
想唸的人就會去拚，現在的多元入學整個有夠糟，我想應該如果真要改革，應該先從那些所謂的教育部大考中心的人先去改革吧～！！
否則未來的我們也只是淪為政客還有教育部的玩物而已。

從自己開始發現台灣教育的好吧！

潘如玲

by 潘如玲

年少時我喜愛簡媜，
今年開學看見她的新書《開學的12樣見面禮》問世大賣，喜孜孜買一本來看，卻有一種奇怪的傷心。
簡媜老師的孩子在國外看見的驚喜，明明我也在國內的老師們身上都領受過，也看見過，
我真想告訴簡媜老師：「台灣也有！台灣也有！我遇到過好多喔！你文筆那麼好！好不好寫寫他們？」
他們不在貴族學校裡，不在資優領袖培訓營裡，不在創意人才養成班，他們在台灣各地的小校裡以「俗擱有力」卻極具創意的點子幫大家照護台灣囝仔，
我認識一個即將退休老師，帶的學生不是刺龍就是刺虎，
她的理念是「讓他們來學校多學一點，外面就少亂一點」
她的作法是一週煮三天早餐「收攏」全班16、17歲的大孩子，而且為了不讓孩子吃膩，他還變換口味。
「很多孩子是為了我的早餐來學校」說這句話時她笑容之美；熱力之夠，不輸給林志玲。」
更讓人感動的是，我說給朋友聽時，很多人的反應是「三八啦！啊鄉下很多老師嘛都這樣！」
我自己的父親是退休老師，他已經70歲了還常常去幫他90歲的初中老師澆花，
「我們老師在那個窮得要死的年代，就常常自掏腰包帶我們上天下海去露營，他說年輕人要多跑跑……」所以爸爸到現在還十分感念他的這位老師。
問題是：這些優質老師除了在師鐸獎上一閃而過，我們不會再聽到他們，反而是媒體上報導的……那些性騷擾、體罰、msn網愛滿天飛、罵粗口……一堆多到大家以為台灣都沒有人在做教育了……如果有，也只把他歸類衝聯考成績那一類，然後是：我們再把脖子伸得老長，畢恭畢敬的讀著別人的資優教育、為師典範……連學生也伸著脖子。看完天下雜誌「獨立探索」的學生跟我說「老師，我好想到國外受教育，你看連李艷秋都把小孩送出去了！國外多好，可是我沒錢。」
這時我就會跟他們說陳之藩的「哲學家皇帝」
我說看見陳之藩說著國外孩子的學習思考方式時，我都會想到很多鄉下一起成長的夥伴，他們可能說不出大道理（也沒住在國外）但是他們也都撩起袖子，扛著家計一路辛苦，還會反過來笑著安慰你「一枝草一

點露啦！你不用為我擔心」，也許……也許他們嚼著檳榔、也許他們一句話帶三個「歌安」，但是他們在某些承擔上像極了哲學家皇帝。

像「無米樂」紀錄片裡的阿伯，其實台灣隨便廟埕口一抓就一托拉庫。這樣樂天知命的小人物，台灣一直不缺。

於是我跟學生說，「獨立探索教育不是只有在國外才有、獨立探索不是只有老師策畫好，請你來參加才算，獨立探索主角是你，當你發現你負責的廁所一直沒有人來幫忙，你決定把它當成一個學習的主題來關心、探索。於是你找了人、做了溝通、搞不好還擬出遠景（掃出一間五星級的廁所）尋求支援、而且在這過程中分分微微觀察自己的起心動念，還記錄下來。你就完成了一次獨立探索」。

既然獨立探索主角是你，請問？沒有去國外難道就不能探索？探索由外在求得可！但，如果往內心探索就能明白，你何不省事些！從自己開始吧！我的希望是從自己開始發現台灣教育的好吧！

1 教育決策人物們：請感念這個把你教育苗壯的台灣教育，

陳之藩有一篇「失根的蘭花」應該配著「哲學家皇帝」一起服用，在我們抬望眼，瀟瀟見別人家教育的優點時，也別忘了那個醜醜的根，好歹也是今日我們能開成一朵大蘭花的根本處。

2 第一線的教育師資們、各位媒體寫手們：我們這一代當人師的，有些是曾經被拿著尺量耳下2公分的國中生；有些是曾經看著海闊天空錄影帶、激動不已的師大畢業生；有人的孩子就要一貫九年、但老是不太確定要貫到哪裡去的新手媽媽……但我們有一個特質叫做安份，叫做不放棄，或者帶點呆氣，不管教育政策怎麼改，口號一任換一個，我們都只盯著來到我們眼前的孩子看。希望他們都好。

請一起挖掘記錄台灣在地教育的好吧！

尤其是老師們包括我自己，都該好好的觀察記錄自己的教學（不是指技巧或編寫多少份學習單，而是指自己的起心動念處）

老克 / 03-02 / 新竹縣

20080301 頭版:小四男孩翹家逗留網咖不敢吵醒熟睡爸爸, 獨自睡五樓樓頂沙發... 老克云: 為何小小孩需要離開家離開學校去網咖? 因為目前的教育教一些小孩聽電視都聽過的, 再不然他生命中暫時用不到的, 老師大部份嚴厲取締不乖不寫作業, 沒有任何一位老師給予關懷或真正引導如何讓自己在人生中快樂. 如此惡性巡還, 我們的小孩只有越來越學作弊, 學陽奉陰違, 該做些轉變了!!

by 老克

對台灣的語言教育，提出具體的目標和計畫

yyt / 03-07 / 新竹市

全台灣的人都被英文搞得頭昏眼花，從全美語幼稚園到全民多益考試，真的有必要搞成這樣嗎？沒有正確的教育體制，再怎麼學英文都是錯的，沒有正確的政策，投資在英文教育上的錢都是浪費，國家競爭力也不會變強。

所以我希望未來的總統，可以跟香港學習多種語言，都可以通，而且人民都可以自然的使用，跟外國人做生意也會很厲害。

排灣族伊苞的希望
伊苞

星期一，埔里山上下了一整天的雨，教室裡打拳的孩子們也揮汗如雨。下午四點，結束一天的擊鼓課，我背著行李，穿過教室時，孩子們向我「用力」的道別，我跟他們揮揮手，坐上老師的車，下山回埔里。

林間霧雲飄渺，雨中的山顯得壯闊了起來。

小林與他相依為命的阿媽過世了，他一個人睡覺，一個人生活。阿花的父母喝酒之後打架，小惠和美林的母親早逝，每個孩子都有這樣那樣的故事，而他們的遭遇也是我小時候的遭遇。

密子老師說，我說的一句話抵過學校老師們的十句話，是因為我是原住民，是因為我教孩子們打鼓、打拳和生活上的事。而這正是孩子們自信心的來源。他們打起鼓來，是那麼專注那麼有生命力。

我跟孩子們說，一個人生長在甚麼環境不重要，重要的是自己要給自己力量。

我希望山裡的孩子得到更多的鼓勵，我希望山裡的孩子少受點苦，我希望更多的老師像密子老師一樣，關心山上孩子的閱讀，關心孩子的教育。

中學生

高中生的願望

阿miss / 04-02 / 台北市

1.解決一綱多本、課程銜接、教育政策的問題，回歸到最基本的東西 不要把我們的學習複雜化了，越多版本，我們要念的就越多，而不是更多元。一個版本只要讀通，自己可視個人學習狀況再加強或加深，要讓我能掌握自己該學習的範圍。

2.讓我們不要在參考書、補習班、熬夜、晚下課……的壓力下成長，我們已經被壓縮得都沒有自己生活的空間與時間了。

最重要的事情是:

a.可以全國高中生統一在4點放學嗎?（不要再有到5點的輔導課程了！）

b.段考下午可以不要留校嗎？這樣我們才能有多餘的時間去從事自己想做的事，也才能有時間在學校以外的地方學到更多的東西。社會資源是要有時間給我們去利用的，不論是要看書、參觀展覽、運動、做報告、休息、吃飯……我們都很需要這些時間！！請讓我們早點下課吧！！

hgsh205 / 03-30 / 新竹市

希望不要看到立委們在國會相互叫囂打架，我們需要的是一個透明且理性的國會。希望台灣的孩子們不要才國中的年紀就得擔憂著未來的就業問題。希望不要在路上看到可憐無助的老人們撿拾破銅爛鐵以求得生存。希望所有的台灣人都能打從心底 真心的認同台灣！

釧 / 04-04 / 台南縣

四校聯合文藝獎順利成功，雖然我不是南部四省中的學生，不過看到四校青年社的努力，還是感到很感動。這次是個很大的挑戰，將四校聯合文藝獎獨立成冊，很高興南部也能出現這樣的刊物，加油！！

希望教育體制能夠對孩子更加誠實

一休 / 03-10 / 台北縣

我們的學校教育跟其他國家相比，太強調記憶性的知識與公式。而忽略了在社會上有很多似是而非的概念。如果可以的話，應該在中學時期引入討論的教學方式。

舉例來說，當社會談到大學入學方案的變動時，與其消極的告訴他們：「各位，壞消息，你們的遊戲規則又要改了。」也可以嘗試積極的鼓勵他們將他們心中理想的入學制度表達出來，再讓來自不同背景的中學生互相作思考的激盪。也許有人贊同各種才能都被看重的制度，而另一派人傾向單一的評鑑標準。大人的角色則可以協調彼此意見的溝通。雖然不一定會有結論，但是必須讓他們了解到，有時討論的重點不是結果而是過程。可以藉由這樣的教學方式，擴張學生的視野。

by 力晶 陳其攢

台灣的大學生畢業前都有到大陸或其他國家交流的機會
歷史老施

我希望台灣的大學生畢業前都能至少有一學期到大陸或其他國家交流或修課的機會……！

一年多前商業週刊有一期的封面主題是「十年後，孩子誰來教？」提及國內優秀的教授都被大陸所提供的優越環境及願景吸引過去，憂心未來培育國家棟樑競爭優勢的困境。

當時看完頗有所感，記得在6年前，當時在跨國的消費品公司任職，有一次的教育訓練是在大中華區的總部廣州上課，那是我第一次與大陸及香港同事一起上課，記得進教室後台灣跟香港同事多秉持「謙遜」的習慣儘量做在後排的位子，前排多為大陸同事，可是才沒多久我已馬上感受到什麼叫「競爭」，講師很平常的問了大家一個問題，要大家舉手回答，台灣及香港同事也很平常的慢慢舉手回答，其實心裡多不想被叫到，但就在這幾秒鐘內，我被前排的大陸同事舉手搶答的盛況所震撼，好像深怕沒被叫到就是死罪一條，會被拉去勞改似的，幾次下來好像都只有前排的大陸同事最積極也只有他們知道答案的樣子，逼得大家壓力變大，後排的我們也在這壓力下開始積極尋求表現，當下體認到未來的競爭景況，並不只是目前週遭的人，最大的挑戰會是來自我眼前的這些大陸同事，後續幾年的相處讓我更加確認這樣的事實。大陸夥伴從小到大已習慣於隨時競爭的環境，讓他們處事時總是充滿「要贏」的態度，這樣的態度讓他們更清楚自己想要達到的目的及規劃該如何爭取的方式。

事實上我並不擔心台灣學生的能力潛質或哪邊比較用功那回事，只是擔心我們的大學生並不了解離我們最近的也最需要面對的競爭環境到底為何？而大學生如能在進入社會之前有機會先親身感受到那「要贏」的態度，我相信我們的學生能在未來激發出更好的表現，唯有讓我們更了解別人的狀況，我們也才更有機會盡情發揮我們的競爭優勢！

大學生

浪跡天涯 / 03-19 / 新竹市

我希望自己能夠在大學階段，克服自己的心靈障礙，能和同學們溝通無礙，別讓自己變得自閉；而和家人能夠相處愉快，讓父母理解我的所作所為，自己能夠負擔責任，有行動力去解決；能在這個階段可以自己全力衝刺，達到自己所想要的心願（人緣變好、課業進步、不要早上都在昏昏欲睡、可以找到自己理想的伴侶），自己掌握好機會，全力達成目標（到研究單位工作、到國中高中教學和領導研究、退休後能夠玩民宿和觀光農場等等），期望自己能夠重新做起。

LeeAngelina / 03-17 / 基隆市

不是學生程度不足，而是教授程度不足！每個人到大學都有機會重新來過，重點是教授，紐西蘭的大學評鑑也指出，台灣學生沒問題，很優秀，但教授有問題！

Neptune2901 / 02-29 / 台北市

我們的大學生在世界能更有競爭力！不是一昧增加大學生數量，而應該要重質不重量！

踏進一個坑 / 03-24 / 台南市

我是一個十九歲的大學生，總統大選來臨我卻只能巴巴的乾瞪眼。

因為我沒有選舉權，沒有當家作主的權利。話雖如此，國家卻早在一年前要求我盡義務，這是何等的不公平！刑法上十八歲就把我視為成人，負完全的罪責；政治上又否定我判斷是非的能力。你說，這是什麼道理？我想，起碼讓我跟世界大部分的青年一樣有選擇權，至少讓我能有選擇三軍統帥的機會，我想服從我曾經做過決定的人。我希望有一天，同時擁有兵單和選票！我希望有一天，新鮮人不會睜睜的看著學長返鄉卻獨自留在宿舍！我希望有一天，十八歲就是真正的成年！

烏坵就是我們——以及希望轉告兩位總統候選人的話

親愛的朋友：

我們的希望地圖上，有這麼一則希望：

烏坵原本屬於莆田縣，後來莆田縣在國共內戰時淪陷，烏坵鄉之後就由金門縣「代管」，這可管可不管的代管，讓烏坵成為金門縣政府與中央互踢皮球，金門縣也一向標榜金門有"五鄉鎮"，永遠忘記還有一個"養子"烏坵鄉。

烏坵國小在幾十年前廢校了，烏坵學生在要上小學時就要到本島來求學，兒童權在哪裡?誰可以讓烏坵國小復校?讓烏坵國小復校，由烏坵籍的老師來教書，不是可以減少一些外流人口?

烏坵交通不便，僅可以每十天一班往來台中港的船，簡直是與世隔絕。哪個政府大大可以撥些錢，增加船班往來金門本島，讓烏坵名正言順跟金門本島有交流?

每到選舉，總沒有人登島拉票，也許是票太少了，但是金門縣長選舉，也都只顧其他五鄉鎮的權益。要求很久的金門縣議會一席的烏坵籍議員保證名額甚麼時候才會出現?

經濟差，當福建省的金門連江有小三通了，烏坵還在封閉，人口大量外流，以前反共堡壘的烏坵，現在還在等待政府的支援。

（烏坵權利在哪裡?　By 黑人。台北縣）

我沒去過金門，之前對烏坵也沒有什麼印象。我急著想了解這個這次同樣也是要投票選出中華民國總統，但是我毫無意識的地方。

先去維基百科，在烏坵鄉的條目下，補充查到些這樣的資料：

「因為交通不便等等因素，2008年第七屆立委選舉暨公民投票中，僅五十分鐘即開票完成，各投票率僅約10%上下。低投票率也反映烏坵之邊緣化，交通問題使的返鄉投票意願顧低，也無候選人登島拉票。

2008年政黨票之中，336人為選舉人數，只有35人投票，其中：

•中國國民黨：28票 •新黨：2票 •民主進步黨：2票 •台灣團結聯盟：1票 •無黨團結聯盟：1票 •紅黨：1票」

這麼看來，黑人提出的希望的無奈，就很清楚了。得2票的民進黨固然是很難找到要去照顧那兒的理由，得28票的國民黨也不會起勁是合情的吧。只有10%的投票率，反映了相當的事實。

我又去查別的資料，然後，打開了一個叫作烏坵網的部落格，最上方的Banner映出了這麼一行字：

烏坵是一個位於海峽之中鮮為人知的小島……

然後，是那裡和海盜相關的過去，以及農曆初四才大過年的原因。

那天早上看著這則希望，和這些和烏坵相關的資料的時候，好像被什麼撞擊了，但

沒法說得很清楚。

今天同事轉來一則在留言板上的留言，有人寫出了他對另一件事情的感受：

看見希望地圖上,大家所提出來的希望,有些竟然卑微得讓人紅了眼框.

大選剩下10天,兩位候選人跟陣營卻總是說一些"他們"認為重要的事情!

真心希望,322當選的總統大人呀～～可不可以打造出一個"老百姓希望要的國家";而不止是"你自己希望要的國家".

總統大人呀～我們得聲音或許微弱得讓您幾乎聽不見(更糟的是聽而不見)但是這裡很多都是絕望前的最後呼喊(更惶論有更多社會底層人民,他們連上網求助的機會都沒有).

我願意理解;或許在目前大選勝負未定之前;許多具爭議的問題;雙方都不願正面表態,但 真的真的衷心希望我熱愛的這塊土地;我所願意用生命悍衛的國家;在新領導人的帶領之下;讓大家有更適合居住;也更喜歡居住的家園.

他真把我想說的話都說出來了。

是啊，「這裡很多都是絕望前的最後呼喊(更惶論有更多社會底層人民,他們連上網求助的機會都沒有)。」

是啊，我們希望的就是「在新領導人的帶領之下;讓大家有更適合居住;也更喜歡居住的家園。」不論那個地方是否只有336個選舉人數。烏坵就是我們。

然而，希望歸希望，這樣的希望，很可能還是不會被那些候選人所聽到的。他們對熱門的話題，對大眾媒體所關注的話題，對多數人所感興趣的話題才會投注心力，是人性之常，事理之常。無從改變。

所以，我們要有方法。

「我們的希望地圖」想到主要以網路來進行一場公民意識的自發行動，並且搭以方便實體世界沒法上網的人，能到一些張貼板來貼下他們的希望，都是為了有個方法而設想的。現在，因為是在網路上發表希望，沒有媒體版面的限制與篩選，我們終於看到了像是烏坵權利在哪裡？這樣，在大眾媒體上難以發聲的希望，也看到了像是Talwan High這樣的人的回應。我們算是跨出了第一步。

但我們還有很長的路途要走。

我們發聲的希望，還要很多；我們需要相互支持的希望，還要很多。今天下午五點多，我們很高興已經在希望地圖上有了將近四千個希望；希望地圖的新聞區，過去連續三天，每天都有超過一萬的瀏覽次數；實體世界的希望張貼板，也越來越多。但是這些還不夠。

如果我們真要兩位候選人聽到我們的希望，那就讓我們的希望能被更多的人看到，能找到更多的支持者吧。否則，在總統候選人的選情指揮中心裡，我們的希望地圖很可能只是另一個烏坵而已。

為了讓他們真正注意到我們的希望地圖，先讓我們自己更加努力把希望傳播出去吧。先讓自己更多的朋友來共同參與希望地圖吧。

郝明義 Rex

by 鉅晶 葉美鈴

詩

小四（有河book張貼版的希望）/
03-12 / 台北縣
每個人都讀詩，每個人都寫詩，
每個人都成為一首詩，最重要的
是，人人都要買詩集啦！

麻衣 / 03-24 / 台北市
詩，
雖然不是每個人，
都可以掌握、可以寫的語言，
但是我們可以學著解讀。
在讀詩當中，
我可以感受到，
作者凝結住當時的感觸情緒。
這些也是很棒的發現喔~~

故事

創造屬於台灣的海盜傳說

梁兮兮 / 03-09 / 台北縣

聽說北歐轉化維京人精神成就富創意的文化氛圍；日本有未來海賊王領軍的草帽海賊團稱霸動漫世界；好萊塢則有從迪士尼出發的傑克船長，讓台灣遊樂園都標榜加勒比海級的遊樂設施。這時代，海盜成了追求自由、創意活力的象徵。台灣其實有自己的海盜故事，有跟海上私人貿易集團關係密切的東寧王國，重新挖掘台灣自己的海盜傳說，發展具有台灣特色的海洋文化吧。

梁兮兮 / 03-09 / 台北縣

「看過白賊七求死的故事，很吸引人，一個說謊一輩子的人結局帶著荒謬淡化悲傷。聽說過『風流王子』的大概，既有『梁祝、花木蘭』的跨性別意識，又有獨特的幽默感，不求淒美結局也不強調愛國情操。原住民神話中自然萬物和人類不只是同伴關係甚至是人類生命的來源，賦予不同部族不同性格文化；在故事中帶有時代變遷的痕跡，透露面對外來威脅、部族衝突時的心理狀態。台灣各處的民間故事其實很豐富有意思，不輸給西方童話或其他東方傳說，我希望能專注目光知道更多，然後轉化為自己的能量。」

請大人多為孩子們創作故事

火星爺爺

我要用自己的經歷，來說明故事對一個孩子的影響。

因為小兒麻痺的關係，我七歲才開始學走路。我知道在地上爬難看，但我是一個彆扭又霸道的小孩，我就是不肯拿柺杖學走路。

有一個大人不理會我的霸道，他是我二舅，他知道我怕黑，他把我關在屋子裡讓我哭足兩個小時，直到我求饒願意學走路。我穿上沈重連腰的支架，拿起一雙柺杖，吃力地走出我的第一步。

我開始走路，但也走不了太遠，頂多是離家幾條街。小學，我上下課有交通車；上國中，我靠爸爸的野狼125機車接送。我的世界很小，我的生活經驗貧瘠，多數時間我都待在家裡。

那麼漫長的時光，陪伴我的就是書。家裡環境不寬裕，我的故事書不多，所以很多書我都看很多遍。我看一些改寫給青少年看的世界名著，也看文言文的三國演義、水滸傳、西遊記……我很喜歡看書、看卡通，甚至曾經把一集「湯姆歷險記」卡通，憑印象寫出12頁的故事內容。

到了國二，父親病逝，沒有人可以送我上學，媽媽跟二舅合力幫我買了一部改裝機車，我開始騎車到處跑。我可以去海邊，去同學家，去重劃區看人家玩遙控汽車……我的世界變大了，但不知道為什麼我覺得很孤單（一個我最尊敬的人離開我，我再也沒辦法在野狼125後座，用雙手環抱他），陪伴我的依然是 書，是故事。

看了很多書之後，我也試著開始寫。老師也會讓我參加作文比賽，但我從來沒有在什麼寫作比賽裡拿過獎。我純粹喜歡寫，而且常常會寫一些人家看不懂的東西（甚至在大學社團的社記裡寫到人家都嫌）。我很小就有一種想望，要是以後能自己寫一本書，該有多好。

我是到很後來才明白，我是如何被那些故事所滋養。好的故事，會在一個孩子的心智進行想像力拓寬工程。一開始，我的生命經歷不豐富，但很多現實裡我延遲經歷的東西，我都在故事裡看到過了。所以事情發生，我好像知道該怎麼辦。現實中一些困難、障礙，我好像也能靠想像力去穿越。面對許多不確定，我好像變得有些勇敢。

我讀了一個跟大學毫不相干的研究所，出社會之後，做過銀行、音樂、網路、動畫、證券，現在自己出來創業。我也曾一個人出國自助旅行，連續兩年跟朋友一起橫渡日月潭。我也在35歲那年出版我第一本書，以我小時候最喜歡的卡通「科學小飛俠」為藍本（謝謝大塊郝先生跟韓秀玫小姐）……想起現在，跟當年那個七歲才學走路、最遠只能離家幾條街的孩子，我覺得創造這個演進的一個重要力量，是故事。

所以，我現在持續寫故事，有一個部落格：火星爺爺的故事銀行。

從小到大，我受過許多人的幫助，我知道這塊土地絕大多數的人都是善良又願意幫助別人。國中的時候，我有一次過馬路，剛好在馬路中間跌倒，當時我瞬間感到灰心，不想再為這樣不方便的身體爬起來，一位停在紅燈前的計程車司機開了車門衝出來，把我抱起來，撿起兩支拐杖給我，陪我走到馬路的那一頭。

我記不得那位司機的樣子，但我心裡一直謝謝他。我知道這塊土地有希望，我相信每個大人心裡，都住著那樣一位計程車司機，願意挺身而出，幫助一個孩子。因此，我想請大人把創造、傳播一些不營養資訊的時間省下來，為孩子們多創作一些好故事。

永遠都不能低估一個好故事的影響力，當一個好故事觸動孩子內在的引擎，他能去到多遠的地方，我們永遠無法想像。

圖書館

圖書館閱讀宣言

白鷺鷥 / 03-05 / 台北市

請重視圖書館對國家競爭力的重要性，充實全國閱讀資源與設施，使圖書館成為文化地標、成為民眾生活的重心、成為個人通往成功的知識汲取地。

白鷺鷥 / 03-24 / 台北市

強化圖書館組織，提昇圖書館管理機關層級，充實全國各地圖書館軟硬體，使圖書館真正成為民眾生活、學習、工作上的重要資源中心，以提昇個人、組織及國家之創造力及競爭力。

姜董 / 04-07 / 台中市

修改圖書館法第10條，圖書館置館長。廢除「管理員」這個職稱讓圖書館永遠低一等不被人尊重。

ann / 03-027 / 彰化縣

每個月至少讀兩種以上主題不同的書籍，能參加讀書會和別人分享讀書心得。

by 畀翾

閱讀是一切學習的基礎，可以提升氣質、豐富心靈。有了閱讀習慣，就是為自己打開　探世界之窗並為生活調味。我願意為自己的美好未來付出努力：　一、每天最少閱讀二十分鐘。二、每週最少有一天閱讀一小時以上。三、每月最少閱讀二種雜誌。四、每月最少利用圖書館一次。五、每月最少購買圖書一本。六、每月最少親近大自然一次。七、每月最少參加一次藝文活動。八、願意和他人分享閱讀喜樂。

每一個縣市立圖書館都有個館長

郝明義 / 03-24 / 台北市

我這次寫信給二十五個縣市的圖書館，邀請他們在現場設置希望張貼板的時候，才發現一個自己從沒有想過的問題．那就是，在二十五個縣市立的圖書館裡，只有台北市、台北縣、高雄市、台南市四個地方的圖書館，才有「館長」這個位置．其他，都沒有：;這些圖書館的實際負責人員，只有文化局裡的「課長」級別，然後以文化局局長為主管。我寫信的時候，儘管知道這些課長做不了決定，但一律仍然都是以實際負責的課長為對象．寫信給圖書館的負責人，署名卻要是文化局局長，實在很不對勁。每一個圖書館，都該有一個館長，何況是縣市立級的圖書館。圖書館的經營，是極其專業的，尤其在這網路時代。館長的工作是不能兼任的，沒有館長的圖書館，像是沒有船長的船，難以前行，也難以有生命。我看到很多人提到不要放煙火的希望，聽說放煙火就是各地文化局的工作領域。放煙火也是文化局長的政績，如果由文化局長來兼任圖書館長，我們不難猜想他在這兩件事情上投注心力的比重。大家對教育和閱讀提了那麼多意見，我也提一個小小的希望吧，希望每個縣市立圖書館都能設置自己的館長。我們不是提倡拉近城鄉差距嗎？各級地方政府都應該配合著來實現這件事情吧。

峰宜 / 04-08 / 台中市

還記得蔣經國的12項建設嗎？每一個縣市的文化中心就是那個時候蓋的，其架構就是圖書館、博物館，及演藝廳，那時候文化中心的組織就由上列三個門類分組，其中圖書館就是圖書組，組長是由文化中心主任兼代的，當時較具規模的縣市級圖書館北高兩市除外就屬台南市，所以當時蘇南成市長就做出正確的決策，保留原有台南市立圖書館、台南市立文化中心與一般縣市政府一樣成立圖書組，這幾年文化中心改成文化局，縣市圖書館的位階仍然低到不行，建議新總統可以考慮在每個縣市蓋新的圖書館，強化組織編制，館長位階應與縣市政府一級主管平行，讓每一個縣市立圖書館都有個館長，讓郝明義先生找到對口人。

圖書閱讀宣言——家庭

臺北縣立圖書館張貼版的希望 /
03-06 / 台北縣

家庭是閱讀習慣的養成所，透過家庭閱讀分享閱讀的喜悅，進而使閱讀成為家庭成員間最佳的共同語言和生活經驗。為能促進家庭閱讀、建構書香社會，我願意付出下列之努力：一、每天最少和家人有二十分鐘以上的口語交談。二、每週最少和家人有二個小時的共讀時間。三、每週最少有一天將電視關機，享受閱讀的樂趣。四、每月最少帶孩子上圖書館一次。五、每月最少參加藝文活動一次。六、每月最少購買一本圖書。七、將家中營造成一個適合閱讀的氛圍。八、在孩子的閱讀成長之路提供適當的輔導和鼓勵。

by 薛邑萊

請新總統廣為推行社區圖書館，或圖書巡迴車

峰宜（希望代貼信箱）/ 04-08 / 台中市

謝東閔省主席時推出鄉鄉有圖書館，20年來在人力物力兩缺之下（每一個鄉鎮圖書館只配置一名管理員及一名助理員），基層圖書館員仍做出一定成效，請新總統一定要正視公共圖書館事業，接下來應該要廣為推行社區圖書館，或圖書巡迴車照顧弱勢讀者閱讀權。

fish / 03-31 / 台北縣

我曾看過一篇報導，介紹英國政府透過某個地區的市場研究與調查，發現多數民眾認為當地圖書館的服務死氣沉沉，跟不上時代潮流，導致多數民眾不常使用圖書館；加上圖書館並不好找，總是離購物中心很遠，讓民眾想在假日享受購物樂趣和使用圖書館，變得很不方便。而英國政府就根據調查結果對當地圖書館進行改善，建造與規劃了一個「經過仔細設計卻沒有冷漠感」的圖書館，並設在容易發現與抵達的地方，強化服務項目與內容，更注重不同使用者，如老人家、媽媽與小孩等不同的需求，打造出一間讓一家大小都會想去的圖書館。我希望台灣也能有更多吸引人前往使用的圖書館，自然而然地提昇全民的閱讀習慣與人文素養。

請支持圖書館員證照制

羊妹妹 / 04-09 / 彰化縣

請那些混吃養老等退休的「蘿蔔」把「蘿蔔坑」讓出來吧！圖書館是專業的領域，為我們的下一代著想，政治黑手請勿再介入。

圖書館建設

姜董 / 04-10 / 台中市

多購買全國共用資料庫，仿傚韓國由政府多購買全國共用資料庫，避免各圖書館訂購造成資源的浪費。

圖書館閱讀宣言

hare / 03-17 / 台北市

知識就是力量。
知識同時也是孩子未來飛行的希望！
請參與 家扶基金助學計畫：
http: / / www.ccf.org.tw / new /
FamilyMart / tfcf1001.html

讓全國的圖書館活起來

羊妹妹 / 04-09 / 彰化縣

國中小的圖書館沒有專業的館員管理，老師兼任無法讓圖書館發揮應有的功能，
每年圖書館系的學生找不到管道進入圖書館工作，鄉鎮圖書館被政治籌庸給霸占了。科技之島的台灣確不重視基礎甚至是一生的教育機構——圖書館……令人憂令人悲。館員有三低、地位低、薪資低、國考錄取率也很低，全國公立、私立國中、小高中圖書館那麼多，可是我的老師朋友卻要兼圖書館工作，因為學校不願請館員。朋友說圖書館就像廢墟——堂堂高中圖書館。
請總統救救圖書館，請更改國考規定，採證照制，請提高圖書館員身份及地位。
感謝！

希望圖書館能帶給
大家文化素養

Tip / 04-10 / 台北市

希望普羅大眾能夠了解並遵守圖書館的規則且妥善使用，讓這個世界多些書香與人文關懷，減少煙硝味跟不耐。

閱讀

我希望讓書隨處與你相逢!
于玟

「讓社會每個角落都充滿書香」，是常看到的口號，但事實上呢……身為一位圖書館員，多麼企盼在上位者能真正感受到閱讀的重要；所有的父母親能帶著你的孩子養成閱讀的習慣，閱讀天地之書，那麼在追求真理的道路上，我們就能不朽……

我希望
詹正德（686）

過完年的某一天，小小書房的沙沙貓對我說大塊文化的郝明義先生想找我一起做點事，後來接到郝先生的email，得知是「我們的希望地圖」這個計畫，相信對於這個計畫的精神及用意大家都已經很清楚，我當時二話不說立即同意擔任共同發起人及協辦，但是心裡卻開始陷入某種苦惱的思量：我的希望是什麼？

這個問題認真想下去可以教人從骨子裡發涼：人活著總會有欲念有想望，不但範圍包羅萬象並且時時不同，既然要寫總要寫一個真正打從心底發出的希望，與其他參與者的希望一起被呈現、被看見才有意義；這問題困擾了我幾天，後來我覺得還是平實一點，太過縹緲不切實際的希望沒有實現的可能〔例如世界和平〕，不如回到我本身目前的狀況還比較適切，於是我決定用以下這個希望和大家分享：

我希望愈來愈多人看書。

這應該是個很簡單扼要無須多做解釋的希望，如果有朋友也願意到有河來寫下你的希望，我們佈置了一塊可供張貼的牆面〔見照片〕，並且來寫下希望的朋友還能獲得我們的一點贈品，不是什麼利誘，只能算是個驚喜。

by 有河686

by 建維

推廣全民閱讀
阿惠 / 04-09 / 台北市

全民越來越多的時間金錢花在電腦上
我只希望是在電腦上買書
全民越來越多的時間在討論公投
我只希望公投圖書是否免稅或扣底所得稅
全民越來越多的時間在討論三通
我只希望三通是把圖書通到學校通到家庭通到全民閱讀

Bookstart in Taiwan

峰宜 / 04-08 / 台中市

每一位出生嬰兒應該由政府主動發給圖書禮袋,到新生兒父母手中,就像百貨公司的福袋一樣,袋內裝有親子共讀指導手冊,2本圖畫書,專家開列的寶寶書單,一張在地公共圖書館的借書證.將Bookstart的觀念從醫師口中傳播給新生兒父母,讓一個人畢生的閱讀習慣從出娘胎就開始進行.果如此,每一位台灣之子都能在學齡前就能養成閱讀習慣.

多點看書的人,
而不是玩電動的人

盧姍曉 / 03-05 / 南投縣

我覺得現在的小朋友很可憐,放學回到家之後不是電視就是電腦,只因為放學後就都要補習,所以假日連看本書都很捨不得,都把寶貴的時間留給3C產物了,我希望小朋友都能多看點書,所以我們能不能恢復成像以前一樣,教科書只由一家出版社出版,大家都唸一樣的版本,不要一綱多本,這樣小朋友不用一天到晚補習,在社會底層的我們也能喘口氣,不用天天為了補習費用發愁,不要在有病態的補習文化。

讓弱勢朋友享受閱讀
請幫忙錄製有聲書
讓閱讀力量帶來更多希望

卿沄 / 04-10 / 台北縣

很棒的希望!也請推薦的朋友告訴大家如何參與錄製有聲書的管道與行列。

讓國語辭典電子版更實用

卿沄 / 04-011 / 台北縣

「更新更迅速一點。解釋更靈活一點。建詞更豐富一點,更多元一點,更時代一點,更年輕一點。」

讓弱勢朋友享受閱讀
請幫忙錄製有聲書
讓閱讀力量帶來更多希望

krikri / 03-31新竹市

1.有空的話,能邀請你加入盲友會有聲書的錄製工作,讓視障朋友能接觸更多好書

2.在不影響出版社權益下:除了讓視障朋友可免費合理使用義務錄製的有聲書外,誠心請出版朋友們考慮是否也可以讓這些有聲書嘉惠弱勢朋友,如:偏遠地區、隔代教養、低收入戶的單親家庭、育幼院、患病住院...等的學童,讓他們也能享受閱讀的美好。

3.請大家一起思考,如何保障出版者的權益,並推動這有聲閱讀活動。

4.謝謝大家的幫忙。

書是不錯的選擇

小問問 / 03-26 / 苗栗縣

任何一本好的書籍都是可以放鬆自己與充實自己的好伙伴。當然個人的喜好不同選擇的書籍亦不同。偶爾放下電視裡面的一切,選擇靜靜的看書,悠然自得一下也是不錯的選擇喔!

by 建維

文化

5千元文化支出列入所得扣除額

Lily / 04-06 / 台中市

5千元文化支出列入所得扣除額
5000元太少了，應全面評估後，
適度逐年提昇.

沈雲聰

我想補充，或者說，講得更激烈
點：年所得低於50萬者，扣除
額加倍，三倍也行。要讓窮人翻
身，當然要靠文化與教育。

hh0473 / 03 / 26 / 彰化縣

這個想法好，為何成人就沒有教
育補助？這樣才對！

政府補助獨立書店辦理的文化推廣活動

阿鈍 / 03-20 / 台北縣

想想這幾年的選舉，政府動用了
多大筆的納稅錢去做政治動員廣
告，如果每年可以提撥個2千萬
元補助那些默默辦理文化推廣活
動，為文化傳播貢獻良多卻一天
難過一天的獨立書店，應該只是
杯水車薪吧。希望新政府可以把
獨立書店也納入文化或文化創意
產業補助範圍。

5千元文化支出列入所得扣除額

傅月庵

郝先生倡議拼畫「希望地圖」後，我便一直在想，這樣一個活動的意義
何在？隨著投票日逼近，藍綠雙方不停動員，「台灣向前行，全民大遊
行」、「百萬擊掌逆轉勝」，三月哮大選，烽火遍寶島，幾年來的歹
戲又滿棚火爆演出，此時此刻，「贏」大概比什麼都重要了。只要能
「贏」，不論你說什麼希望，大概都有人敢大聲說好，照章全收。至於
選後能否落實？那就只有天知道了。

然則，我們為什麼還需要花時間大畫特畫其「希望地圖」呢？

昔有鸚鵡飛集陀山，乃山中大火，鸚鵡遙見，入水濡羽，飛而灑之。天
神言：爾雖有志意，何足云哉？對曰：常僑居是山，不忍見耳！天神嘉
感，即為滅火。

這是有名的佛經故事。胡適先生在《人權論集‧序》曾徵引說明：「今
天正是大火的時候……我們明知小小的翅膀上滴下的水點未必能救火，
我們不過盡我們的一點微弱的力量，減少良心上的一點譴責而已。」佛
家談「願力」，認定「金剛非堅，願力最堅。」這樣一張結合百千萬人
願力的「希望地圖」，今日不成明日成，「雖我之死，有子存焉；子又
生孫，孫又生子；子又有子，子又有孫。子子孫孫，無窮匱也。」——
此一活動的積極意義，或許得從這樣「愚公」的角度來看吧。

既認定此乃愚公之願，也就不怕自陳一愚之得了。

我希望新政府上台後，能夠修改「所得稅法施行細則」，增列「文化消
費支出特別扣除額」，民眾看電影、觀賞各種音樂戲劇表演、購買書報
雜誌、參觀博物館，均得列入扣除額，每年至少五千元。換言之，新政
府直接鼓勵民眾文化參與意願，間接獎勵文化創意產業。這樣希望，原
因有幾：

1.文化創意產業興衰直接影響國家競爭力，要想振興文化創意產業，與
其補助輔導，不如直接擴大需求。每人每年5000元，大約等於購買20
本書或看20場電影或10場藝術表演或25場博物館特展，說多不多，說
少不少，但因有需求就有供給，搶著供給就會造成競爭，創意將因此
勃然而興。文化創意產業勃興後，其所繳納的營業稅等，當有更甚於
此扣除額，影響層面更不僅止於有形的產業耳。

2.台灣戒嚴時代，所有文化表演，均有「勞軍捐」，一捐捐了幾十年，
當有幾百億收入。此時將個人文化消費支出列入扣除額，嚴格說來，
不過是還錢於民，顯現為政者之誠意耳。

台灣有形的建設太多了。造橋鋪路蓋工廠，或非今日台灣所亟需，提高
人民素質，增加國家「軟實力」（Soft power），才是當務之急。而這
一切，或許從「政府請民眾讀書看電影聽音樂會」開始，會比蓋劇場規
劃文化園區來得更踏實而迅速吧。

新總統應更重視文化與生態

唐光華

台灣兩大黨總統候選人馬英九與謝長廷都重視拚經濟,對文化與環保議題著墨很少。我希望他們倆人無論誰當選,都要更重視文化建設與生態環保,特別是面對地方色彩重且短視的國會,新總統更應該要有重視文化與生態的遠見和勇氣。台灣早應告別只拚經濟的年代,新總統若只重視經濟是不及格的。新總統要以身作則,要有很好的道德、文化、藝術涵養,要躬行綠色生活。我希望未來四年新總統能支持台灣開創文化與生態優勢,以開放的胸襟,面對中國與世界,為台灣開創一新的文化盛世。

什麼時候才會開始拚文化?

蟻男 / 03-11 / 台北縣

社會的文化層次提高了,我們就比較會想主動幫助人,就比較不會想騙人,如此會形成一個以互助為基調的社會。一個以互助為基調的社會,經濟會好不起來嗎?一個有文化力的社會,會得不到他國的尊重嗎?我們在驚艷這國驚艷那國的同時,有沒有想過這些國家的成就其實有一個很大的(甚至是主要的)原因是背後有文化力在支撐呢?只想拚經濟卻不重視文化是不是緣木求魚呢? 再者,一個沒有文化力的地方會產生怎麼樣的下一代?我們未來的領導人還能夠高瞻遠矚嗎?還是我們只能將高瞻遠矚丟進歷史裡供後人憑弔了?會不會到時候的後人連「高瞻遠矚」或「憑弔」都無法體會了,因為在他們的生活中早就沒有這樣的東西? 我們都覺得財大氣粗的人不可取,那為什麼一直在營造財大氣粗的社會呢?安隆公司是怎麼垮的呢?那些美好的價值觀到哪裡去了?一下子出現了那麼多的問號,答案會不會(可能)只有一個呢? 衷心希望台灣是下一個讓自己和他人驚艷的地方!

by 建維

期待一座
「文化創意產業博物館」

王榮文

馬英九先生競選時曾提出要將文化預算從1.3%提升到4%,如果一開始沒有整體的文化施政策略,一不小心就會落入各產業利益團體分搶資源的困境,而無法創造國家整體的最佳利益。我建議新政府應將增加的文化預算用在創造更好的環境、提供更佳的平台和鼓勵研發更好的創意內容上。

「創意」已是全球競爭力的新指標。新政府落實這項承諾時,應延續「文化創意產業」和「數位內容產業」為國家策略型產業的既定發展方向。華山創意文化園區被定位為「台灣文創產業的旗艦基地」,將是生活美學設計與文創精品展現的國際櫥窗,未來政府可將華山園區內仍待釋放的公共空間興建「台灣文創產業博物館」,作為出版、廣告、雜誌、設計、數位內容、攝影、音樂、電影……等十三種文創產業累積其發展成果,並提供產業菁英在此實驗各種創意的專屬空間。若能說服具國際品牌吸引力的故宮博物院在此設一館中館,將部分國寶以四季特展方式分享世人,將使華山園區更具觀光魅力。如果利用2010年國際花卉博覽會、2011年世界設計大會在台灣舉辦時成就此事,也是一個辦法。

臺北市立圖書館張貼版的希望 /
03-17 / 台北市

我希望無論誰當選都可以更重視台灣藝文發展,尤其藝術領域。

希望有人看到我們在開創新文化！街頭文化！
凱西

我希望有一個
像海得公園的地方
可以令大家自由自在
發表言論。
我希望有很多藝術活動
讓台灣找到屬於自己
的自我流文化。
我希望，除了街舞，能有人
看到，我們用文字用圖像，
用音樂在表達，在開創新文化！
街頭文化！

cathie wh chen 20080315

cathie chen 2008

重視台灣文化
雅瑄 / 04-03 / 台北縣

過去台灣文化發展無法走出自己
的路，其主要因素是忽視台灣早
已存在的文化，台灣有5000年的
文化，但這5000年的文化不完全
等於中華文化，而是台灣在地的
文化，是多元的文化.文化代表在
地人民的生活的記錄，文化沒有
好壞差別之分，是不容被岐視、
被毀滅的，文化是人之根，根不
見了，靈魂將失去。

文化界先建立
自己待人處事的好文化
momo / 03-21 / 北美洲

我希望台灣文化界能建立自己的
好文化，知道基本禮節，文化界
本身傲慢自大，沒有品格，還談
文化，很不好。

提倡 多元文化 種族融合 和
平相處 平等對待
林強

提倡：多元文化、種族融合、和
平相處、平等對待……
提倡：宗教道德教育、改善功利
主義思想……
領導人應以德服人、行為示範。

重視弱勢團體，
重視台灣文化
mf / 03-18 / 台北市

新總統上任後，能用認真嚴謹的
態度，重視台灣弱勢團體及台灣
文化，而不是一昧的紙上口頭談
兵。 台灣的弱勢團體，都是企
業界或是社會群眾在默默支持贊
助，我希望政府能重視這些弱勢
團體給予支持與補助，而不是一
昧的捐大筆錢給國外的弱勢團體
忽略本國的弱勢團體。 台灣的文
化，包括雲門或是相聲瓦舍等都
是需要政府協助支持，才能將其
發揚光大，邁向國際舞台。

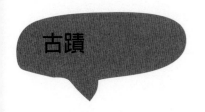

古蹟

欣凌 / 03-27 / 歐洲

現在和未來的台灣總統,能在建設開發的同時,撥出同樣的經費和心力經營台灣的老建築、老工藝、老匠人。先以法律和補助計畫保護他們免於功利社會和冷漠人情的摧殘,再藉著教育,提升民眾對文化的敏感度,幫助台灣的古蹟(古厝、古樹、古傳統……)得到該有的尊重。

我期待新總統讓我們台灣的老東西風華再現。這個願望實現的那一天,也應該是台灣社會真正成熟文明的時刻。

大家一起加油吧!

薛邑萊 / 03-06 / 台中市

推動成立《台灣國民信託組織》。

新任總統能學習英國名相邱吉爾曾說:『回首時能看得愈深,前瞻時就能看得愈遠。(The farther backward you can look, the farther forward you are likely to see.)』的哲思及遠見。

期望台灣能效法英格蘭、威爾斯和北愛爾蘭的全國名勝古蹟託管協會(National Trust for Places of Historic Interest or Natural Beauty,通稱全國託管協會或國家信託基金(The National Trust)保育組織,推動成立《台灣國民信託組織》,永續保護我們的福爾摩沙,美麗之島。

敬請新任總統想一想:當選後四年內或連任八年內,您究竟要留下什麼樣的歷史定位?為後代子孫留下什麼可長可久的資產?吾人建議您可以登高一呼,從上而下率先響應,以您崇高的影響力整合各方資源人脈等,相信一定會做成推動成立「台灣國民信託組織」這件事!

拒絕台東富山遺址蓋度假村

hare / 03-17 / 台北市

「曾於富山遺址做過考古工作的劉益昌表示,富山遺址重要性和都蘭遺址、卑南遺址、掃叭遺址一樣,都是新石器時代的代表性遺址。在舊文資法時代,它曾被調查並登錄,主管單位是縣政府,如果縣政府不管,文建會不能不管,這是很嚴肅的問題。」

請珍惜與尊重台灣史跡!

世界公民 / 03-31 / 北美洲

我們都是從過去走過來的,希望政府可以落實古蹟保護政策,教育民眾,古蹟維護的重要。可以有一批工匠,可以用古法修復古蹟,可以有一批歷史考古學家,用心研究古蹟。

大中至正

阿國 / 03-27 / 桃園縣

是不該有神權主義但已經存在的歷史就不該貿然拆除,況且是在不合程序下執行,若地球上都這樣對待歷史那很多都古蹟都看不到了,兵馬俑金字塔帕德嫩神廟全都要拆嗎?這些都是帝權下的產物啊,還有很多不勝枚舉。

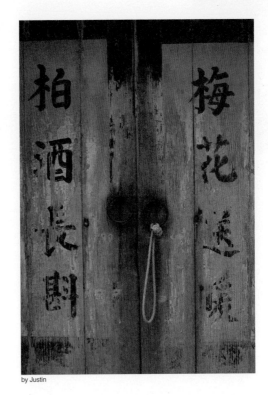

by Justin

電影

梁兮兮 / 03-02 / 台北縣

蔡志忠先生提過「文化創意產業」包括「文化」、「創意」、「產業」三個範疇。我想每種文化創意產業又包括前端的人才教育培植，中間的實踐創造製作，後端的宣傳展演保存發行……我希望政府能傾聽第一線參與創作者的心聲，減少限制干預，保持開放的心態討論研擬政策，才能提供適當的協助。

我希望我喜歡的電影及動漫能在台灣好好的生長。

by 力晶 曹迺謙

愛立刻 / 03-08 / 台北縣

看到李安得獎才說要發展電影工業，台灣沒有電影工業啦！只有影視製作的手工藝。

這個行業是個大的火車頭，只是都沒有一個總統看到，它的商機不見得比科技業小，如果你看過韓國的例子。希望新的總統可以硬起來，跟美國說：國內電影市場有百分之五十要放台灣製作的國片。希望獨立製作受到重視，希望版權可以得到維護，希望國語文教育別再爛下去，希望不要再獨厚電影而忘記了電視、紀錄片…等等其他的製作物。希望廣大的傳播學院的學生畢業後，不必擔心沒工作、不一定要當記者。希望我們有個像日本NHK一樣的機制，可以在十五年前就在發展HDTV廣播，讓日本的相關產業跑在全世界的前面。總而言之，我希望總統用心做事而不是滿足利益團體，不懂的事情可以問問別人，做個關心影視製作產業的總統。

曾寶儀的希望

曾寶儀

身為媒體人，我希望我在看新聞的時候不要先看我看的是哪一台再決定我要相信這則新聞幾分。

身為電影人，我希望政府除了能有多一點補助電影的多元計畫外，在發放輔導金的時候也能好好評估片子的可拍性，當我看到有的領了輔導金的片子拍得一踏塌糊塗，導致觀眾已不再相信這個獎金的判斷，影響到那些也領了輔導金拍得很好的電影票房差強人意，我不能怪觀眾的離棄，只希望大家都能更努力！

身為女朋友，我希望趕快三通直航，讓我早上想念遠在北京的男友的時候，下午就能看見他（臉紅的願望但很真心！）

身為台灣人，我希望這個世界上所有人都知道台灣在哪裡！（不要再有外國友人問說：”Taiwan？喔！你們前一陣子有政變！”拜託！那是Tailand！我們是TAIWAN!!!）我們也都做好準備迎接世界目光的關注，讓外國旅客認識台灣的美台灣的人情味，賓至如歸來過還想再來，來過還想”落”人來！

就這樣！我要去發功了！

念力。

大家看電影能看完片尾工作人員名單

marie / 03-11 / 台北市

無論是在電影院看或者是在家看DVD都應該把片尾的工作人員名單看完，是一種禮貌，也是延續片子結束之後的情緒。螢幕一暗燈一亮就馬上起身離座，實在是讓人匪夷所思:你剛剛真的有進入劇情？感受角色、對白的情緒嗎？如果有，我想是會感動的，馬上站起身離開，好像收的有點快耶!! 總之還是要看完工作人員的名單，也許你會認為又不認識他們，但正是因為有他們才能夠有一部部讓我們感動的電影，不是嗎？

by 乾司

梁兮兮 / 03-20 / 台北縣

再過兩天選舉就結束了，希望大家把對選舉的熱情轉移到電影上。希望台灣電影持續在世界發光。台灣電影人加油！

音樂

希望唱片公司可以
不要逼我下載音樂

月亮上的小狐狸 / 03-27 / 台北市

我一直持正版音樂，前幾天還買了張專輯，結果被同事說「阿呆」=.= 可是就是有些專輯我只喜歡聽一兩首歌，要我狠下心把荷包拿出來，真是很難呀，希望唱片公司可以想想有什麼辦法，例如，或許可以網路合法付費下載單曲（出單曲cd可能成本較高）一張專輯可載三分之一，如果已經下載三分之一，熊熊想買cd了話，可以列印折價卷之類的，雖然實行有點難～又要完善、避免大量下載，可是辦法是人想的嘛～希望唱片公司可以解決我只想聽一首歌的困擾，老實說如果一張專輯只有一首歌我喜歡，我肯定不會買，而是去下載。

卿沄 / 03-27 / 台北縣

這也是為何大家只願意在線上試聽或下載的原因吧！但為了讓有創意的人繼續發揮長才，有時還是會忍痛支持正版的啦！！CD裡面所附加的創作歷程及美編，有時更勝於音樂。

麻衣 / 03-24 / 台北市

代為宣傳Live House合法化連署雖然，我和閃靈Freddy先生的政治立場不一樣，但是當我看到，他網誌上的Live House合法化連署，我心裡覺得這也很重要！ http:／／www.bigsound.org／bigsound／weblog／001703.html 有興趣的人可以到這裡看看。這也是很重要的文化場所！

by Justin

麻衣 / 04-11 / 台北市

「支持樂手現場演出」其實他的涵蓋範圍，不會只有爵士樂。
這跟live house，也有很深的關係。
總之台灣音樂人要加油～～

看到ＹＯＧＡ的演唱會

封小唐 / 03-09 / 台北縣

我希望能存到錢去看宥嘉的迷宮演唱會，我好希望好希望好希望呀～～我第一次想去看演唱會啊！小狐狸絕招：要想成——我已經可以看到演唱會了，加油加油加油！

Gin / 02-29 / 台北市

「爵士音樂能夠有更多人喜歡及接受，大眾能建立聆聽者付費，支持正版音樂，支持樂手現場演出的觀念。」

by Gin

希望DJ Rose主持的
廣播節目很多人喜歡

lembert / 04-11 / 台中縣

長年支持Rose的節目，希望你也會喜歡，不勉強啦～～
PS：站長，沒有打出是哪一台的應該不算置入性行銷吧XD

網路

降低上網費用
Henry / 04-06 / 台北市
我希望新政府撥更多預算來發展IT基礎建設，讓台灣每個家庭都能上網。

部落客本名運動
吳奕軍JasonBosox / 02-29 / 台北市
鼓勵部落客使用真名發表看法，減少匿名攻訐，創造負責良善的部落客文化^^

fish / 04-06 / 台北縣
雖然找個性很低調，但我對自己寫下的文章、說過的話都願意負起責任，也虛心接受任何批評指教，我也認為每個人在網路世界應該謹言慎行，勿用「暗箭（按鍵）」傷人喔^^（http://blog.yam.com/yocofish這是我的部落格）

慢車道 / 03-17 / 台北縣
網際網路速率可以再快一點像日本那麼快可以嗎？

pp / 03-05 / 台北市
希望人類能多一些智慧，少一些自以為是。可曾仔細想過，為什麼電子檔會比紙本刊物環保呢？為什麼要用浪費紙張當做不愛閱讀不愛手寫的藉口呢？紙張的消耗，可以再生利用；開啟電腦或其他電子資訊產品所產生的熱能、所排放的二氧化碳，對樹木對天空對溫度對地球的損害，可有比砍樹造紙輕微？無網路紙本印刷量大的時代，我們提倡種樹；網路興盛紙本成了罪惡浪費的時候，我們不斷地餵食僅存的樹木以大量廢氣。

創作

CC授權更受重視
梁兮兮 / 03-09 / 台北縣
我相信放棄部份權利可以帶來更活絡的創作環境，除去複雜的申請手續讓創作衍生更多可能性，尤其在不涉及商業行為的條件下不妨大方一點。

大家支持正版～無論是唱片or書籍or電影…等
月亮上的小狐狸 / 03-09 / 台北市
支持正版～等於支持那個人的創作，一本書、一張專輯～是創作人和很多工作人員共同的心血。不能因為網路數位化「盜版」～就扼殺了他們的心血。一本書就要有一句話令自己有啓發～那就超值得了，那種啓發不是用幾百塊錢可以買到的（除非你買了這本書）一張專輯是可以陪你走過喜怒哀樂，搭配心情、場合，它的價值不僅僅是那幾百塊。可見～～區區幾百塊～它的效益有多大？？（大家記得哪首歌曾經陪你渡過悲傷嗎？）這幾百塊的投資報酬率之高呀！這幾百塊～～對這些創作來說～其實已經很廉價了（聽說國外賣的都超貴滴！）還有電影～～大家對於李安導演站在國際舞台上發光發熱，想必心裡一定都超感動滴！也很開心吧！那我們自己做了什麼呢？因為我們都不支持國片～國片市場沒落，所以李安只能從國外紅回台灣～～我自己以前也偶爾會網路下載音樂，但是自從開始自己上班賺錢了，我只要聽到好的音樂就會決定去買專輯。甚至會買以前很喜歡的音樂，當然也都是去電影院看電影～～下檔的片用租的，總之，支持一下創作人吧～～如果你覺得他的創作好～就別無形中扼殺了你覺得好的創作，支持正版！謝謝！

孩子們未來的創作環境

BO2

這兩天板上的希望留言越來越多，內容五花八門，我透過搜尋，發現到跟兒童福利相關的話題很多，但跟兒童創作有關的話題少得可憐，

所以我想藉這個機會，聊聊我的一些想法。

去年，我跟我大兒子共同創作了一本繪本代表學校去比賽，狗屎運得了獎，領了一塊跟砧板差不多的獎牌回家，我很高興，他則沒有太多反應，我畢竟養了他十幾年，所以，我知道他為什麼反應平淡……

by BO2

但是基於一個做父親的角色，有些時候還是得明知故問~

『得獎不高興嗎？』

『還好~獎牌又不能玩』

『你爸爸我小時侯還沒得過這麼大的獎耶~』

『那這個獎牌給你~』

『你不是很喜歡畫畫嗎?多得幾塊獎牌以後可以當畫家喔~』

『跟你一樣嗎?』

『對，跟我一樣~』

『你很希望我跟你一樣嗎?』

『我沒有特別希望你怎樣~』

『當畫家可以，可是不要像你一樣這麼累又賺不到錢~』

對話結束，他繼續玩他那隻嘰嘰叫的布丁鼠，

而我，開始認真思考他的未來。

他12歲，個性害羞內向，除了畫畫，沒有其他專長，他今年要上國中，未來的6~8年，他的生活將充滿無聊的書本與課題，接著他要提著槍桿跟空氣作戰，然後面臨就業~~

我完全可以預期他會走上我的老路，因為他跟我一樣，除了畫畫，其它一塌糊塗，但是，在台灣，創作可以是份能糊口養家的好職業嗎?

我做得很累，而且已經不能回頭，但孩子們還能有所選擇，如果未來，

他不幸選擇跟我一樣的道路，他可以得到更好的職業保障嗎?

他可以有更多的時間專注在一件作品上嗎?

政府除了鼓勵創作的30%免稅額之外，有沒有可能在作品尚未完成之前，有一筆低利的創作基金可供申請，讓他不需擔心投入創作會瘦了肚皮??

如果，以上問題的答案統統都是否定，那我還應該繼續鼓勵他走創作的路嗎?

我不知道我的疑問會在多久之後有答案，也不知道這個答案會是什麼，但是我真的很想知道，

幫孩子們打造一個值得期待的創作環境會很難嗎??

3月12日的風波之後

—— 請再聽一次我們的聲音

親愛的朋友：

3月12日費鴻泰等四名國民黨立法委員去長昌競選總部所在的「維新館」大樓，爆發了一個風波。於是媒體上可以看見許多「暴力」照片影像，以及各方探討「暴力」事件的來由，及其可能影響等等。

《中國時報》報導。

我很想知道「我們的希望地圖」參與者對這兩天鬧哄哄新聞的反應。所以又用關鍵字去檢索大家的希望，想看看這兩天，佔據報紙與電視版面那麼大的一些關鍵字，在「我們的希望地圖」的參與者心目中，又佔什麼比重。

在13日起的400條新增希望裡面，「踢館」、「維新館」、「一黨獨大」等關鍵字，不論在「主題」或是「內容」欄裡，都查不到任何條目。

「暴力」的主題，有兩條。都是「不再有家庭暴力，不再有虐童事件了，……」

「暴力」的內容，有一條：

「所有的兒童都能擁有一個免於暴力、歧視、威權之下的快樂童年。我希望不僅是婦女與小孩免於家暴的恐懼，而是不論你／妳，大家皆能擁有一個溫暖和諧的家庭生活。如果你願意的話，請你／妳，和我一起擔任「家暴扶助天使」。http：//www.38.org.tw/index.asp」

（不要讓女士哭泣　by 卿沄.台北縣）

而這兩天大量的希望，仍然更多是在諸如
孩子能在安靜、美麗的環境中長大
請總統候選人提出國家的精神心理衛生政策
提昇國人心理健康的品質
我希望台灣可以成為醫療、養生、喜樂之地！
我希望馬路是平的
希望所有的政治人物及政府官員說謊話都會變成馬鈴薯
這樣的主題上。
我看著電腦螢幕上搜尋下的這些畫面，先是有點狐疑，再來有點啞然失笑。

「我們的希望地圖」的參與者啊，大家真是很不同的一群人啊。
「我們的希望地圖」最初的發想，本來就是想讓一些在目前大眾媒體發不出聲音，或是不想發出聲音的人，有所發聲的機會。現在看來，希望地圖的參與者，真的是當初所希望的這些人。大家的關切，真的是和激情的政黨支持者，和大眾媒體所感興趣的，大不相同。
我一下子知道怎麼為過去兩天的事件說什麼話了。

在「我們的希望地圖」發起聲明裡，一開始就說出我們選前的三個共同基本希望是：
第一，任何人都不要再挑撥族群之分。
第二，我們不要選舉只是口舌之爭、負面抹黑。請候選人誠懇而明白地告訴我們，你們要怎麼幫我們創造未來。
第三，讓我們為一個和平的選舉而祈禱，而努力。
就請兩位候選人再聽我們說一次這三個希望的聲音吧。
當我們都在為一個和平的選舉而祈禱，而努力的時候，任何人想要製造事端，我們就會越過他前行的。甚至沒時間唾棄。

郝明義 Rex

工作

Linus / 02-29 / 台北市

大家的上班時間都短一些，或許前兩年經濟不好，大家都跟瘋了一樣，拚命上班加班賺錢，可是，這樣實在不是一種健康的事情啊！

red / 03-04 / 台北市

我希望不要加班，如此，我才有時間運動，就不會常生病要看醫生。我才有時間自己煮飯吃，而不用天天吃外食不健康。我才有時間談戀愛，不害怕獨身一輩子。我才有時間生養小孩，提升台灣的生育率。我才有時間看書看表演，參與文化活動。我才有時間陪伴父母，讓他們不是每天在家看電視。我才有時間學習語言，培養國際觀。我希望大家都不要加班，才有時間去看，去聽，去感受，去關心自己小小圈圈之外的多樣世界。

I need a good job.

姜小謙 / 03-6 / 高雄市

工作好難找，為什麼會這樣。「像樣」的工作、父母的期望…我明明這麼努力……門檻怎麼這麼高!

by 姜小謙

郝明義 / 03-05 / 台北市

我到很晚才懂這個道理。晚到我自己的第一個婚姻都破滅了之後很久很久。 因為有了第一次的經驗，所以第二次婚姻就比較小心，注意下班後的時間，週末多留給家人。但是儘管做是如此做，並沒有意識到什麼道理。後來有次聽鄭松茂說「微型人生」的道理，才知道這是有個說法的。我們很容易有一個「線型人生」。也就是說，計劃二十歲幹什麼，三十歲，四十，五十，六十退休後幹什麼等等。譬如陪家人環遊世界，或是做什麼公益事情，很容易被當作是退休後再做的事。然而，你想在六十五歲退休後做的事，不見得那時候你還做得到。你想陪家人，家人卻不見了，你想去當義工，但是你身體不允許了。這就是線型人生最大的風險。相反地，「微型人生」的精神，就是不要等。一個星期就是你的一次人生，前五天你衝刺吧。但是週末兩天要當退休生活來用。或者，一天也可以當一次「微型人生」來看。白天就是衝刺的時間，晚上則是退休的時間，用來陪你的家人，做你自己想做的事。加班也許是上班族不可避免的，但自己心底一定要有個警鐘，提醒加班是不對的。把加班習以為常，是永遠開始不了「微型人生」，及時享受完整的人生的。

紫娟 / 03-17 / 台北市

業主尊重員工的休息權利：
明文規定，上司在員工非上班時間不能以電話或信件騷擾員工。

紫娟 / 03-17 / 台北市

希望社會尊重彈性工作者，不要為其貼上標籤。也希望業主尊重其專業，給予合理的工資。

我希望不要加班

愛 / 04-10 / 南投縣

也好希望能不要加班，可是老闆說，還有機會加班已經是一種幸福@@

tima / 03-11 / 台北市

我希望10年後能有自己的一個工作室，有好朋友一起創業^__^

葉常涵 / 03-19 / 台北市

即將產生的總統在未來能提升台灣的經濟，我只有一個小小的希望能有好的工作，工作能順利安定點。神啊！請賜給我一個好工作吧！

慢車道 / 03-19 / 台北縣

希望討人厭的主管消失，為什麼主管大多很討人厭呢？為什麼沒有討人喜歡的主管呢？還問我為何不開心，還不是因為你……

savi江 / 04-08 / 台東縣

希望每一個人都不會失業，每一個人可以給自己「機會」。
因為，有人就因為欠債而死亡，造成了人們有了逃避！
而不去面對現實！！所以，我希望大家可以自己找出路，不要去逃避它！！！

確實保障勞工能在「合理的工作條件」下工作

ruth / 03-29 / 桃園縣

1.實施「勞工工作條件不定時檢查制度」，以免有許多勞工，為了保飯碗，有冤不敢申！

2.申請成立新公司時，若無法提出適當、合理的勞工工作條件計劃說明書，即不准設立。

緩慢

1120 / 03-13 / 台北市

大家走路速度可以慢一點，放慢點腳步，也許可以抬頭看看路旁行道樹有沒有長出新芽，也許（我）可以手裡拿杯台灣名產珍珠奶茶，也許今天路上車子是多了點，空氣也不好，所以囉，更要慢慢走，不要太喘，以免吸入更多髒空氣，快也快不了幾分鐘。台北街頭好像大家都在比賽競走似的，比走路誰快似的，但，競走也有競走的規矩啊：競走需兩腿交互邁步前進，與地面保持不間斷的接觸。在任何時間都不得兩腳同時離地。每走一步，向前邁進的腳在著地過程中，腿必須有一瞬間的伸直（膝關節不得彎屈）。特別是支撐腿在垂直部位時必須伸直。

梁兮兮 / 03-01 / 台北縣

「人類一直想走快點，超越演化，超越時空，揭開所有的謎，控制所有能控制的因子，爬到更高更好的位置，離開地球，跳到太陽系以外尋找新天地。但是人類到底要走到哪裡？人類的未來會如何？農業社會真的不好嗎？工業社會也不夠好嗎？那我們要不要緩一緩思考一下哪裡是歸途？」

chien / 03-13 / 台北市

全世界的人可以活的慢一點，少競爭一點，多互相認識一些，擴張慢一點，花費少一點，多懶惰一些，讓地球休息一下！

慢活，讓生活更快活

果子離

也許台灣可以試著緩慢一些。慢，不代表散漫，不代表停滯。

套用鄭愁予的詩句：「遲遲的步履，緩慢又確實的到達。」

試著以堅定而遲緩的腳步，一步一腳印，抵達目標，不要錯過沿途的風景。

過去台灣的腳步跟蹌，習於衝撞，美其名曰：「生命力」，卻因此脫序，火爆，浮躁，急驟，少了沈穩的氣象。

需要沈澱心境的文化生活，反而被忽略了、邊緣化了。

真正的生命力，是發乎內在，像武林高手，內斂而深厚，源源不絕從內裡發出來的力道。讓繁華慢慢的來，它才會慢慢的走。我們享受過暴發戶般發跡後的經濟奇蹟，現在飽受苦日子的失落感。失去不一定失落，是另一種生活方式和價值觀的反省。我們可以試著緩慢一些。

現在流行慢活。慢活不代表好死歹活，不代表要死不活，那是一種生命態度，不是掛在口邊的時尚。慢活，讓生活更快活。

而我，今年起，不，今天起，希望：

肚量多一點，食量少一些
思慮多一點，焦慮少一些
詩意多一點，失意少一些
休息多一點，嘆息少一些
謙虛多一點，心虛少一些
福氣多一點，浮氣少一些
感動多一點，感傷少一些
抱負多一點，抱怨少一些

最希望的，還是回到老問題：寫稿能夠快一點，交稿準時一些。就像今天當希望導遊，說好早上貼，就早上貼，不辱使命。我就有多的時間，可以做其他更愛做的事了。

Yiling / 03-14 / 台北市

呼吸道可以淨空，耳根可以清靜，腳步可以放慢，心情可以緩和。

by 鉅晶 蔡昇孝

社區

希望台北多一些垃圾桶

B / 03-12 / 中港澳

總覺得台北很少垃圾桶，垃圾桶不會不美觀，只是在於怎麼放，垃圾桶也可以弄得很美觀呀，難道看到每個人拿著或帶著垃圾在街上走就會很美觀嗎？所以我想台北應該增加垃圾桶。

走路和騎腳踏車成為社區日常生活

夏瑞紅

台灣的馬路多是為車子服務的，不是為行人。

希望政府以嚴格標準管制汽機車數量成長，且徹底解決各地大小馬路老是刨挖不休的問題源頭。

多數難得走路的人、尤其是青少年兒童，不愛或不習慣走路，多是因為日常環境其實並不鼓勵人走路，很難有機會把走路融為生活的一部份。

希望政府透過區里鄰行政力量，輔助全台社區中小學各自規劃安全、無障礙的上學路，鼓勵各校組織路隊和義工隊，讓學生養成好好走路上下學的習慣。

當然更希望有一天能像日本那樣，捷運站、火車站多設有腳踏車專用停車場，民眾能很方便也很自然地用腳踏車接駁大眾運輸工具。

走路和騎腳踏車成為台灣社區日常生活，可能的好處有很多。例如：節省能源、減輕空氣污染和噪音、促進國民健康、深化居民與社區的連結、美化社區生活風景……。

要達到這樣的理想當然有困難，也需要時間，但希望政府能切實從修改交通相關政策法令、支持社區上學走路做起；同時，在上位者也帶頭實踐、引領風氣。有個開始，就有希望成功。

社會

不要有M型社會

臺北市立圖書館張貼版的希望 / 03-03-17 / 台北市

讓大家都能穩定生活。不要有M型社會。

安心祥和的社會

1120 / 02-29 / 台北市

期望：大道之行也，天下為公；選賢與能講信修睦。故人不獨親其親，不獨子其子；使老有所終，壯有所用，幼有所長，矜、寡、孤、獨、廢疾者皆有所養。男有分，女有歸。貨惡其棄於地也，不必藏於己；力惡其不出於身也，不必為己。是故謀閉而不興，盜竊亂賊而不作；故外戶而不閉。是謂大同。 孔子〈禮運篇大同章〉

城市就種一種樹
yamyam / 03-10 / 北美洲

城市要多種樹,但不要亂種樹,種植一些可以塑造城市氣質,可以加分的樹,最好整座城市都種一種樹,於是我們很容易分辨身處在台北台中高雄台南……

by 鉅晶 蔡昇孝

希望松山菸廠蓋公園不要蓋巨蛋
法拉 / 04-06 / 台北縣

給台北市難得的大片綠地存在的機會。

城市再造新美學,打造百年好地基
噗 / 03-09 / 台中市

希望馬總統,可以讓城市更美,讓台灣有國際競爭力,讓我們的未來充滿希望。~~^。^

嗨 / 03-18 / 台中市

在現有的城市中大家都注重地上建築,因為每天眼睛都看的到,容易讓別人,尤其是「自己」滿意。但是每到颱風大雨,總是許多道路淹水,每天上下班途中路面很少是平坦的。因為道路經常要挖,然後補,然後再挖,然後再補。拓寬下水道,增加電纜線,擴充網路線,鋪一段柏油,各式選舉前,都要挖一遍。為何就沒有人出來主持正義?為何就沒有縣市首長或總統正視「地下物」呢?我希望有膽識、有遠見、有仁心的總統,在當選之後能夠重視「基礎建設」工程(不論鄉村與都市)好好整合現有的行政(規劃與監督)與立法(財務與監督)用「專業」來設計整體、合諧、環保、前瞻、永久的都市再造運動,看看韓國新任總統打造的首爾;看看東京六本木、橫濱…等等都市的現代化與藝術美學。台灣什麼時候有這樣的人物出現?為數年甚至數十年後的都市與人民福祉「立德、立言、立功」希望八年後城市「再造新美學、打造百年好地基」的美夢能夠實現,請支持!

電線地下化
verna / 04-01 / 台南縣

希望全台灣的電線都能夠地下化!!

希望我們有個城市像庫里奇巴一樣棒!
Amy / 04-08 / 台北市

I hope we have a city and country good to live like 庫里奇巴。城市規畫以人為尊,道路變綠地,綠地比例高居全球第一 看見更多風景。

(庫里奇巴是巴西第七大城,與巴黎、溫哥華、雪梨、羅馬並列,被聯合國選為「最適合人類居住的城市」。關於庫里奇巴多有好,請看這篇文章http://www.wretch.cc/blog/HopeMap&article_id=9742761)

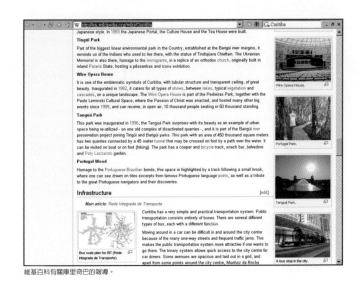

維基百科有關庫里奇巴的報導。

公廁

sweet / 03-12 / 東北亞

「每次回台灣一下飛機在機場如廁老是覺得台灣人都不會上廁所嗎？台灣廁所總是又髒又臭地板老是濕的馬桶蓋總是腳印，坐式馬桶是要踩在馬桶蓋上面上？沒有衛生紙可以直接擦在牆壁上（挖糞塗牆原來是這樣）？衛生棉用完攤開直接丟(媽媽沒教要捲起來嗎?)台灣從來沒有聽說過有人研究廁所怎麼改善？記得曾經看過一則新聞台北市要實施公廁有衛生紙但是又怕衛生紙遭偷於是想出只在入口處放一大捲衛生紙設鎖，萬一上到一半急需大量衛生紙難不成衝出來在去入口處抽嗎？大家羨慕日本的廁所乾淨怎麼就沒人願意研究為什麼？廁所會臭主要是因為垃圾桶的垃圾發出的臭味，日本是直接丟進馬桶所以少了這部分的臭味。這點台灣雖然沒辦法但是可以想辦法改善也許設計好用的垃圾桶或是別的方法，日本不論到哪裡都有衛生紙，日本人真的這麼有公德心不偷嗎？是想偷也沒辦法偷每一間廁所都有好幾捲衛生紙永遠不怕不夠用，因為特殊的裝置所以讓你連備份的都拿不走，曾經看過清潔工掃完廁所搬出一大台機器把地板吸乾所以就不會到處踩的濕答答得到處是腳印，人家一個廁所文化可以做的這麼好這麼用心台灣不是不能只是不肯，不是要說日本有多好，日本有很多不好的地方，只是希望台灣人可以重視最基本的廁所文化！」

Yiling / 03-15 / 台北市

在這個女性追求平權的年代，爭取在公共場域的發聲之餘，對於女性本身擁有的公共空間卻不能好好愛護，糟蹋其他女性同胞的使用權益，我想再怎麼呼口號都是枉然。 女人都不疼惜女人的話，還如何要求別人的尊重呢？於是我寫下這些文字，這一份是張貼在我上班的這一層辦公大樓的女廁所，每一間的門上。

★善待公廁運動——怎麼使用家裡的廁所就怎麼使用公共廁所。馬桶的設計是讓人們坐著使用，據研究發現，坐著使用馬桶會讓體內需要排泄的東西盡量排乾淨並會有特別舒暢的感覺。

★如果妳還是堅持不願坐著，那請妳在使用過後將馬桶坐墊擦乾淨，妳有各種使用馬桶方式的自由，但是其他使用者沒有義務要看見並且清理妳的排泄物。

★如果妳不樂意看到血淋淋的衛生棉攤在眼前，請把使用過的衛生棉扔進垃圾桶之前捲起來用衛生紙包好，妳的心意，打掃廁所的阿姨會感受得到。

★將心比心，讓社會多一點好心，讓世界多一份善心。 還有，這一份是貼在馬桶水箱的上方，獻給不知為何喜歡站在馬桶上解決大小便的女士。 善待公廁運動-怎麼使用家裡的廁所就怎麼使用公共廁所 親愛的妳，腿力強健喔！原來妳在家也是這樣使用馬桶的呀？ 如果妳的體重超過30公斤，希望妳快快下來，不要傷了馬桶，也傷了自己。 更妨害了別人繼續使用的權利。 從自己做起，將心比心，應該不是一件困難的事。

希望詐騙集團改行當志工，洗公廁、掃馬路

拉丁海 / 03-03 / 台北市

希望不再有詐騙集團，不再有人受騙上當，希望詐騙集團全混不下去，改行當志工，洗公廁、掃馬路。不想改行的，全部吃牢飯。

全台灣的公共廁所都是乾淨衛生

薛邑萊 / 03-18 / 台中市

這個希望看起來如同【我希望馬路是平的】一樣，但是確是一個最基本而嚴重的道德及管理問題：1.道德：全台灣的每個人是否心存我要讓下一個使用廁所的人一樣乾淨清潔而且心情愉快？私德就是公德的基礎，人人有良好的私德及衛生習慣，社會自然會有美好的公民行為與公共空間，此為公德心。2.管理：每一間公共廁所是否有良好的管理單位及人員？管理單位的管理制度及管理人員的心態是重要關鍵！然而，關鍵都在基本的細微處，讓我們回到基本問題，那是我們有沒有決心去做好管理公共廁所這件事？

垃圾

不要定時追垃圾車

annshen / 03-18 / 台北縣

希望人民可隨時定點丟垃圾，並由受訓練的環保清潔員不定時收取，且不要使用收費袋，公德心是可被宣導學習的。

Mr. fL / 04-06 / 花蓮縣

相信每個人常在國內隨處的路旁都會看到垃圾的存在，尤其是在鄉下較少人的空地和路旁最多，希望每個人都能發揮公德心，負起環境的責任，一同維護生活環境的清潔。另外目前環保署有在推動清淨家園、全民運動計劃，可是感覺也只有民眾上網申報案件而已，並沒有實際參與到清潔的活動，同樣在地方政府或鄉公所方面，也沒有執行的效率，結果也達不到預期目標。故我個人認為地方政府除了在處理髒亂外，也應結合當地居民的力量，一起動員清理和監督，舉辦相關活動；另一方面，政府也應加強民眾環境教育和倫理，同時強化相關法規，督導民眾自發性行動，以及鼓勵檢舉之制度，一同來打擊、取締製造髒亂的情形發生（尤其是非當地居民路過之機車、小客車、貨運車等駕駛者），這樣或許才能有效改善環境，達成全民參與之運動。

衛生紙

hare / 03-17 / 台北市

20080306中國時報「據生態學者陳玉峰等人的研究，我國每人每天平均使用的「廁所衛生紙」約為抽取式衛生紙九抽，換算約合十五‧一一公克，全國二千三百萬人，每天的「廁所衛生紙」可達三四〇公噸之多，國人大多習慣把這些衛生紙丟在廁所的垃圾桶，形成棘手的垃圾──因為它不像一般紙類，所以無法回收。每公噸清運及處理費約需四千六百元，全國每天即高達一五七萬元，每年約近六億元之多！

我願意為了地球減低我對衛生紙的需求到最低！不再把「身邊時時有一包衛生紙」當作安全感的來源。外食的時候也不會用很多衛生紙猛擦桌面（也請店家要配合維持清潔啊）

貓狗

不要再隨意棄養寵物吧!

Robot / 03-01 / 新竹市

路上不再看到那些因為飢餓而露出乞求又驚恐的眼神的貓狗,也不再看到河川中充斥貪婪殘暴的外來物種,讓我們仍保有我們生活環境原本該有的自然、單純與美麗!

重視生命

sisi / 03-09 / 基隆市

在層出不窮的重虐流浪貓狗事件中,每每都傷透了眾多珍惜生命人的心,只能暗自為牠們傷心為他們祈禱,正因為市井小民的援手有限,希望有力量的人重視到這塊正需要一份心力去搶救,否則再多的民間團體成立動物救援組織,成立再多的庇護中心,也敵不過那些心胸邪惡亦或不知生命可被尊重的人,我希望,這塊小土地除了我們之外的其他生命,可以好好的被重視,被善待,被幸福著。謝謝!

by 黃金獵犬CHERRY的拔拔

大家可以更愛護動物

麻雀 / 03-01 / 高雄市

不管是貓還是狗,不管是烏龜還是魚,請大家不要任意棄養,這樣會造成環境上的破壞,寵物沒有辦法自己選擇主人。當你決定養一隻寵物時請先認清自己有沒有能力養,也請對牠的一生負責。不要任意拋棄掉牠,也許牠們沒有辦法說出任何人類的話語,但是牠們會在你寂寞時無言的陪伴。

陳彥蓁 / 04-07 / 桃園縣

希望未來在動物保護方面,能夠有正確落實的政策與法規。 盼望此呼能夠出向,讓台灣的流浪狗老有所終,而不是不斷的撲殺。撲殺無法解決問題,希望可以從教育下手,教導台灣人民正確的觀念,結紮,才能讓更多生命得以苟活。

by 陳彥蓁

卿沄 / 04-10 / 台北縣

「動物,與我們同住在這裡,人有生存的智慧與付出的能力,因此,我們應當待他們,像待我們最親愛的好友一般」。支持你的希望,同時這也是我的希望。

人類因有動物而偉大

yulinp / 03-21 / 宜蘭縣

能夠更加重視動物權,許多動物已經離我們而去,這星球越來越寂寞。

落實寵物的管理制度

sharon / 03-18 / 台北市

仿效歐美的寵物培育政策,嚴格審核犬舍的資格與培育情形,杜絕不肖業者以近乎虐犬的方式,將寵物當成生產(財)工具。並追蹤已逾生產年齡之寵物,是否擅加管理照顧。 仿效中日的寵物登記及課稅,每一隻進入家庭的寵物,一定要落實晶片身份的登記(判讀機器請統一,不要再有施打卻找不到編號的情形),並每年課稅,稅金請用來打造寵物相關福利(如健保、教育或活動場所),並藉每年普查,杜絕隨意棄養,否則重罰,間接解決流浪動物的問題。 仿效歐美動物警察的設置,提升動物法層級,真正將受虐寵物當成受虐兒童辦理,不只是一般人的虐待,連收養機構也應一併檢視(孤兒院也不能虐待兒童啊),教育所有民眾,生命是一視同仁的高等知識。希望有一天台灣能向美日一樣,將飼養寵物視為高格調的事,不是變成次等公民,去哪邊都要被趕,去哪邊都要低聲下氣。希望有一天大家都能互相尊重,尊重有人就是會將寵物當成家人,就像自己的孩子一樣!

by sharon

by Justin

對生命予以尊重

忽忽 / 04-10 / 台北縣

流浪的貓狗，不再被撲殺，這社會應有友善，人道的環境，可以安置牠們，不論是人、狗、貓、任何的生命都得到尊重與善待。

走入陽光 / 04-10 / 台北市

最近發生馬路烤小狗的事件，真是太讓人痛心了。誰知道自己下輩子會不會轉世成小動物，希望大家對所有生命都予以尊重。

動物幸福國連署-創造對動物友善的城市

魚狗小孩 / 03-20 / 南投縣

動物要的不多請給他們一個機會！創造對動物友善的城市!!!
動物的權利是否能夠被納入政見之一？近年來寵物商品化，為寵物業者帶來商機，寵物好命持續發燒，而邊緣化的流浪動物收容所則默默承擔商品化後的壓力，台灣的收容所持續被「空間、數量、環境、品質」的管理問題給打敗。

阿狗窩為了爭取動物權，積極討論「動物幸福國」議題，以台灣目前動物福利現況並調查收集整理了全台公私立收容所目前狀況，阿狗窩目前的動物幸福國1-4文章在以下網址：

http：／／agouworld.blogspot.com／search／label／
"流浪動物白皮書"
http：／／agouworld.blogspot.com／
"幫牠們選總統-動物幸福國連署"
http：／／agouworld.blogspot.com／search／label／

待他像待你最親愛的好朋友

michelle / 02-29 / 台北縣

打開電視，又看到了傷害動物的消息，真的很傷心，很不忍，同時也對施暴人的心態感到難以置信。生命不是遊戲，而人，也不是神，誰又有權利可以將其他生物踐踏在腳下？動物，與我們同住在這裡，人有生存的智慧與付出的能力，因此，我們應當待他們，像待我們最親愛的好友一般，成全他們應當獲得的完好生命，對嗎？希望未來不要再有更多的傷害了，也希望未來我們可以活得無愧。

by 劉亞伶

希望出門不要踩到狗屎

polo / 03-23 / 台北縣

回想一下，這輩子你在路上踩到幾次狗屎？你還記不記得踩到狗屎那一刻？你還記不記得你急的把狗屎印又COPY到一旁地上的糗狀？你還記不記得你的身心靈因踩到狗屎所感受到的巨大不舒服感？
我謙卑的希望，
希望出門不要踩到狗屎!

路上的shit可以少一點嗎

Sylvia / 03-19 / 台北縣

那來那麼多狗屎？
柏油路上、人行道上、騎樓、公園……它無所不在……自私的人心無所不在！

流浪貓、狗的問題

dev0963 / 04-02 / 北美洲

沒錯～～希望大家不要去寵物店「買」寵物，或一定要養什麼種類的狗，然後養一養不養或讓牠生小狗之類的。好像台灣狗不夠多似的，很誇張～～同樣都是生命，街頭有一堆流浪可憐在外受踢、受冷的狗貓卻沒人照顧，這樣很奇怪。台灣跟歐美國家比算是不太注重人權的國家，所以動物權來說可能還太難理解，但要當第一世界的國家就要有人權跟動物環境權的認知，不然台灣永遠還是個第三世界產業國。

hare / 03-17 / 台北市

狗讓我們變成人，動物也有權！
徹底落實動物保護法。
愛護動物的程度是國民水準的指標。任由不肖國民肆意虐殺動物是國家的恥辱！

移民

重視新移民女性權益
黑玫瑰 / 03-18 / 台北縣

台灣能看到豐富的東南亞文化之美，尊重跨國移動女性，新移民女性最棒的姊妹。姊妹相伴不孤單，希望台灣，不再分化，不再以種族、性別來歧視女性。

我是大陸配偶，
我希望得到公平的待遇
莘兒 / 02-29 / 台北縣

其實，我的希望很卑微：我希望當我生baby的時候，媽媽能來臺灣幫我坐月子，因為完全沒有經驗的我真的很害怕；我希望我有工作的機會，也許我還是會選擇留在家裡照顧小孩，但我不應該連選擇的權利都沒有；我希望回家的路能比較順利，從臺北到北京並不遙遠，每次卻要超過12個小時；我希望不再聽到總統候選人或者總統本人，對我們有侮辱性的言辭，因為人與人是平等的……

保障移民／工人權，也不要欺侮外籍勞工
郝明義 / 03-09 / 台北市

前一陣子我住的社區，外傭之間傳說有一家的印尼傭人，主人幾個月不給東西吃。都是她們各自拿些東西，趁大家一起倒垃圾的時候，拿給她吃。我家菲傭G告訴我這件事情。我剛開始不相信，問她為什麼不舉報，G說她們知道舉報電話，也願意借手機給那個印尼女孩子舉報。但她就是不敢，怕被送回去。後來我早上裝著跟G一起下樓去倒垃圾的樣子，趁機去看看，終於見到。真的是很瘦。看得出G央求我做點什麼的眼神，但我能做的是鼓勵她們去打舉報電話。除非電話打了，卻沒有人理會，我再幫她們做點什麼。後來隔了一陣再問，聽說那個印尼女孩子要回印尼去了。她們都為她覺得開心。我也鬆了口氣。我感嘆這件事，但始終有點存疑。今年春節的時候，和一位辦外傭申請的朋友見面。她跟我說，這種情況真不少見。即使是體體面面的人家家裡，也有僱主讓外傭餓肚子的例子。她還說了一家技術犯規的故事。那家人的確每個人都胃口很小不說，他們還讓外傭吃得比自己的還再少一點，並且家裡冰箱也不留東西。害得外傭長期處於飢餓狀態。其實外傭來照顧的主要是老弱病疾，不善待她們，不說別的，等於是給自己家裡埋下一個定時炸彈。

fish / 03-26 / 台北縣

這個世界有非常多的種族，我們的社會也不是只有台灣人，我們應該要能包容各種文化，不該歧視任何一種族群。去年公視曾推出一部關懷台灣新移民女性的文學大戲「別再叫我外籍新娘」，描繪四位越南籍配偶，勇於離鄉背井，隻身來台，落地生根，冀望融入台灣文化，將台灣當作生命中第二故鄉的感人故事。而劇中人物提及的一段話令我印象深刻：我們不該歧視外籍配偶和他們的下一代，因為如果我們移民去美國或其他先進國家，我們也不想被當地民眾歧視，也不會希望我們的下一代在異鄉遭受到異樣的眼光或不合理的欺凌。而生活在異地的人更需要當地人們的鼓勵與幫忙，這些新移民當中也有很多人和我們一樣為了生活或自己的理想在努力著，她們也會希望這個社會能接納她們！多元化的社會讓我們接觸到更多不同的人事物，給我們更多學習的機會，也讓我們可以欣賞到其他文化的美，學習到其他族群的優點，但是我們必須要先懂得包容，才會懂得欣賞；先懂得尊重，才會懂得學習！（「通用設計——一個充滿愛與關懷的設計觀念」部落格——包容與尊重，http:／／diary.blog.yam.com／yocofish／article／3993135）

保障移民／工人權
希望導遊：夏曉鵑

人權不應分國籍、階級、性別、種族，新移民和移工在台灣的處境是台灣人權的重要指標，希望新總統不只是口頭說重視人權，而應在具體法律、政策上確保新移民和移工的人權不受任何侵害。

苦民

救救最底層苦民

boy / 02-29 / 台北市

能將善心連結，成立一個快速急救網站。

讓全台芳草遍地，即時反映、即時探視、即時 救難。

社會不再有餓死、凍死、虐死者。

人人能救人，不讓最底層苦民不再呼號無門。

by 力晶 許文廷

冬瓜 / 03-03 / 台北市

這個社會（國家）被操弄太久了，有許多的底層百姓過著辛苦的日子，我們要積極的想想辦法去給他們關心，給他們機會，跳脫貧苦的日子。要教他們釣魚的技能，讓他們免於貧窮恐懼的生活（人民的基本自由之一）。

海洋狂野 / 03-01 / 台北市

一個有為的政府和公義的社會應照顧到社會上需要幫助的底層同胞。希望暗夜不再有哭聲、有恐懼；希望人人都有笑容、勇氣和信心去迎接明天；希望眼淚不是因為痛苦，而是因為感動而落下的。希望這些希望有一天可以成真！

雅瑄 / 03-30 / 台北縣

政府拚經濟，獲利的永遠是財團及上層族群，如此是富者愈富，貧者愈貧。例如開放陸資來台投資房地產，只是圖利財團，房價將會高到一般人民買不起，最底層的苦民還能擁有自己的家嗎？請為這些苦民提出政策吧！要有雪中送炭的胸懷！

davidtaichi / 03-07 / 台北市

救急與均富同步進行，否則救急反而助長強富欺凌弱者，富有者沒有一體感，用錢賺錢，會剝奪更多窮人生機。資本利得速課稅，否則貧富差距越大，社會越不安，仇富心態越烈，治安越亂。光靠警察沒用，治標不治本！

Alice / 04-05 / 新竹市

應該建立起明確的法規，而不是喊喊口號，對於社會弱勢的關懷應該由更貼近人民生活的地方政府具體有法規的做起，希望地方政府不要只做表面的活動，應該把錢用在更需要的人身上，像營養午餐就不需要全市的國中小學生都免費，只要照顧弱勢的人就可以啦！這樣才有真正的幫助到弱勢的學生，將納稅人的錢用得更有意義。

by 建維

優質的老齡社會

fish / 03-25 / 台北縣

根據聯合國定義，65歲以上人口佔整個社會人口超過7%就是高齡化社會，當老年人口更進一步超過14%時，就邁入老化型的高齡化社會；而台灣於1993年2月就已步入高齡化社會，很快地即將跨入超級老人社會，急需一個優質的老齡社會！

頭 / 03-01 / 高雄市

能多多給年紀大的老人家合理的關懷照顧！不要在路上看到一些應該在家好好被照顧的老人，卻在路上流浪及撿拾垃圾露宿街頭，希望能多點給他們照顧！把錢用在刀口上，付出真正行動，而不是隨口說說！

davidtaichi / 03-07 / 台北市

基礎年金立法，人人平等。別見有人老來露宿街頭！

by 刀晶 曹迺謙

未歸人 / 03-15 / 基隆市

有鑑於我國近年來人口快速老化，長期照顧需求人口數劇增，國內長期照顧服務體系未臻完善，我國人口老化趨勢之快速、資源開發的有限性，以及推動的急迫性，但個人之老化經驗不同，除以65歲年齡為切割點外，亦需將因身心障礙、地區等因素致使提早老化而需照顧之對象包含55至64歲的山地原住民，以及50至64歲的身心障礙者。至於僅IADL失能且獨居老人，因較易缺乏家庭社會支持，造成因無人可協助購物、煮飯、洗衣服，致使無法在家獨自生活，而過早進住機構，而社區營造及照顧服務勞動合作社，在社會上也正慢慢的成型希望新政府能夠重視包括：醫院照顧、居家服務、日間照顧、家庭托顧服務；另為維持或改善服務對象之身心功能，居家護理、居家復健（物理治療及職能治療）其次為增進失能者在家中自主活動的能力，故提供輔具購買、租借及居家無障礙環境改善服務；再其次以喘息服務支持家庭照顧者。最後希望新政府能夠替這些社會的弱勢爭取他們的權益，及照顧服務團體合法合理化：社區營造團體、照顧服務勞動合作社、老人安養照顧中心營造一個老人社會的照顧體系。

希望總統可以安排社工常常去陪獨居老人

麻衣 / 03-26 / 台北市

嗯，關於陪伴獨居老人，我覺得總統可以做個示範，大家也可以做。這並非社工或志工的絕對責任（這也需要適當的志工前訓練），還有那個莊先生（前教育部主祕），你也來吧XD

好好照顧老人

Sophie / 03-06 / 台中市

與其照顧老人，不如讓老人家有多一點的舞台。現在人的生命期變長，退休之後可以有第二個人生，若能讓老人家們發揮他們的潛力，這個力量應該也是很大的！

mok / 03-21 / 台北縣

對於嬰幼兒及年長者抵抗力較低，雖說我們台灣以邁入老年人國，但我覺得的在公共衛生這方面真的需要提高，現在出生率低，假如再度出現類似sars或腸病毒之大流行，需要付出的代價與社會資源，必定比事發前防範的代價更大。

老有所終

PAPER / 03-27 / 桃園縣

1. 爸媽公婆四個都不想住養老院。
2. 我們夫妻也不想爸媽公婆著養老院。
3. 一位老人家送養老院要3萬；4個共要12萬，我們付不起。
4. 給我兩個外勞，輪流照顧爸媽公婆，每個月花費約5萬，雖然辛苦，但我們兩個家能團圓。

希望老一輩的台灣仕紳發揮影響力

梁兮兮 / 04-08 / 台北縣

我真的想聽台灣的故事，想知道長輩們是怎麼走過來的，或許年輕人可以跟長輩們一起行動，詢問紀錄長輩們的故事，然後PO上網讓大家看見。

因應高齡化措施三部曲

PAPER / 03-27 / 桃園縣

不要逼我們送長輩進安養院，給我們外勞照顧家庭。不要吸乾我們的血汗，留一條路給我們走……留一條路給我們活下去……留一條路給我們活下去……留一條路給我們活下去……

重視社工人力的不足

封小唐 / 04-06 / 台北縣

嗯！我支持這個希望。

社會上有許多不易被發現的角落，正是由社工默默在奉獻的。

他真的是一門很專業的工作，僅是志願性的服務，並不能完全落實社會工作。

希望大家可以更重視這份工作，還有正視社工人員的保障！

奉獻

行動

讓弱勢朋友享受閱讀

krikri / 03-31 / 新竹市

——請幫忙錄製有聲書讓閱讀力量帶來更多希望：

1.有空的話，能邀請你加入盲友會有聲書的錄製工作，讓視障朋友能接觸更多好書。2.在不影響出版社權益下：除了讓視障朋友可免費合理使用義務錄製的有聲書外，誠心請出版朋友們考慮是否也可以讓這些有聲書嘉惠弱勢朋友，如偏遠地區、隔代教養、低收入戶的單親家庭、育幼院、患病住院...等的學童，讓他們也能享受閱讀的美好。3.請大家一起來思考，如何保障出版者的權益，並推動這有聲閱讀活動。4.謝謝大家的幫忙。

少一點「希望」，多一點建議，多一點行動

K.J.

自希望地圖計畫成立以來，KJ就一直覺得它少了一點什麼。

在看了希望地圖報16中提到的聯晚報導後，KJ才發現希望地圖除了有趣之外，還少了什麼東西。而這個東西，在郝明義先生發起希望地圖計畫時，就提到這個計畫是「公民意識的自發表現，以及行動藝術」，但是我們看到大部分的希望，都缺乏了行動帶來的藝術。

從希望清單上看到，很多夫妻都正在經歷藉助外力受孕的辛苦過程，他們紛紛提出自己小小的心願，希望健保能分擔給付。健保該怎麼做？規定該怎麼解套才不影響目前受照顧的患者？在希望地圖中，我們可以，但是我們沒有幫自己想出答案。

另一個長駐前十的希望是「我希望馬路是平的~」，相信很多人心中都有這麼一個小小的願望。如果我們從這個願望展現公民行動力，也許可以從牢騷轉變成點出「哪條路、哪個路口的路不平」，就算負責的單位無法及時做好，看到留言的人在行經該路段時，也能提高警覺。雖然路還沒舖好，但是一個小希望，已經救了一個人。

希望地圖的「希望」也可以是「建議」，許多在高位的官員，只能靠部分聲音，拼湊出他想像中適合的法規，和他們相比，就身處在這個環境中的我們，更適合做一個執行「希望」草案的提出者。

KJ的希望呢，就是希望大家在發表希望時，多想一想，把希望轉化成建議，有相同建議的人可以互相找出建議的缺點，讓建議變成一個「草案」，變成一個政策執行的方案。希望地圖也可以集合大家的力量，找出達成希望的方向。

希望地圖，可以比希望多更多。

關懷

希望「界線」越來越少...
荳子 / 03-25 / 台北市

人與人之間的界線，心與心的界線，越來越少。人與國，人與家，貓與狗，糖與鹽……well，糖與鹽平常還是分開住比較方便，比較習慣，但是要炒菜的時候，就一起合作出好料理吧！！

一個接一個ㄅ傳承下去
julia / 03-11 / 台中市

「我在有生之年能夠用自己微薄ㄅ力量幫助每一個窮人，但我知道我ㄅ狀況無法滿足再現實中，可是如果可以依個人幫助一個人，再接著下去幫人，是否這樣ㄅ問題就可以得到解決，而我相信，新ㄅ總統一定也可以這麼開始做ㄅ。」

關懷落後地區飢餓的孩童
李定維 / 03-10 / 基隆市

看了《終結貧窮》一書後，你會覺得我們可以在有生之年達成這個希望！

慈善機構
只給妳溫柔 / 03-07 / 台北市

我希望民間慈善機構從世界消失，一來表示政府負責，照顧弱勢族群，二來表示世界再也沒有悲苦的人了！世界大同！！

尊重自然原貌，做一個安靜的訪客
紫娟 / 03-17 / 台北市

美麗的地方成為觀光景點後，仍能保有自然之美，而不必為了人們的便利，增添很多人工設施及水泥。也希望每個造訪她的人，能學習安靜傾聽自然之音，享受自然的鳥語蟲鳴，也留給其他人相同的權利。

每個人都不一樣
qo6 / 03-04 / 宜蘭縣

我們的社會能更開放的尊重每個不一樣。

Chia-wen / 04-10 / 基隆市

"You are different; must be born this way." 這是多年前在一部電影裡所聽到的台詞；我衷心地希望，台灣能夠成為一個安全的地方，讓我們每一個人都能自由而無恐懼的表達自己的想法，而不用害怕和擔心自己與別人「不同」，because we are born this way！

放大鏡下的邊緣社會 需要更多政府的照料
hgsh205 / 03-29 / 新竹市

希望政府能真正的照顧到社會邊緣人，像是獨依、獨居老人或植物人，不僅只有補貼獎金確實發放，社工的定期探訪要真正的落實且發揮最高效用。許多社會問題也都是由此而衍生，社會邊緣人的基本生活，是最容易受到漠視但也是最需要去關心的！

尊重

建立個人公民認同，尊重社會多元文化
喀飛 / 03-02 / 台北市

尊重差異，尊重不同性傾向、性別認同，尊重性少數的生活方式。

世界沒有心機
雅江 / 03-28 / 台北市

人人和平相處，為別人著想，自己的利益不要著墨太多。

by 喀飛

障礙

殘障福利

George / 03-29 / 台北市

我是名重度肢障者,希望新總統能重視殘障福利,包括各重要點及遊覽點之殘障設施,及殘障廁所(是真正符合殘障者的使用,千萬別像往常只是應付式的消極「有就好」)。期能讓所有的身心障礙者願意走出來,讓我們的國家真正成為福利國。

重視並保障視障者的受教權

視障者家長(希望代貼信箱) /
03-24 / 台北市

另外,也希望新政府能重視他們的受教權。目前公立啓明學校僅台北啓明及台中啓明。我對台北啓明的教學資源不了解,不敢亂說。但台中啓明自從精省後,經費不斷減少,學校甚至須想辦法省喫儉用好讓住校生有熱水可以洗澡(您能想像嗎?公立學校是不能募款的,除非他人自動捐款),仍有殘存視力的學生只能就點字書及大字書兩者擇一種買,因為學校沒錢可以讓啓明生跟走讀生(唸普通正常學校,跟當地縣市政府申請,有需要可以兩種書都提供)享有同樣的受教權。這10年我們看到政府對身心障礙兒童的關注有進步但多侷限在功能較好能唸普通學校者,對特殊學校的經費補助卻比不上其他學校。經費的不足也讓學校沒有足夠的能力訓練教職員工有足夠的知識態度和技能來教育視障

兒。這是一個我們很少接觸的社會一角,值得當政者及當局重新思維與作為!!天佑台灣!

關懷身心障礙者

vicky / 03-01 / 中港澳

新總統可以推動更多有利身心障礙者的法案,多花心思讓這社會更有愛心。

弱勢

梁兮兮 / 03-01 / 台北縣

破報復刊498期中的樂生院相關報導中提到一個自願搬至新大樓的阿伯說過:「我們都是國家的垃圾,吃國家的,用國家的,給我們新大樓,幹嘛不搬!」之後他搬進新大樓,再之後他自殺了……很心痛,這樣的報導在一般新聞中看不到,總統候選人也不會知道吧。

惡意臨檢AG健身房 / 廢娼 / 強制拆除三鶯溪州部落……這些事件重播再重播,都是傲慢偏見的公權力欺壓弱勢的證明。

我希望我們的政府領導人能傾聽弱勢的聲音並給予照顧協助,不是把弱勢者趕到看不見的角落圖個整齊乾淨的假象就是進步!

在府 / 03-04 / 台中縣

看到了嗎?總是說在照顧弱勢!做到嘛??一項項福利措施…農民津貼、漁民津貼、老人津貼、……但是~有一群更需要被資助的弱勢……農民津貼、漁民津貼…他們都還有雙手雙腳…他

們只要肯努力出頭天不是沒機會…可是有一族群他們可能行動不方便…可能身體有殘缺,無法像正常人一樣去工作,有可能他們是意外,或者是先天,他們也不願意這樣,可是他們永遠是被忽略的一群…看不下去了!公益彩券?經銷商竟然是靠抽籤決定的!!我的雙親都是重度及極重度的先天小兒麻痺患者,結果我家竟然沒抽中?我打這篇誌不是要譴責或攻擊特定的人事物,我只是想喚醒社會對肢障、殘障同胞的關心…我希望,新總統有聽到……

關懷身心障礙者
及弱勢族群

Lydia / 03-10 / 台北市

尤其在學校的教職員,很多學校聽到障礙生要來就讀,其心態均是「可不可以不要來~」、「誰能負責~」之類的排斥。障礙者不是要你負責!!僅僅只在於你可以也願意的時候,給予支持和協助,有~這~麼~難~嗎?這是大家都做得到的,我希望大家是這麼想的。

樂生、溪州、三鶯都保留
鄭國威Portnoy

我希望政府不要趕盡殺絕，我希望政客能夠記得魄力背後應當有的溫柔與善意，我希望，反省。夠卑微了吧。（2008／2／21，台北縣政府強勢拆除三鶯部落，圖中人物為家園被拆除的居民潘金花、洪春枝。苦民網記者江一豪攝。）

選總統和選配偶的不同與相同
—— 怎麼讓自己的一票投得下去

親愛的朋友：

選舉只剩下三天了。這一陣子不論在實體世界還是網路世界，經常聽到一句話是：「這一票怎麼投得下去啊！」希望地圖的參與者裡也有不少這種聲音，像這一個：

2月25日《聯合報》

這次總統選舉到底要選誰好呢？有人說：「我們要選一個能使台灣經濟變好的總統。」有人說：「我們要選一個能促進族群和諧的總統。」還有人說：「我們要選一個能使兩岸和平的總統。」……各種說法都有，族繁不及備載。

這些說法我都贊同，相信台灣沒有人不贊同，但是，我們並沒有很多組候選人可以選擇啊，我們只有兩組選人啊，如果兩組候選人我都不滿意，我該怎麼辦呢？盤子裡只有兩顆蘋果，可是我想吃橘子啊。

一生能有幾次選擇？一次選舉能有幾個選擇？我希望能有更多組候選人可以選擇，不要每次都非黑即白，非藍即綠。我們在學校考試，選擇題有「以上皆非」的選項，總統選舉是不是也可以有以上皆非的選項呢？否則我怎麼用我神聖的一票表達對兩組候選人的不滿意呢？

這麼卑微的希望，可以如願嗎？唉！

（一生能有幾次選擇 by 好伯。高雄縣）

又譬如這一個：

在擁有投票權後，這會是我第一次投票選總統－我實在希望，我不是「因為不想讓那個更差的人和團隊當選」，而選擇一個「比較不差、但卻讓我有選票被綁架」感覺的總統候選人。

我希望，有一天，我能因為真正相信一位領導人能帶給我們更好的今天和明天，相信他的團隊能念茲在茲，以國家及人民福祉為宗旨，相信我的票是投給一個「最適合」台灣的人，沒有疑慮、欣然地投下我的一票。

（讓我相信你　Samantha 北美洲）

如果大家感興趣，光是在希望地圖的網站上，在「主題」裡鍵入「投」這個字，就可以搜尋到很多條類似的意見。

我也曾經為這個問題困擾過，也曾很認真地思考過這個問題。後來，我想到這應該是一個「選總統和選配偶有什麼不同，又有什麼相同」的問題。

我這麼自問自答過：

選總統和選配偶有什麼不同？

一、選配偶不用每四年選一次。選總統要。：）

二、選配偶，是自己的事，你要納入現實的考慮，還是堅持理想的追尋，都是你自己的選擇。你自己決定沒有理想的對象就寧可過單身生活，是你的自由。不再有人有資格能硬闖進你的家門，主張他就是你的配偶。 但是選總統？就算你堅持沒有理想對象就不投票，別人選出來的總統，卻仍然可以主張是「你的」總統。他的影子，仍然會從你的辦公室走上你的機車走進你的廚房。

選總統和選配偶有什麼相同？

一、選擇的時候都是激情的，甜蜜的。

二、結合之後，要準備接受對方是個好情人卻不是個好配偶的事實，甚至，對方可能變心、背叛，再也不復當年自己心愛的那人。

這麼比較過之後，我就告訴自己不妨有這麼一些心理準備：

一、四年選一次總統，是躲不過的事情。是必須做的事。不能讓別人決定你的配偶。

二、既然這是每四年就要選一次的配偶，就別讓別人，也別讓自己那麼激動地把前世今生都綁到一起去了。沒有必要。

三、選舉，像是包括婚禮在內的追求過程。但既然是配偶，我要看重的是婚後的日子，而不是追求的過程。不論對方用多少鮮花來強調我們就是天生注定的「真愛」，我不會因而昏了頭。我會仔細考慮這個對象的家族對他有什麼樣的影響，以及他本人拿起鮮花之前，和放下鮮花之後的作為。

四、既然大家是配偶，就有彼此都有的權利與義務。所以我不指望把全部所有的未來及幸福都寄望於這一個人身上。我會要求他有必須照顧到我們家庭的一些基本責任，譬如不能家暴、不能詐騙，但是我也不能以為有了一個好配偶之後，就把一切都交付給他。 他盡他的權利與義務，我盡我的。然後四年後再來看看彼此是否要再當四年配偶。

五、這麼想了之後，我就覺得投票很投得下去了。如果真有我心儀的對象，那很好。如果現實只能讓我用「次佳理論」去選一個我比較不討厭的對象，也很好。 因為我知道我們的結合只有四年。並且這四年時間裡，我要繼續觀察他，配合他，同時也督促他——這些事情，不會因為他是不是我心儀的對象，就有增減。

我是這樣願意輕鬆去投票的。

四年才有一天的投票日很重要，那天我選擇的人也很重要。

但我相信更重要的，要看我如何跟他相處其餘的1,459天。

郝明義 rex

公民

DAUCTER / 03-01 / 東南亞

在台灣的每個人都能學習如何成為公民社會（civil society）中的公民，建立公民認同（citizen identity），並從建立各我認同的過程中體認尊重社會多元文化，不同性別、性傾向、性別認同、族群的人都能夠有自信，有尊嚴，彼此相互尊重地生活在台灣的社會。

Yiling / 03-18 / 台北市

我希望總統不要做了總統就忘記自己也是一個公民。

媒體人自律，堅守理性、中立，善盡職責
夏瑞紅

關心政治可能是現代公民很難逃避的責任與義務，但是所謂關心，不等於選舉期間熱心為自己支持的候選人催票，更不等於極力批評自己反對的候選人。特別是，本應奉「培養能超越流俗、獨立思考的優質公民」為工作目標之一的媒體人，在處理政治議題上，更須特別謹慎。當媒體人用落入偏袒一方的立場來發言，他就已經違背媒體人工作原則了；而一份媒體不能堅守公正中立，則已經背叛自己的「天職」，不能讓人敬重信任了。失去社會敬重與信任的媒體，已失去最根本的存在意義。這信念原本是媒體人的「基本認識」，但近年卻成了「理論」、「理想」，甚至是「虛偽」或「逃避」的變裝。而今「選邊站」才是「有主張」、「有見地」、「有堅持」，甚至是「有廣告」！這樣的媒體只是浪費資源又擾亂社會。我希望媒體人自律，堅守理性、中立，善盡冷靜監督政府、觀察社會的職責，重建社會公信力與正向影響力。

by 力晶 曹迺謙

我希望當一個公民而不是選民

郝明義

大約十年之前,我是個全部心力和時間都用來投入工作的人,連自己的家庭都很少顧及,更別談其他。

然後,我產生一些變化。練習把時間挪些給家庭,也練習把時間挪些給我身處的社會。

2001年開始,我當了廣青基金會的志工,每個月一次和身障朋友開讀書會,持續到今天。

2002年開始,我練習投入自己行業的公共事務。先是協調簡體字書進口的出版界發言;再來是2003年募集籌備台北書展基金會的成立,接辦台北國際書展。

2004年發起修正出版品分級辦法的行動、參與兒少法修法;2007年則參與出版業者通路秩序聯盟。

又由於我和家人近年來對醫療問題有些體會,所以在去年發起一個「ucareicare.net 讓好病人遇上好醫生」的行動,之後當了一家醫院的志工顧問,為他們提供病人方面的意見與建議。

從開始的時候毫無覺察,到後來逐漸有意識地,我在練習當一個公民。即使這些練習佔據我越來越多的時間,甚至有時候還導致一些跌跌撞撞。

而在這一路的練習中,公民如何參與政治這一塊,曾經是我最有顧慮也最不願意碰觸的。

1987年台灣解嚴之後,社會大眾積壓多年無法參與政治的動力,猛然爆發。參與政治,尤其參與選舉,成了許多人的一種信念,一種流行,一種生活方式,甚至一種娛樂。由於周圍太多人對政治和選舉充滿熱情,而我又不了解自己該如何對待,如何參與,所以就採取了最低調的方式。

我自己從沒幫任何政治人物助選、背書或站台。

我以書面告訴新進公司的每一位同事,不要為政治信仰之不同,而發生糾紛。

我從不出版任何藍綠政黨或政治人物的書,即使有些書自己找來,明知道有很好的保證銷量。

四年前,2004年的總統大選,我甚至沒有投票。當時台北書展基金會剛成立,為了在台北國際書展的競標案中多一些有利的條件,投票日前我去參加巴黎書展, 爭取和法國跟其他國際書展單位的合作。民主社會裡,投票選舉固然重要,社會各個崗位也總要有人繼續自己該做的事情。這是我的想法。

只是,在逐漸越來越意識到自己是在練習做一個公民之後,最後還是得面對公民如何參與政治及選舉這個課題。

這個課題真讓我思索了好久,好久。如何適當地參與,又不違背我長期的原則。「我們的希望地圖」,是經過我發想,又和諸多共同發起人再三討論之後,所匯聚、調整出來的一個行動。

在這個行動要公布的前夕,我再回頭看自己走的這條路,突然知道怎麼歸納我應該如何參與政治及選舉的原則了。

我希望當一個公民,而不是選民。

選民對他要參與的選舉感興趣,而公民對選舉以外的公共事務也同感興趣。

選民對自己支持的政黨及候選人,一切照單全收,而公民則以自己相信的價值觀來檢驗一切。

選民相信他手裡選票的力量,而公民還相信他自己行動的力量。

總之,公民關心政治,但大於選舉,更大於他支持的黨派,大於他要選的人。

我希望當一個公民,而不是選民。

所以,接下來的時間,我仍然會維持十點入睡四點起床的坐息。

我會關切「我們的希望地圖」怎麼發展,看候選人會不會有什麼回應。

我會每天處理我的公司業務,寫部落格,以及武俠小說連載,

參與出版同業還要繼續討論的爭議,繼續主持我的讀書會。

三月二十二日去投票,是我生活裡的一個行程,很重要,但不是唯一。

寄希望於政治人物實現一個美好的社會,是我應有的權利,但也不是唯一。

我更有心理準備,當他們無法滿足我的希望時,我可以如何盡一分自己的力量。

我是一個公民,不只是一個選民。

國家

Where the mind is without fear

and the head is held high;

Where knowledge is free;

Where the world has not been broken up into fragments

by narrow domestic walls;

Where words come out from the depth of truth;

Where tireless striving

stretches its arms towards perfection;

Where the clear stream of reason has not lost its way

into the dreary desert sand of dead habit;

Where the mind is led forward by thee into

ever-widening thought and action--

Into that heaven of freedom,

my Father, let my country awake

泰戈爾的詩。2月29日早上HopeMap.net尚未開站時，joycelin email寄來的希望。

廢除國防預算

Rotch / 03-09 / 台北市

其實一個國家不可能沒有國防預算，即使是「永久中立國」的瑞士也不可能，為什麼瑞士可以當「永久中立國」？是一個國家自己說了算嗎？那是因為瑞士採取所謂的「毒蠍政策」，讓鄰國知道，「你如果侵略我，自己也會付出慘痛的代價」。

因此反對的應該是不合理的軍購，避免有人企圖從中抽取利潤。

by 力晶 劉振強

打破國家藩籬

Rotch / 04-03 / 台北市

先是之前的科索沃，然後是最近的西藏、新疆、南北韓，以及台灣與中共的問題，都是「國家」這個觀念在作祟。希望大家可以體認到，以後將會是一個「地球村」的時代，不可能他國發生的事情，自己的國家可以完全不受影響，環保就是最好的例子。因此希望有一天，大家都能打破國家的藩籬，不是整天想如何併吞別人，而是該如何促進全人類的利益。

民主

政治不再是天大了不得的事

負離子 / 03-01 / 北美洲

「有那麼一天，台灣的男女老幼，都可以很從容自在地說，這次選舉我支持某某某，而不必擔心引起任何不愉快. 就像在說今天晚上我決定吃雞腿飯而不是牛肉麵一樣……」

名嘴減半

joech / 03-02 / 台北市

立委既已減半了，名嘴當然也要少掉一半。何謂名嘴？既不比我們聰明，也不比我們有更高的判斷力和辨別是非的能力，常常信口雌黃，顛倒是非，進而影響社會正義與和諧。汰掉一半自然是後半段。至於如何來篩選呢？網路票選是比較妥善的方法之一。

Strawberry1985 / 02-29 / 桃園縣

可以懷著冷靜的心看政治，不對媒體報導照單全收，也不被過往成見所拘囿；更希望，政治人物能秉著誠意發言，不許諾人民空泛的未來，也不為選票而攻訐對方。

我希望，我不對政治冷漠；更希望，政治不使我冷漠。

珍惜台灣民主的成果！

吳若權

2008年台灣總統大選的競選活動終於結束，這段時間的確紛紛擾擾、吵吵鬧鬧，但是，多往好想、多向好處看，台灣的民主選舉是有進步的。

也許你看到的只是負面文宣，和候選人張牙舞爪的嘴臉，但是，換個角度，欣賞他們各自的優點，他們都有可愛的地方。

登記1號的謝長廷先生，在歷次民調都落後的情況下，他還是非常努力，毫不放棄，無非就是要「逆轉勝」，這是多麼可貴的台灣精神！

不論明天開票結果如何，在我心中，他絕對可以獲得最佳精神獎。

登記2號的馬英九先生，抱著少康中興的精神，試圖為他的政黨爭取執政的機會，對手不斷挑戰他的政見，他還是從容應對，無論明天開票結果如何，在我心中，他絕對可以獲得最佳風度獎。

競選活動即將告一段落了，讓我們互相勉勵，把這份熱情，擴展為對台灣全面的關懷，甚至是對世界的責任感，世間苦難太多了，唯有愛能平撫。

珍惜台灣民主的成果，疼惜這片土地！

我最希望的是：學會看見別人的優點，尤其是欣賞對手的優點，會讓我們態度更謙卑，心靈更豐收。

候選人的勝負，只是一時的，四年之後就有機會東山再起，但是，我們對這片土地的熱愛與付託，卻是永遠的。

讓我們為台灣祝禱！祈福！加油！

不再醜陋的政治

Athena Kuo / 04-05 / 高雄市

給所有對政治冷漠、噁心的年輕人：希望在未來的日子裡，我們能逐漸了解到「政治」對於社會的確是重要的，我們的不理不睬是一種縱容，是一種自我墮落的加速器。政治可以有很多參與方式，當我們感到不滿時應該是大聲反駁但不使用暴力，而非忍氣吞聲、淡漠以對。

也許我們是第三社會黨口中的「第三社會」，也因為如此台灣正逐漸邁向一個全新的世代，因為我們有著和老一輩截然不同的生長記憶。身為第三社會的一份子，應該展現我們的熱情與關心，讓檯面上的「大」人物聽見年輕人的聲音，讓他們更有勇氣大刀闊斧地改變。

對於「政治」，我們應有更正面的認知，對於自己，更要有積極的期許。

嘻皮偉 / 03-15 / 高雄市

總統不是偶像明星。 能不能親民一點，貼近我們，看看我們的生活，不要每次出巡感覺像是甚麼神遠境一樣。 臺灣也不過就像是大一點的 LIVE HOUSE， 女巫店、河岸的歌手們唱完歌還不是走下來擁抱需要擁抱的人，跟我們說說笑笑 我們被了解，不該只是透過政策， 還有被體貼的聽見說話。不管是樂生、楊儒門，或其他的什麼人，不管對不對， 先CLOSE TO US，LISTEN TO US。

粉絲

把馬先生當總統！

Meat Lufe / 03-26 / 屏東縣

台灣的各位迷哥迷姊能收起你們的色心，馬先生是新任的總統，不是F5的新團員。整天跟在他的屁股後面，小心被特勤人員當成恐怖分子，摔你個四腳朝天^^

聯合國

Angel / 04-06 / 高雄縣

如果不是用自己的名字加入聯合國,那我們加入聯合國要做什麼呢?就像考試,考卷不是自己的名字,我們考出來要做什麼呢?如果加入幾百年都沒有成功呢?沒關係的。我們沒有加入聯合國也活得好好的,加入有好處也有壞處,所以,不必用怪怪的名字加入。而且中國不管你叫什麼名字就是不會讓我們加入,因為我們是他的,我們加入是沒必要的。

用台灣加入聯合國,努力再努力,有一天讓我們加入成功,開心到爆炸呢!

我想這會成為全世界的紀錄,大家加油吧!^_^

別再想進聯合國了

ruth / 03-29 / 桃園縣

聯合國是一個充滿歧視下運作的組織。

別再浪費資源去設法返聯了,不如推廣「地球公民」的世界觀!取代、消弭聯合國這種歧視、狹隘的國際組織。

讓所有的「地球公民」都能受到基本平等的認同。

公投

黃金比利 / 03-27 / 台北縣

之前看了報導,政府為了節省社會成本,把許多次的公投議題與國內的許多重大選舉安排在一起。只是這幾次選舉,看不到有任何公投議題有過半的可能,究竟是公投的議題已經讓國人覺得不值得去支持……還是國人已經認為公投的議題已經是全民的共識,不用再用投票的方式去試探我們國人的決定呢?……生在台灣,我們可以用選票決定我們的領導人,是我們生在台灣的自由,當台灣提出一個公投議題時,全世界都會看到台灣人民表現出來的態度,但公投結果卻似乎不是我們要表現給全世界看到的聲音…不管是政治的操作也好,公投的價值不應該只有這樣,希望未來的公投的議題與價值,能夠真正讓全台灣國人在全世界上發聲……

Rotch / 03-28 / 台北市

其實我一直有個問題,如果需要公投的話,是否表示民意代表已經無法代表民意?是的話,那為什麼當初要選這些人呢?不是的話,又為什麼需要公投呢?

Angel / 03-29 / 高雄縣

Rotch,你這個問題非常好。

不是每件事情都要公投,要看大家的爭議大不大。像立委想要自肥,他自己法律修一修就可以很有錢,可是這有利於人民嗎?在這個時候人民就用公投發表自己的心聲,多數人反對的話,立委的訂的法就不能過。

目前我們的公投法很假,因為立委根本不想讓我們有權力,我們過關還要他們過關,那麼我們為什麼要公投啊!所以需要把公投法補正。

如果有一天有一位立委或政治人物跟你說不要公投,不管他跟你說多麼漂亮的話,千萬不要相信他,因為在騙人哦!

C-WANG / 03-21 / 嘉義縣

沒有實質成效的公投題目及耗費社會大資源的公投過程,已經被玩死了。一個民主社會重要的元素:公投,在台灣已經被玩死,變成一個可有可無的名詞,聽聽就算了、別在意!

萬事回歸制度,有誰、有哪一群人可以為大家建立一套好制度?

公投請用在能夠實現的作為上

leslie / 03-21 / 台中市

請政府官員不要再用一些很白痴的議題在公投上了,問那種「是否加入聯合國」的問題,這種問題就算全民都投「是」,國際不認同那還不是一樣不能加入。 只是浪費國家資源,不如把那些錢拿來建設一些有利台灣的經濟資源。

顏色

把藍、綠還諸於顏色

貓咪 / 02-29 / 台北市

純淨的藍色，盎然的綠色，不要再被政黨污辱濫用；把「藍」還給藍天，把「綠」還給綠地，台灣人民的心，如藍天般寬闊，如綠地般生生不息！

請還給我
自由選擇顏色的權利

Home-Home Mama / 03-07 / 高雄市

今天穿了一件淺藍色的襯衫去上課，學生問：「老師，你很善變哦!昨天挺綠，今天就挺藍了喲！」

我猛然想起昨天穿的是蘋果綠的棉T！

哇哇哇！小學生就已經如此政治高敏感，那……明天我該穿什麼顏色好呢？

別讓島嶼的顏色如此貧瘠

Sabena（有河book張貼版的希望）

/ 03-12 / 台北縣

世界的顏色
萬紫千紅
別讓島嶼的
顏色如此貧瘠

兩眼都看，才有深度

張妙如

前陣子讀了一本生命科學類的書，當中提及一個有意思的問題—為什麼兩隻眼睛的視覺角度不同，但我們看到的景物卻可以是一個，而不是兩個各自為政的影？

我的左眼曾因為黃斑部病變差點失明，所幸後來雷射救回了，從那時起，我經常會閉一隻眼來檢視另外那隻眼是否無恙。曾這樣做過的人就知道，若將自己定在一個 不動的位置時，單從左眼看東西角度是如（圖一）般，單右眼看是如（圖二）的樣子。為什麼兩眼看物體的角度不同，但兩眼一起看卻不會衝突、沒有雙影？（圖三）

原來兩隻眼睛收到的影像資訊會傳至大腦，大腦中負責視覺的區域會立刻整合這些資訊，給我們一個統一和諧的影像，而且，正因為兩眼角度不同，才能使物品因此顯現出深度（立體）來！

台灣社會近幾年來因為政治立場之不同，形成兩派大對立，我們或許曾認為這不是選擇之爭，而是「是非」之爭！但再細想，如果左眼和右眼互相批評對方看事的角度不實時，誰才是對的？是非或許很重要，然而沒有雙眼都正常無傷就沒有真正的是非！兩眼一定要都看才有深度！既然如此，為什麼我們不能為了「更正確」而接納包容彼此的觀點？

我希望，台灣的左眼右眼都能健康無恙！帶我們走向光明的未來。

（圖一）
小紙盒置於前方正中央，
人亦不移動位置，
光用左眼所看的角度：

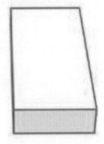

（圖二）
小紙盒置於前方正中央，
人亦不移動位置，
光用右眼所看的角度：

（圖三）
小紙盒置於前方正中央，
人亦不移動位置，
雙眼一起看的狀態：

而不是左右兩個疊影

藍綠

Mr.Q / 03-19 / 高雄縣

老天爺幫我選總統吧！我選藍有
人不高興，我選綠有人不服氣，
我希望和諧又想要選出能真正為
民的總統，但是我是人，兩位總
統候選人也是人，他們都在說自
己好，對方不好；我看不清誰才
是真正好，希望老天爺幫我選總
統，選出一個對台灣真正好的總
統，就算是選錯了，我也可以怪
罪老天爺，而不必怪罪自己四年
或八年。

不分藍綠

kemp6807yy / 02-29 / 南投縣

不要見面第一句話就問你（妳）
是藍的還是綠的！
不喜歡用藍綠來界定是不是台灣
人。

by kemp6807yy

我希望有一副綠藍3D眼鏡

張系國

郝明義號召大家響應希望地圖。本來我覺得常住海外的人實在沒有可以
貢獻的，但是最近讀到袁瓊瓊的文章「睡不睡覺是會影響選舉的」，得
到一個靈感。起先我以為袁瓊瓊只是講一個好笑的故事，後來覺得她越
講越有道理。袁瓊瓊不是科學家，但是她從閱讀大眾科學文獻裡得到的
直觀認識，時常令我驚異。正如作家納布可夫所說：「科學離不開幻想
，藝術離不開真實。」科學家需要幻想的開導，不然他看不見別的同樣
真實的世界。

袁瓊瓊提到3D圖畫，然後說「最初看3D圖畫，真的是什麼也看不出來
的。但是因為『相信』那畫裡有別的東西，因為別人說他們看見了，於
是努力去看，就會忽然看出來了。 所以，『相信』是『看見』的開始
。」

「相信」是「看見」的開始，這話雖然只是局部的真理，心理學家恐怕
會有異議的，但是我們的確時常看不見我們不想看的東西。因為相信不
同的世界觀，藍綠看的 世界很不一樣，這是台灣面臨的嚴重問題。所
以新台灣人十分需要袁瓊瓊說的3D眼鏡，一個鏡片是藍色，另外一個
鏡片是綠色，這樣世界自然就立體起來了！

我希望有一副綠藍3D眼鏡。當然這綠藍3D眼鏡不應該只是想像的眼
鏡。如何打造一副真正可用的綠藍3D眼鏡？

有辦法的，而且立即可行，例如大塊出版社或者別的公益團體都可以
做！我們可以模仿維基百科全書（Wikipedia）的做法。維基百科全書
是由全球的網友共同來編輯百科全書，每一則都是由眾人的意見彙集而
成。我們也可以編一部綠藍詞典（GBpedia），但是每一則不只有一個
解釋，也不強調求統一的解釋，而是有綠色的解釋和藍色的解釋，兩種
解釋並列。這樣使用綠藍詞典的人就同時可以讀到綠色的解釋和藍色的
解釋，仿彿有一副綠藍3D眼鏡。例如蔣經國、李登輝、解嚴時期等，
綠營和藍營都會有不同的解讀。讀者通過這副綠藍3D眼鏡，讀者對台
灣就會有更立體的理解 ，或者對另外一方的立場更加了解及同情。但
是讀者一樣可以修改他們中意的解讀。也許有一天這兩種解讀可以綜合
成為一種解讀，就像維基百科全書一樣。

綠藍詞典只是一部詞典，因為它究竟不是百科全書，不必包羅萬象。
但是綠藍詞典還可以擴充發展成為紅綠藍詞典（RGBpedia），也就是
把中國的觀點也並 列其中。紅綠藍RGB三種顏色可以構成任何一種顏
色，讀者的理解也就更周全了。紅綠藍詞典不但可以發揮溝通的作用，
也可以成為有用的工具書。

by Justin

沁游在同顏色的魚群中，已是幸福

劉威麟（Mr. 6）

其實，能夠沁遊在同顏色的魚群中，就是幸福。

這顏色，不是藍也不是綠，不是粉紅或灰色、白色、和其他各式各種表徵暗喻的顏色。這顏色叫做「膚色」。

我們可知道，生活在這片土地上最大的享受？

最大的享受，在於人人長得沒有差異，大家都是黑頭髮、黃皮膚。

而人人的口音也都大同小異，偶爾感覺到這是台中人，這是客家人，基本上從口音上是聽不出來的。

單單這點，這塊土地，就贏過很多世界上的很多地方了。

比方在美國，那裡的總統大選現在成了一個黑人與一個白種女人之間的競爭，當然美國是一個成熟的民主國家，且已經過這麼多的多元種族教育，他們選「賢」不選「色」。但，我們都知道，那個大國依然存在著「顏色」的問題，那是隨時隨地都可以感受得到的，那是一言難盡的！

同樣的問題，發生在新加坡，發生在印度，發生在許許多多的地方。

但，在我們這塊土地上，沒有這個問題。

至少，我們在這邊，不會看到一群一群年輕人因為同樣的膚色而聚在一起。我們的膚色只有分成曬著黝黑或「宅」得白皙，至於裡面的顏色，管它是藍是綠，管它是什麼怪顏色，反正，在這塊土地子民的臉上，是看不出來的。

於是，我們看到這地方出現了一些其他地方沒有的深度了。在台灣這個地方，很多創意驚人的小發明，很多深刻意義的藝術品，還有很多內蘊無法一言道盡的設計圖，都從這片土壤「長」出來了。這邊是一個很適合有智慧的人的地方，很重要的一個原因是，大家都一樣。

大家都同款。

這時候，我們這些人，當然就可以挑戰其他地方所無法挑戰的下一關了。

下一關就是，我們看到，這邊的男性、女性，依然以不太平等的方式在生活著。這邊的職人、企業體，依然以不平等的模式在裡面互動著。而這邊的創業家，更是被放在其他人更辛苦的環境中，力爭上游著。

已經很好了！但我們還想更好。

剩下的是，我們是否能學會，女人不看臉蛋與三圍，男人不看高矮，去被一個有深度、有內涵的人所吸引？

我們是否能學會，職人不必只有學位，公司也不必靠配股紅利，我們再往深一點探索彼此，讓每個人都有機會找到適合自己的工作？公司也找到適合自己的人才？

我們是否學會，對創業家從一開始尊重，尊重不一樣的思考，不要等到他變成蔡明介、郭台銘，才對他膜拜三分？

這些，本來就是全人類的課題。在這片土地上的人，有這麼一個機會，去碰觸這些議題。因為，我們沒有問題。我們都是一樣的人。

有幸在去年第一次見到以前只能在書上看到的郝明義先生，與郝先生討論到社群網站的種種，以及網際網路的美好，對郝先生的知解，印象非常的深刻。當他告訴我，他打算做這件事，並且在短短的幾個星期之間，就把一個網站加周邊的配套，整個完整的呈現出來，以網路創意與製作的標準，只能以「不可思議」形容之。由此可見，熱情所產生的魅力非常可怕，而熱情的人就是會吸引熱情的人，包括HOPEMAP工作人員，還有我們。

身為大選前最後一個希望導遊，我自許要把這篇「寫大一點」。

大家加油，大家幸福。

希望地圖報　第10號　2008年3月19日

如何期待一個配偶，及總統

——「選賢與能」之外的辦法

親愛的朋友：

我們可能談太多對總統的希望了。一如昨天好伯所說的：「各種說法都有，族繁不及備載。」

從童話書到迴腸盪氣的愛情小說，總告訴我們，要不惜一切代價尋找「真愛」。但是隨著時間過去，我們總會知道，真實的人生裡，選擇配偶，在「真愛」之外，不能不考慮一些其他的因素。就算是王子公主結婚了，婚後的日子還是另一回事。

同樣的，我們從小受的教育，從教科書上學來的，都告訴我們，政治要追求「理想」，選舉要「選賢與能」。但是隨著時間過去，我們也知道，多少「理想」實現了之後是什麼情況，多少事前打著「選賢與能」招牌上去的人，後來的表現又是如何。

所以，我告訴自己，如果真要思考怎麼選擇一個總統，就用怎麼選擇一個配偶來思考吧。

以選擇配偶來類比，我想到自己會注意的幾件事情：

一、我會提醒自己，配偶和情人的不同，婚前與婚後的不同。所以不能隨著一個人追求我的甜言蜜語而如痴如醉，也不能因為他的激情演出，就跟著歇斯底里。

二、我會提醒自己，如同和配偶結合之後，才是生活考驗的開始，一位新總統當選之後，才是「選賢與能」考驗的開始。

「選賢與能」很重要，但是光「選賢與能」不夠。身為配偶，彼此結合之後才開始承擔自己的責任；身為公民，投票選出總統之後，才有自己的一份責任要開始。

如果以為只要選出了自己心目中的「賢」與「能」，就可以把自己的未來全部交付給他，那就好比相信嫁了一個好老公，娶了一個好老婆，就可以把自己從此的幸福，全部推賴給對方。

三、如同配偶有變心、出軌的可能，我選出的「賢」有變質的可能，「能」有用錯地方的可能。要降低配偶變心、出軌的可能，我需要經常關心對方，並且和對方溝通。

所以，選賢與能之後，也必須有個和他溝通，繼續提醒他，督促他保持「賢」與「能」的機制。

這三點中，最後一點要怎麼才做得到？

「我們的希望地圖」開站的時候，說是要在選前把發表在這個網站上的希望綜合整理，公佈出來。

我一直在思考，除了公佈這些希望之外，有什麼方法可能使這些希望產生一些更實際的作用？許多民意在選舉期間得以表達，形式上受到重視，已經是過去二十年我們逐漸視為當然的事情。但是我們怎樣才有辦法，使得當選人在事後仍然記得當初他聽進去的那些聲音，實踐當初自己所許的承諾，顯然還有相當一段路要走。而網路時代，有沒有可能讓這段路走得和過去有所不同？

所以，明天我們有一個記者會，想要說明一個我們構想中的嘗試。是否可行，還是得看大家的參與，但是，畢竟可以讓我們嘗試一下。

郝明義　rex

税

stacy / 03-21 / 桃園縣

我是個勞工階層，誠實的納稅者，但有很多福利補助都跟我無緣。雖然福利補助是用來幫助弱勢，但弱勢要如何認定？舉例說幼兒讀幼稚園的學費補助，以繳稅時的所得來認定，結果有些有收入卻不需繳稅的人，開著豪華車輛，領了高額的補助，而我們這些中低階層的勞工卻只能望著興嘆。我常覺得政府的稅務政策並不公平，並不是所有人都繳稅，福利政策也並未真正照顧到弱勢。希望新政府能落實這方面的政策，儘力達到公平。寧可多一些社工人員，確實的去查訪需要，不要只是齊頭式的平等補助，這樣會讓我們勞工繳稅繳得很辛苦，也很不甘願，因為錢還是回到有辦法的人手上，而我們永遠都是無助的。

蜜汁哈奇 / 03-19 / 桃園縣

平時的收入就已經被課徵所得稅，又再被課徵贈與稅、遺產稅，是被雙重課稅（剝削），違背公平正義原則。 許多富有的人，為避免被課徵贈與稅、遺產稅，紛紛將資產計畫性的移往國外，政府仍然課不到這些人的稅，倒楣的仍是無能為力的一般大眾。

公平的稅改方案

Andrew Wang / 04-02 / 台北縣

最近民進黨與財政部都提出了稅改方案，並將遺贈稅改革列為其中一項。我認為，這將可以吸引部分資金回台灣，並增加流動性，深表贊成。但是金管會應該努力開發國內金融或其他商品的多樣性，這樣才能真的吸引資金留在台灣。

但我對政策的連貫性與公平性表達擔憂。目前稅務政策的實施，有時候，是追溯既往，有時候，是今日起算。如果有一個人，在去年、今年或者法規通過前一天過世，那他將適用今日的稅率，最高達50%，但之後過世，可能是40%甚至更低。差幾天或差一年過世，稅率將有天壤之別。

我們當兵役期的調整，是「還在當兵的，尚未退役的，都可適用」，不是僅有該日以後入伍的才能享有權利。但稅務上，是還在審理的未確定案件都可立即適用，還是要之後過世的才可以呢？基於公平原則，我建議立即適用於所有未確定案件。

試想，蔡萬霖身價2000億，遺產稅3億，而溫世仁身價50億，遺產稅卻高達25億。遺產稅課的不是真正的有錢人，而是突然死亡的中等富人或小康家庭。這些小財主，並沒有完善的財務規劃，家人除了忙著應付小公司的財務問題外，還得被追繳高額遺贈稅。這樣的設計，遺產稅真的有達到大家期待的目標嗎？

stacy / 04-07 / 桃園縣

納稅與福利補助都要公平，
這真的是納稅小民的痛，
心中深深的痛。

蜜汁哈奇 / 03-26 / 桃園縣

軍職與教職這兩種身分的平均收入都高於一般民眾，但卻不用課稅，不符合公平正義原則。
在政府財政赤字偏高的情況下，應該取消軍教免稅的規定，不要再鄉愿了。

Rotch / 03-26 / 台北市

要不要課稅我是沒什麼意見，只是我覺得用「收入高於平均」這個理由很奇怪。就像以前的公務員一樣，那時候景氣大好，公務員的薪水遠低於平均，都沒有人要當；現在經濟不景氣，卻是大家搶破頭，但事實上公務員的薪水還是跟以前差不多啊！

賭博 彩券 財富

希望能立法管制賭博和不當貸款

Mr. fL / 04-11 / 花蓮縣

如題，本人強烈反對目前國人愛賭博或博弈的習性，不管是合法的經營或私下非法從事，除了純供平時娛樂消遣目的外，我覺得政府應該要強制積極取締才行，尤其是針對那些賭博金額很大的場合，杜絕那些想不勞而獲賺取暴利，而靠此維生的情事發生。殊不知賭博會造成社會不安、經濟動盪、家財兩失等社會負面影響，如向銀行或地下錢莊借錢，造成欠債討債、家庭破滅等情形，因此這是目前國家和社會必須重視和解決的事！另外政府也應輔導和教導民眾如何善用錢財，做對的投資和理財決定，也讓其有務實、非投機的心理產生，養成儲蓄和捐獻的習慣；另一方面，政府也應對一些合法或非法的貸款機構做管制，減少其推銷信用卡或貸款的活動，以及資格和資金的管制等。以上提議或許可對現今社會或國家帶來一些正面的幫助，改善此社會之問題發生。

希望停止發行「彩券」

lembert / 04-11 / 台中縣

不論是何種名目的彩券，都是政府開賭場，銀行做莊家，買客做賭客，的變相賭博。真的要推廣公益、運動、發展觀光，可以用更好的方式，發行彩券只是一種政府懶得思考、財團想要利益、痴人貪求財富的不當舉動，長遠來說，對社會風氣也是會有負面影響的。

別說真的急需一筆財富的人中獎的話可以如何如何，只要政府做得好，所有的困難都有更好的方式可以處理！

奢侈夢

曾小姐 / 04-03 / 台北縣

我希望⋯中大樂透或威力彩頭獎，雖然很不切實際，不過，這種夢在每個人的心中都有吧！呵呵，我希望我能中獎，把一些錢捐給慈善做愛心，然後再來給我家人，給媽咪理財（她真是達人），然後錢滾錢，持續不斷作愛心⋯⋯等畢業後，自己創業，我還是持續作愛心，回饋社會有需要幫助的大家！

靜靜地儲蓄，穩穩地投資

沈雲驄

我希望，面對這個充滿誘惑卻前景不明的金融市場，人人都不再有不安全感，可以更有自信。

我希望，你將不再像今天這樣，盲目相信買股票、買基金才會致富。相反的，你跟你的朋友們將普遍相信：儲蓄、聰明消費、認真工作，才是獲取人生財富的正確之道。

我希望，那些在股票市場上一夕致富的故事，再也無法打動你，因為你知道，那跟中樂透一樣，是可遇不可求的。

我希望，大部分的投資工具將乏人問津，除非他們能保證自己能替投資人賺錢，或者能提供具有足夠說服力的證據，證明他們真的比別人行。

我希望，買基金，將會像買車能享有多少年、多少萬公里的免費保固，也能享有多少年、多少%的報酬率保障。

我希望，多數人不會亂買股票，只會買極少數他們能理解的公司。他們會在知道這家公司作什麼生意、一年可以賺多少錢之後，才認真考慮投資；他們很可能必須當面見過公司的老闆，對老闆有好印象之後，才會投資，而不再像現在這樣，就算花了幾十萬投資，都未必見得著老闆。

我希望，大家轉告大家，一起學習靜靜地儲蓄，穩穩地投資。

錢

moon / 03-21 / 台北縣

我還是個正常的學生，一個就讀日間部大三的大學生，但我要自行負擔所有費用 因為這樣我必須做兩份工作，看起來一個月的薪水共2萬多好像還不錯！但是事實卻不是如此，而且對我來說真的很辛苦！我相信很多人也是一樣的吧？賺來的錢永遠無法因應物價一直上漲，學費、餐費……等，一切的生活支出真的是多到可以壓的我們喘不過氣。

by 謝宗良

錢夠用就好 關懷不嫌多

人類 / 04-04 / 台北市

台灣的經濟要進步，請給社會角落的同胞一點機會。

成立信託部門，幫老人管理財產防止被騙

sness / 03-21 / 台南縣

詐騙事件接連不停，警方又無力無能阻止，賣人頭戶的罰則太輕，看到老人的養老本被騙一副傷心欲絕的樣子真是於心不忍，我想幫老人成立信託管理單位，或許是個好方法，讓老人不擔心老本被孩子揮霍光也不擔心錢被騙光，不再害怕接電話。

green / 03-21 / 台南縣

在追求經濟，生活溫飽時，也能重視心靈成長與道德感，建構美好的未來，而非一昧以金錢物質取勝。今日所造業，未來自己受，下一代的觀念在我們這一代建立。

沒事撿到錢

我只摸一下 / 02-29 / 台北市

現在錢很難賺，更難撿，有時候看到街上的遊民餓的要死，想給他們一些錢，又不想從自己的口袋拿出來（嘔也素要粗換），就想看看能不能從街上撿到一些，可是東看西看上看下看，連裡看又外看，就是看沒有，唉，想做善事也要有本事，沒有本事只好看電視，看了電視還是沒本事，那就只好來許願，希望阿彌陀佛、玉皇大帝、OH MY GOD、阿拉真主and whatever，如果看到我的願望，要給我實現一下，好不好呀？

左手狐 / 03-06 / 高雄市

我能拿到的錢都是可以用的啊~~~
(不過……雖然寫的讓我心情很好……可是馬上又覺得這麼想很難過啊……)

by 左手狐

不管是誰當選，我希望物價不要再上漲了！

瑪騏 / 03-21 / 台北縣

人民沒有飯吃就沒有動力可以為台灣創造更多台灣奇蹟，人民都需要工作機會，失業率太高，生活變的更困苦；有錢更有錢，窮人永遠沒有出頭天的機會，在M型社會裡的我們這些上班族，薪水變的單薄不夠開銷！希望景氣可以快點回升～ 稅金不再貴的嚇人，油價不再一直上漲。

希望能賺更多錢

阿風 / 04-15 / 花蓮縣

死上班族的薪水，又要照顧原生家庭，想存很多錢實在很辛苦，買房子變成一個搖不可及的夢。希望能想出一個賺錢的好方法，而且有能力與動力去超越困難，在10年內有自己的房子，也能開始存老年基金。

環境比任何事重要

Philomena / 04-19 / 高雄市

少開車，少吸菸，少燒紙錢，少喝飲料。
外食用自己的餐具，不要吃肉，不要用塑膠袋，少化妝，少消費，教科書和考卷節制用。

by Philomena

陽光照到的地方，沒有貪腐

joanna / 04-08 / 台北市

沒錯～政府提發的給中小企業的補助計畫，動不動就上億，他們卻常常在叫沒錢，錢到底到哪去了？是給了沒用的人了嗎？是拿去買內衣褲了嗎？公開，不難吧～難的是他們不能再貪了～

黃小婷 / 04-07 / 屏東縣
希望每個年輕人都能買得起房子
我希望等我長大可以買一棟房子，不希望房價一直漲，不然我會買不到房子的，而且我想要買一棟房子來孝順我的父母。

Jenny（希望代貼信箱）
/ 04-08 / 台北市
希望新政府對無殼蝸牛族多一點用心，台北的房價已經變成一般人一輩子不吃不穿也買不起，難道要大部分的中產階級都住到台北市外天天舟車勞累而降低生產力嗎？

vk0719（希望代貼信箱）/ 04-08 /
台北市
希望能有限性、制度性的開放陸資投資台灣房地產（如果這是無法必免的事...>"<）
我了解這會帶給台灣房地產商機，我那位賣房子的朋友也能賺大錢，但那僅只會是短利而並不能長享。甚至未來可能會令台灣人自己沒房子買或更買不起的窘境，試想：台灣人向大陸人租或買台灣的房子……這不是很糗嗎？
我現在廿八歲，雖然目前並沒有買房子的打算，但也不排除不久的將來這麼做…現在的房價雖然還不算太高價，但連努力工作的姊姊都買不起，如果開放大陸人來台炒房地產，我擔心也會惡性的影響到我們。
我是看了以下這類的新聞後才出現以上想法的：
http: / / tw.news.yahoo.com /
article / url / d / a / 080304 / 17

/ umzq.html
其中的「這些大陸富豪在大陸炒房著名……如今都摩拳擦掌準備來台撿便宜貨……」看了以後真的很擔心！

joanna / 04-08 / 台北市
沒錯～沒錯～年紀愈來愈大的我，漸漸的開始想未來的家要在哪裡，結果～住台北的我，已經從台北－＞木柵－＞泰山－＞迴龍－＞桃園－＞台中－＞台南一直往南了～

by 力晶 巫志賢

三通

趕快三通
arwin / 02-29 / 台北縣
這樣大家都方便，
台灣觀光業可以再起飛。

珍妮花 / 03-02 / 台北市
台灣不要再自我封鎖，我希望我
們能繼續有競爭力，不要變成
第二個菲律賓。

希望快三通
父母可以周周都回家
JJ / 03-10 / 台北市
希望快三通，讓我愛台灣也愛家
的父母不再舟車勞頓，可以常常
回家～

小魚乾 / 03-25 / 桃園縣
三通之後大陸的產品不論是食、
衣、住、行、育、樂的商品，尤
其是食物，都要經過檢驗才能在
台販售，大家都不想周遭環境隨
手可得的物品都是危害人體健康
的殺手！請總統三通後務必做好
物流品質的監督，讓老百姓健康
過生活！！！

阿惠 / 04-09 / 台北市
全民越來越多的時間、金錢，花
在電腦上……我只希望是在電腦
上買書。全民越來越多的時間，
在討論公投……我只希望公投圖
書是否免稅或扣底所得稅。全民
越來越多的時間在討論三通……
我只希望，三通是把圖書通到學
校、通到家庭通到全民閱讀。

by justin

台灣航空業重新起飛
航空運輸業研究員 / 03-21 / 台北市
一般人或許認為，航空運輸業是對有錢人才有影響，
事實不然，在台灣，光華航＋長榮的間接直接僱員就有接近萬人，
對於就業市場來說相當重大。
看看香港國泰，直接僱員就幾乎兩萬人，佔香港總人口接近0.5%，
而航空業僱員多為高薪工作，對本國經濟能力有龐大影響，
在國泰以及新航在高油價時代能屢創獲利新高，
筆者認為，台灣民航主管需大刀闊斧革新民航界營運，
並且提供國內業者良好的經營環境跟基地，
才能幫助國人創造更多就業機會跟經濟成長，
只有直航，對航權航線毫無規畫，將是個美麗的毒藥。

經濟

進步的迷思
天馬賢三 / 02-29 / 台北縣

我希望這個社會能夠看穿進步與偉大建設的迷思。 我希望在追求進步的同時,這個社會能夠想想做為一個人生存的基本所需是什麼?足夠的糧食、基本的居住與工作權、簡單的生活。重要的是快樂而富足的心靈,還有可以讓心靈與文化成長的空間。 我希望我們存在的社會可以不必以過度消費與浪費地球資源來換取經濟進步的繁榮假象。我希望我們可以不必再用賺多賺少來衡量一個人的幸福與否與存在價值。我更希望台灣的未來不必以犧牲他國的勞動代價還換取財富,或是成為他人進步市場下的犧牲者。我更希望這個社會可以不需要用更多的賦稅與國家資源來投入各種龐大國家建設,換取各種企業怪物。我們可以不用加入全球各種所謂自由市場經濟與貿易協定底下騙人的邏輯,淪入掠奪與被掠奪的惡行循環裡。 我只希望地球上的每一個人都有充足的食物與飲水,這世界上的財富與正義需要重新分配。

希望台灣經濟能成長
津津 / 03-17 / 台北市

希望新總統能帶大家脫離物價高漲薪水又少的苦日子,讓窮人不再燒炭自殺。每個人都有工作做,每個孩子都吃得起午餐,唸得起書。

臺北市立圖書館張貼版的希望 / 03-17 / 台北市

希望台灣能回到亞洲四小龍時的樣子,台灣人不要淪為台傭。
台灣人不要再分藍綠,一起為台灣經濟打拚。

by 鉅晶 葉美鈴

觀光

keeper / 03-25 / 台北市

台灣可像杜拜一樣從無到有建立一個有特色的觀光景點,現有的台灣風景與景點已無法吸引大量觀光客,建築多屬四方更是缺少特色與文化,一個優良有潛力的國家應把重心放在觀光,吸引更多的遊客才能促進貨幣流通。台灣一直以來從事代工產業但這都屬勞工階層生活,品質與水準要提高多少有實施上的困難,為何不能開放賭博及色情場所合法化,全世界很多國家都有這兩種合法商業存在,而這些國家也沒有因為有這兩種商業而導致國家經濟衰退,賭博色情合法化。

1.可以提高政府稅收(娛樂稅)則政府就可增加國庫稅收。

2.與其禁止賭博地下化的亂象,不如合法申請,政府統一管理,如北銀樂透。

3.合法嫖妓統一管理,這樣還可防止性病傳染更可減少社會性侵案件。

試問花點小錢就可獲得性需求解放,又有誰會為一時衝動犯法,現在是禁止過頭,有需求卻沒地方解脫,導致社會問題增生,也造成性病問題擴大,像拉斯維加斯、丹麥、日本、荷蘭的情色行業政府規劃管理的有聲有色。

發展永續觀光，永續台灣

Samantha / 03-03 / 北美洲

新政府檢視經濟成長的定義，不要盲目追求國民生產毛額的經濟成長，過去台灣遵循此發展途徑，表面上創造財富，實則付出沉重環境代價。反觀西歐先進國家，除追求經濟發展外，對文化、歷史、建築古蹟、及生態環境的重視，也使其得以發展高經濟價值、低環境衝擊的生態觀光產業，是值得效法的永續觀光典範。 91年我有幸造訪蘇黎士附近一個著名溫泉小鎮。海拔兩千公尺高山上，小鎮擁有妥善保護的古老建築，好山好水，及驚人的良好基礎建設 – 鐵路網路，溫泉中心產生熱氣40%都回收成為設施的電力來源。 我想請新總統幫助全民(也和我們一起)思考，何種產業才能讓台灣人民享有高幸福毛額？發展台灣觀光產業會是答案之一，但絕非傳統鼓勵消費主義的觀光。 去年聯合國「2007全球生態觀光會議」後發佈「生態觀光奧斯陸宣言」，強調生態觀光對自然及文化遺產所扮演的重要保護角色，呼籲所有利益關係人都應利用此宣言來評估各地區的生態觀光現況，及面臨的各種挑戰。我希望我們的新政府，在推動台灣觀光發展之前，能先讀讀這份宣言。

http: / / www.ecotourismglobalconference.org / ?page_id=179

by justin

我希望豐富多元充滿活力與應變能力的台灣能在世界發光發熱

道純子 / 02-29 / 台中市

台灣這個接近36000平方公里的大島及其附屬的一百多個小島，海岸線超過1000公里，有各種顏色的沙灘更有貝殼沙，有岩岸更有珊瑚礁，近4000公尺的高山在這個島上巍巍聳立，有熱帶、亞熱帶、溫帶、寒帶的各種林相及生物族群，台灣南北狹長處於中國東南的地理位置，自古就是各種候鳥遷徙時的休息站，喜歡的就留下來不走了；南島語系民族、西班牙人、荷蘭人、漢人、日本人先後主宰過這裡，近一二十年來菲律賓、印尼、泰國、越南等國人民很多也都成了台灣人，生物多樣化在這裡是最自然的事，豐富多元的地理、人文景觀，造就台灣的活力。颱風每年都會拜訪台灣，刮狂風下暴雨時，滿目瘡痍，萬物隱忍迴避，風雨過後，很快又欣欣向榮，磨練出台灣人民應變、彈性又一窩蜂的「颱風性格」，台灣人、台商、台灣的中小企業能在世界各地生存，憑藉的就是這種豐富多元、充滿活力與應變的能力。農業多元而精緻的發展提供各種食材來源，人種的多元包容造就各種美食的口味，台灣不必跟別的國家比量多，但我們要發揮多樣化與品質優良富創意的特點，我希望豐富多元充滿活力與應變能力的台灣能成為，世界級的轉運中心、創意研發中心、觀光美食購物旅遊的天堂、農業科技與醫療的重鎮，能在世界發光發熱。

Tung-Mou / 03-01 / 北美洲

「台灣是一個寶島。在自然的景觀上有其獨特的地方。在這小島上有雄偉壯觀的高山，四週海洋圍繞. 獨特的文化與台灣美食小吃，均提供了台灣機會來發展國際觀光旅遊. 吸引國外觀光客來台旅遊，讓他們來體會台灣的美好， 台灣人民的友善勤奮，台灣文化的多元，台灣景色的細致與雄偉；這是低污染的產業， 可以為台灣的經濟帶來極正面的助益， 且在提昇台灣在國濟上的形象上有極高的作用。但前提是在政府需要有計畫性的經營，讓外國旅人（不只是中國、日本遊客，且需能吸引歐美遊客，甚或其它國家)來台灣旅遊時有正面的評價極良好的回憶，讓他們希望將來能夠再有機會前來，並能夠對他們的朋友推薦來台灣旅遊。然而，台灣在許多景觀尚無法襯托或發展出其獨道之處。政府應該極中火力規劃，能夠提出有力的行程旅遊。如我是一個國外遊客，決定到台灣中部旅行一個星期，除了吃和夜市之外？是否有那些景點可以規劃出來，讓整個行程有其獨特之處？如在美國紐約是旅遊，大家就會想去自由女神像、時代廣場、帝國大廈、百老匯、博物館……等，大家耳熟能詳即列出許多景點，尚不包含食物。」

「OK，我今天到台灣中部，假設是台中彰化好了，政府是否有信心可以推出一個行程與景點建議，並有良好品質的飯店旅館，讓國外旅客可以暢覽。剛剛假設台中彰化，由於筆者是彰化人，我能夠想到的景點真的是不多，除了彰化鹿港，八卦山，台中那裡，先不要把吃的或夜市景點算進來，似乎沒有很多景點能夠上台面，千萬不要把新光三越、SOGO百貨等算進來。切記，景點是要能彰顯那地方的獨特！如台北淡水漁人碼頭，台北101，貓空纜車，中正記念堂（自由廣場），國父記念館，大直美麗華摩天輪，陽明山溫泉，或是高雄的愛河可以坐船旅遊……等等，以上所列才是所謂的獨特景點，當然吃和夜市是台灣的特色，但在此千萬不能與獨特景點混為一談……所以政府在倡導國外觀光客來台旅遊時，可以考慮筆者上述的一些淺見，發展有獨特的景點，讓國外旅客能夠一來再來並推薦他人前來，千萬不要是讓旅客來一次後再也不來，對台灣的旅遊產生負面印象那就糟糕了，我想觀光也是一個永續經營的產業，筆者提出些許淺見，均從近年來某些國外朋友來台灣旅遊所發現的問題。」

全世界的人都喜歡到台灣旅遊

阿將 / 03-26 / 北美洲

希望政府能設立世界各語言的培訓中心，積極培養精通各種語言的人才，作為導遊之所需。台灣的外交困境走不出去，何不換個方式讓全世界的人走進來！當然這將是個大工程，得花經費，人力，動員各個層面的人才腦力去計畫執行。十年，二十年後台灣將成為觀光的聯合國。

by justin

我希望台灣能以國際化的觀光經濟為傲！

歷史老施

一窩蜂15fun創辦人與負責人

我希望台灣觀光景點能得到更積極與精緻的呈現！
我希望台灣的機場能充滿來自世界各地的遊客！
我希望台灣的街頭能聽得到更多不同語言的交流對話！

對未來執政黨觀光和文化政策之建議

Mr. fL / 04-05 / 花蓮縣

未來政府的觀光產業政策不只應考量如何發展市場和運作外，也應結合其他之環境、農業、文化之政策，如生態旅遊、發展生質作物、休閒農業、有機農業、自行車和千里步道、原住民部落、文化體驗……等，以確保在發展觀光的同時，也能注意環境和社會之面向。

唐人__TangJen / 03-31 / 北美洲

多元理解、旅遊觀光、世界和平在台灣的中華民國也能有一個「觀光公社」，像大韓民國的「韓國觀光公社 Korea Tourism Organization」一樣的組織。架設一個有不同語言版本的網站，將各地重要、精彩的觀光景點介紹清楚，提供境內、境外旅客、觀光客免費、詳盡的導覽手冊。設置一條二十四小時翻譯專線，有專人服務有溝通困難的旅客。

請問政府，你真的想吸引國際旅客嗎？

SAM Huang

從去年年底開始，老在美國幾個大媒體上看到對全世界對新加坡的高度評價，不是稱之為「亞洲的瑞士」，就讚美它是「亞洲最宜人居的城市」；由於三月回台的短暫期間內，剛好有趟新加坡之行，決定花點時間再看看這個被西方人稱讚有佳的城市，究竟好在哪裡。

多年來，一直對新加坡旅行興趣缺缺，過去在歐洲台灣間因為求學或工作緣故來回了幾十趟、飛機常常會停新加坡，但即使如此，我也只在十年前一次轉機之便，溜出機場到新加坡市中心晃了幾小時，得到的印象和我想像的差不多：一個熱鬧的消費購物城。

十年後再訪新加坡，雖然觀察這個城市的時間還是有限，還是看到了一些基本輪廓：更多的摩天大樓、更大的購物中心、更密更高的住宅建築、更快的行走步調、以及更「國際化」的感覺：西方臉孔的遊客和在當地工作的人，比起十年前更是處處可見。

我問同行的女伴，妳覺得如何？她回答，整個城市好像一個巨大的「台北101大樓」，看過來、看過去，到處看到和台北、香港一樣的商店，並沒有什麼自己城市特色的感覺。

然後我們倆在返台的飛機上也討論起來，當新總統大力疾呼，要發展台灣觀光業之際，我們真正能和新加坡、香港、甚至上海區隔的文化特色在那裡？除了每年六月電腦展來台灣採構的國際商務人士外，外國觀光客為什麼要到台灣一遊？兩人開始腦力激盪。

嗯，我們有最棒的中國美食文化，而且不只如此，我們的餐廳演化速度之快、料理之創新，簡直是世界僅有。

還有呢？新加坡、香港就只有城市風貌，台灣還有故宮、北投溫泉、光華商場、朱銘的雕刻公園、金瓜石的黃金博物館、花蓮的山與海、墾丁的風與浪。

問題是，我們家的觀光局拚命推銷的，不是101就還是101。我們兩個抓破頭也想不通，為什麼外國人要大老遠到台灣去101買LV？（喔，原來我們家觀光局認定的觀光客，不是日本人、就是未來的大陸觀光客。）

然後飛機到了桃園機場，我們倆坐在第一航廈的巴士站，準備搭車回台北；這時候，我們看到了一個身高超過兩米以上的外國大男孩，正努力的賣巴士票的先生比手畫腳，很明顯的，那個外國男孩的中文和賣票先生的英文程度相當。

屬雞的雞婆性格又發作了。我趨上前去，試著幫忙。

「你要去那裡？」母雞問。

看到救星了，男孩趕快回答，「我要去XXX青年旅館，旅館的人說就坐這個巴士到台北長榮酒店站下車。」一副理所當然說出旅館名稱，大家就會知道它在那裡。

Xxx青年旅館？@#$^，你以為那是君悅或遠企、全台北市人都知道的旅館？還是台灣已經進步到和瑞士一樣，每間旅館不管是大是小，全都能在旅遊服務中心的電腦裡查得到？

還有先生，你沒注意嗎？這裡寫的是「大有巴士售票處」，不是「旅遊服務中心」？我忘了告訴你，正想努力拚國際觀光的台灣，走出國際機場航廈，你連一個旅遊服務中心或資訊中心都找不到。

「你有旅館的地址嗎？」母雞還是繼續想幫忙。賣票的先生根本已經放棄瞭解男孩說的外國話了。

「有，在電腦裡，讓我連上網路，秀給你看。」

對不起，先生，我們家機場的網路只限在登機航站裡頭的特定地區，一但你領了行李、出了海關，就沒・法・上・網啦！

「那，你有旅館的電話嗎？或者台北有朋友、有聯絡電話嗎？」忍不住替這麼天真的自助旅行客捏把冷汗。

「有，可是，也在網路信箱裡。」先生，你真的以為，一直以「資訊大國」在國際上努力宣傳自己的台灣，無線網路真的已經暢通到像「活氧計畫」所說、無所不在的地步了嗎？

折騰了十多分鐘後，女友和我決定把男孩先救到台北市，等到麥當勞或捷運站後、上網找到旅館資料後、再告訴他該如何搭車。

往台北途中，他告訴我們他來自瑞典，去年拿到統計學碩士後就在瑞典國家科學院工作，學過一年中文，也在世界各地自助旅行。

然後，到了台北，我們其實最方便的上網地點是捷運站，三年前我就有「網路新都」WiFi的帳號，但是神奇的是，怎麼登錄都登錄不進去，網路一直告訴我密碼錯誤。還有，更神奇的是，整個WiFi網路，台北市最傲人的「國際成就」，竟只有中文版！

所以我們決定搭捷運到最近的麥當勞，他們家用中華電信的無線網路，我剛好有點數卡。

順便教他如何坐捷運，個人覺得台灣最棒的特色之一。到了售票機，我先傻眼，所有說明都是中文，那如果不懂中文的人呢？先前我一直是「台灣

人」，從來沒想到過，原來到台灣旅行，會碰到這麼多語言障礙！好吧，售票機只有中文說明，捷運地圖或資料總有英文版吧？洽詢服務人員的結果是，對不起，只有中文版。

好吧，就將就湊和些吧，好歹這孩子還識得幾個漢字，重要站名畫起紅圈，等他到青年旅館再讓人接力去救他吧。

然後我們到了麥當勞，先用我的帳號點數讓他上了網，幸運地聯絡上他的朋友、也找到青年旅館的地址。

我忽然想到，那如果他之後要上網怎麼辦？我自己的點數也快用完、加上馬上會回美國，是不是該教他上網購買些點數呢？

中華電信的無線網路網站終於有英文版 – 但是當你點下" purchase"（「購買」按鍵後），網頁立刻被帶回中·文·網·頁（中華電信，了不起的英文版！）

還有，我該怎麼跟他解釋在麥當勞買的無線網路卡和星巴克的不能互用（因為一個是中華電信、一個是WIFI），丹堤咖啡和西雅圖咖啡購的網路卡，情況也是一樣？

晚上十點半，大家都累了。決定先把他送到青年旅館，至於其他的事，自助旅行者本來就是得自己想辦法解決。

然後我們根據青年旅館有關其地點的「英文地址及找路說明」，在松江路又找了二十分鐘的路。

回到美國和曾任北美新浪網副總的友人聊到這件事，我還沒詳細說經過，只開口說了「台灣要發展國際觀光，真的有些問題。」他劈頭就答，「別扯了，我自己就不知道在桃園機場的巴士站救過多少外國人，那些巴士站賣票的人和司機，連基本英文溝通的能力都沒有，為什麼巴士公司或政府不能作點投資、提升他們的外語能力呢？」

相較新加坡之旅對外國旅客的協助，我終於知道在我們心目中一點不比新加坡、香港遜色，而且比起上海還有更多美食、更有人情味、更深文化厚度的台灣，為什麼始終無法和前者城市一樣晉身於亞洲的「國際旅遊城市」之列。

我們花了大錢蓋了機場的新航廈，但是我們沒有預算設置一個能提供英文及日文語言服務的旅客資訊中心；我們花了大錢蓋好捷運系統，但是我們吝於花些經費製作英文說明；我們花了大錢建置無線寬頻城市、無線寬頻台灣，但是我們吝於花些小錢製做英文網頁，或是至少讓國際機場出境、抵境大廳都有些上網的地方（那些根本沒什麼人在用的公共電話，只要加個數據埠，不就能夠提供上網服務了嗎？）

然後我想到剛結束的新加坡之旅，從頭到尾，我們沒有任何旅遊上的障礙，一出出境大廳，馬上就找得到官方的旅遊中心告訴你地鐵票怎麼買、要去的地方怎麼轉車，除了英文城市及地鐵圖，更別說還有中文、日文和其他國家的語言資訊。我才瞭解，為什麼對於非日本觀光團的外國旅客而言，新加坡在他們心中的評價會這麼高了。

我真的忍不住想請問台灣政府，我們真的想吸引國際旅客到台灣旅行嗎？

by justin

8,828個希望做到的事情

——以及接下來的行動

親愛的朋友：

3月20日的記者會上，我們公佈了希望地圖開站前二十天的數字及綜合分析之後，《中國時報》的記者高有智問了我一個問題。對於我們的希望地圖說是要喚起300萬個希望，當時才只有8,828個，他問我有什麼看法。

當時我回答他：

一、「我們的」希望地圖，是要大家來共同完成的。

二、由於我們的活動還會到四月十一日才截止，並且網路上什麼事情都可能發生，所以我們對未來的二十一天抱著極大的希望。

會後隱約覺得這樣回答好像少了什麼，這兩天下來，知道少回答了什麼了。

我們說是要喚起300萬個希望，那是一個數量。我們是希望用300萬這個數量，來引起總統候選人及當選人的注意。以免他們以為這只是一小群沒有代表性的人的想法與希望而已。

3月20日記者會那天，兩位總統候選人都派了代表到場。我送了用全台13個縣市61個現場張貼板，以及各網站與部落格圖像所拼成的希望地圖，請他們轉交給兩位候選人。兩位代表也都承諾，不論他們是否當選，都一定重視這些人民的聲音，同意我們用四年時間來追蹤、評分他們所答應實踐的希望。（詳細情況請參閱〈希望地圖報第11號：用一個新的方法和總統溝通〉。）

我們的希望地圖，已經在公民與總統之間如何進行對話，如何進行監督與回應的事情上，邁進了一步。

不必要300萬個希望，也不必高聲吶喊，我們在3月20日那天所有的8,828個希望，就已經做到了這件事情。如同三個星期前，我看到兩位總統候選人的競選總部和其他人並列為這個行動的協辦者的感動，現在，看到我們的希望這麼快就得到回應，也是感動。這是台灣民主社會的驕傲。

隨著新的總統已經誕生，我們這8,828個希望，已經完成了一個美好的開始。

我還要再說另一個感動，昨天晚上的。

昨晚大約七點半鐘，馬英九當選總統已經確定的時候，我趕在出門之前，特別到希望地圖的網站上看一下。我想看一下希望地圖的參與者，在這幾個小時裡有何反應。

相對於我聽到身邊一些朋友說他們或是三個晚上沒有睡好覺，或是為了投票結果緊張得血壓高起來，希望地圖的參與者，這一天直到新總統誕生的這一刻，仍然是在發表，以及同意那些不同於亢奮情緒的希望：

祝我生日快樂　by Rachel

希望 1 + 1 > 2　by moon

拒絕台東富山遺址蓋度假村　by hare

下階段教育策略　　by 劉正幸

政府應重視幼兒自費疫苗全面接種補助政策　by 朵兒

等等等等……

選前我曾經在 3 月 9 日和 3 月 20 日，分別每隔十天，以主流大眾媒體上的一些熱門選戰字眼，如「一中市場」、「綠卡」、「獨立」、「統一」等，拿來當關鍵字檢索希望地圖。結果發現在希望地圖上的反應只能以寥落來形容。（詳情請參閱附件一。）

如果拿來和選舉結果比對一下，可以看出希望地圖上雖然數量不大的這 8,828 個希望，其象徵的意義是什麼了。這 8,828 個希望所象徵的，還不僅如此。昨天晚上，當電視螢幕上出現許多人為了自己支持的候選人勝選與敗選而激動的時候，我卻又看到希望地圖的參與者持續或者以冷靜，或者以平穩，或者以幽默的聲音提出自己的希望與主張。這才又把希望地圖參與者的特點，更進一步呈現了一些。那真是另一種感動。

感謝希望地圖所有的參與者、支持者、串連者、報導者，使得這一切如此進行到這裡！

接下來，就讓我們開始第二階段三個星期要做的事情吧！我們已經有了一個美好的開始，接下來，我們可以把事情進行得更有意思一些！

最起碼，我們可以雙線進行。

如何讓我們的希望和新總統之間產生實質的互動，開始四年的實踐與追蹤，那是一線。

然後，另一線，如何讓我們自己每個人都把自己的希望講出來，自樂樂人，自己實現也幫助別人實現，是我們永遠不該忘記的，永遠不該在寄望於政治人物之後就忘記的。

所以今天最後要推薦大家看一個希望：

我要快樂!http: ／／ www.hopemap.net ／ HopeDetail.php?hid=3558

簡簡單單的快樂，了解自己多一點，找到雙向的愛，不再迷糊

（每天噴點香水,提醒要愛自己）

（讓我們從這一點開始吧。明天見。：)

郝明義　　rex

醫療

政府應重視幼兒自費疫苗全面接種補助政策

朵兒 / 03-19 台北市

這個世界病毒一直變種,疫苗也不斷更新。政府補助的疫苗種類當然也應該要更新><至少要把舊的疫苗補助改為新的疫苗補助。你看像是高單價的五合一疫苗和肺炎疫苗,很多媽媽真是含淚勒緊荷包自費去打,不打會擔心,怕萬一疏忽自己會後悔一輩子,但都打了經濟負擔又很重,這種煎熬真是很痛苦。

其實這本是都是國家應該做的呀,更不用說貧苦家庭,連飯都吃不飽,更不可能去打自費疫苗,他們的健康就被忽略掉了!其實像國外肺炎和五合一,很多都是由國家付擔的。

所以我們政府應要重視幼兒疫苗自費接種補助政策,這真的對家中有幼兒的小朋友才有多一種保障,也是提高婦女是否會再生的考慮之一,不然怎麼敢生第二胎啊!

業 / 04-04 / 台中市

能夠找到幫我治病的醫生。

醫病關係的改善

1120 / 03-14 / 台北市

1.醫師視病猶親

2.一定以上的醫療品質

3.病人要具備有健康自我照護的概念,提昇自我的健康保健常識

4.醫病互動良好,醫師詳盡地告知病情,及病人瞭解後為相對應的同意,讓病人參與自己的醫療決策

5.更健全的醫療社會福利。

6.若還是產生了糾紛,救濟管道能通暢及更理性。

7.凡是人(醫生也好,病人也好)都會犯錯,最重要的就是認錯。

8.不要凡事都要上法院解決,上法院前也還有很多更簡便的調解程序。

9.病人生病了不能沒有醫師,醫師也需要有病人才有其存在的價值,也才有飯吃。兩者是生命共同體,需要和諧才能共存。

10.其他。

ucareicare.net

緊急醫療制度的建立

凱斯博 / 03-12 / 台北縣

緊急醫療制度務必建立,需多民眾不管在需要器官或是沒能力付出醫療費用時,能有一平台把資訊建立上去,讓有愛心的民眾能去幫助他們。

政府單位沒去實施,官員只會做官不會做事,所以希望這能改變,能有人去建立這資訊平台,讓全民幫助需要幫助的人。

病友會

蔡一弘 / 04-05 / 台中縣

補助成立病友會,做為醫改參考。

蔡一弘 / 04-05 / 台中縣

病歷資料全上網

請重視愛滋議題並研擬因應對策

周富美(希望代貼信箱)/ 03-24 / 台北市

台灣的愛滋感染者已超過一萬五千人,實際數據比官方公佈的高出五到十倍之多,馬英九先生在台北市長任內,並未妥善解決愛滋感染者居住權與愛滋寶寶就學權之問題,如今上任第十二屆總統之後,期望對於台灣日漸增加的愛滋感染者問題,以及愛滋寶寶就養以及就學的問題,進行長期討論,並研擬出因應對策。關於愛滋感染者等相關的問題,政府不能再用逃避心態,把問題丟給民間機構,關心愛滋感染者權益的朋友們,將進行持續長期的關注。也請未來的總統馬英九先生,重視此議題的嚴重性。感謝。

希望健保局永保健康

Jil / 03-11 / 台北市

許多先進的國家都沒有如此普及的醫療保險制度,希望新總統當選之後,能夠繼續這項社會制度並且讓健保日益完善。

不僅身體的部分,甚至心理部分的,也能一併納入,

每一次與外國友人提到我們的全民健保(先不說制度上還需要改善的地方)心中真是充滿了驕傲,因為沒有幾個先進國家有同樣的社會福利;尤其是爸爸媽媽在癌症末期得到的醫護,真的無法用言語表達。弟弟曾說:現在我最乖乖按時交的費用就是健保費,因為希望健保局永遠不會倒。也希望健保制度更完善,能正視實際上需要受到照顧的族群。

麻衣 / 04-11 / 台北市

我是有聽說,健保局內部的財政

規定，有不少問題。

如果可以在這點上改善的話……

我想我不會看到，有人的網誌標題，很明白的寫著：我不爽健保局。

[詳情請到這邊來看http：/ / mypaper.pchome.com.tw / news / bear1002 /]

健保節省的方法

小班 / 03-13 / 北美洲

健保用藥節省，對於長期病患或者重病當然不用節省。

但是感冒的小病，我認為啦，住家附近就有診所的，可以選擇「開藥天數」（現在都是固定開3天）。我常常第一次3天藥吃完沒好又去看，又拿3天藥，但是吃一天就好了。剩下的藥就變成放到壞，浪費掉。

或許可以實施「三天為上限 自選用藥天數」，要是選1天，或者2天的民眾， 可以獲得某部分退費。例如：我先看了一次，吃了3天份藥還沒好，第二次去，我選擇只拿1天份的藥，要是：

(1)吃不還是沒好，憑收據可以再去診所領2天的藥。

(2)如果好了，就記下來，看節省藥費多少錢

退某百分比回饋給民眾，再看要用什麼方法發回。

人人繳的起健保費

小三 / 03-01 / 台北縣

被停卡才知停卡的苦，跟健保局訴願，才知健保局的顢頇。

明明本質是社會福利政策，為何要披著強制性的社會保險外衣？

沒有收入已經很苦，為何還要繳健保費？

沒有薪水，我沒有錯，不要把我跟沒報稅的美國華僑相比。

我希望取消一切金錢補貼，落實實物補貼，讓真正需要的人，有飯吃，有車坐，有書讀，有醫生可以治病。

joanna / 03-26 / 台北市

沒錯～貴得要死的保費，實際上也感覺不到它的作用。

我希望有公衛預算與募款

麻衣 / 03-26 / 台北市

關於政府國庫的赤字情況，相信很多人都不太知道。

至於國家年度總預算當中的國防預算，受制於美國軍購交涉問題，

常常變成花很多錢卻買到次級品。

如果能把國防預算，移到與公共衛生相關的幼兒疫苗接種，

同時對於企業界進行募款，對於國庫負擔會輕一點，

企業也可幫助無法自費打疫苗的家長。

請多宣導器官捐贈

寧 / 03-25 / 宜蘭縣

希望政府單位可以多提倡及宣廣器官捐贈，讓每個等待及需要器官的人能有獲得重生的機會。

加強自閉兒的早療體系

麻衣 / 03-24 / 台北市

我算是受益於早療體系，之後又經過諮商輔導系統的滋潤，

現在看起來跟一般人沒什麼不同。

只是除此之外，我覺得高功能自閉兒或是亞斯柏格症患者，

也需要就學就業上的幫助！

「護理人員工作十五年(含)以上者，一律轉門診及學校當校護或老師」

Bauer / 03-10 / 台北市

一．護理人員工作十五年(含)以上者，一律轉門診及學校當校護或健康老師，讓護理人員看到希望。二．醫師當到主任仍要看診，為何護理長就不必下來照顧病人呢？每個月二週，真正地直接照顧病人，才能體會基層的甘苦，知到真正病人的狀況，每二個月輪小夜和大夜各乙週。三.小夜班交班超過十一點，應由醫療機構和交通單位簽約，負責免費接送，別忘了給加班費。四.公私立醫院醫護人員每天均一個半時到三小時交班，都沒有領加班費？在病菌最多的環境下工作，等同作戰，醫護人員應該要領危險加給才對。只要讓護理長每半年回鍋做護士一週，相信全國的護理長會嚇死一半，晚上小夜班常交班到凌晨一二點，醫療機構至少也要負責將盡忠職守的醫護人員平安送回家 依據醫療規定，醫療機構一般病床每四床，應配置一名護理人員，又護理人力如有變更，均應依規定報請衛生局核備。事實上一個護理人員要照顧十幾床是司空見慣，好像只有SARS來時才有人重視，過了之後就乏人問津。

減少護理人員的工作時數，增加醫院人手!

陳宜軒 / 04-05 / 台東縣

因為再台灣一位護理人員平均要照顧12~18床的病人，一個月休息5~10天，一天只有3班制，如果連續上大夜班 和白班，不就要連續上16個小時!〔白班：8點~4點.小夜班：4點~12點.大夜班：12點~8點〕工作16個小時不休息，連超人都會累，更何況是人類，那根本就不是人做的工作!還有的醫院為了要減少人員支出，

就增加護理人員的工作量，如果有兩床病人同時都有生命危險，要先去處理哪一床又是誰能決定的，如果不幸另一床的病人去世了，責任又是誰能擔的呢?護理人員不只要應付病人還有醫生跟家屬等種種的問題，如果一位護理人員只要照顧3~5床的病人，那 就有更多的時間照顧、了解病人，或許病人會恢復的更快，也能更快的出院，不是兩全其美的好主意嗎!

將禿頭列入健保

戴羽婷 / 03-31 / 高雄縣

現在的社會禿頭的人已經越來越多了…所以我希望將禿頭列入健保……

醫療體系能夠從人本的角度來對待病人

章寶 / 03-12 / 台北市

許多醫護人員在工作上盡心盡責，但看盡人間病苦的結果，往往需要將自己的情緒與感受隔離，甚至使自己的心靈痲痹，才能面對一個又一個不幸的患病家庭……時間久了，有些醫護人員似乎忘了病人也是人，也有情緒，他們走進陌生的診療間或檢查室，其實是非常惶然的。 很多走進醫院的人們，面對自己或家人的病痛，心中常常隱藏著極度的恐懼和不安，若是醫護人員能夠有一些敏感度，能夠意識到病人及家屬的感受，而在言語上多加尊重並同理病患與家屬的心情，我們的醫療環境就會是個比較有人性的場所，不是只有身體的照顧，同時也兼顧到病人的心理，這對健康促進是十分重要的一環。希望衛生署及醫療院所能夠從人本的角度來提昇國內的醫療品質。

修改心理諮商師法-給出國修諮商心理的人更多機會回國服務

caroline / 04-10 / 高雄縣

修改諮商心理師法，讓出國修諮商心理的人，回國可以得到認證。不像現在還要花時間補修學分外加一整年的無收入實習才能考諮商師，雖然法中指出可以去修學分，但提供學分的機構一年比一年少，現在還想要規定如果沒有在國內的研究所就讀，不能去實習。路越訂越窄，這樣的規定讓原本在美國及英國就可以執業的專業治療師及心理諮商師，一想到回國就是失業的開始，很多都選擇留在國外…這會讓很多優秀的人才無法回國貢獻所長，國內的諮商界也缺乏新血及刺激…我希望，法能修改，讓每個有心回台灣服務的人都有路可走。

持續加強推動「安寧照護觀念」

卿沄 / 04-10 / 台北縣

上週六晚上在新舞台觀上一齣舞台音樂劇「錄音機裡的秘密」，感受到「安寧照護」的重要性，希望政府與大家能一起多加關心這個議題，落實提升病患與家屬生活品質而努力。
走出幽谷 蔡旻霓戲說生命教育
【2008 / 03 / 13 中國時報 / 朱芳瑤 台北報導】
「當病情2度復發時，我也忍不住有了自殺的念頭…」罹患腎病，甫自鬼門關前走一遭的劇場導演蔡旻霓，談及那段1天得吃下28顆類固醇的治療過程，蔡旻霓的言語中雖不見消沉，但翻閱其病時創作的塗鴉，一張張卻充滿著陰暗、不解與無奈。
這場大病過後，蔡旻霓決定以藝術回饋社會，執導舞台劇傳遞生

命教育。 今年才28歲的劇場導演蔡旻霓，外表樂觀開朗，很難想像她曾經經歷生死關頭，在病重絕望時，一度萌生自殺念頭。2008年「安寧療護 / 臨終關懷」研習課程：http: / / www.lotus. org.tw

真正的醫學昌明

楊孝先（nchild） / 03-04 / 台北市

衝突的研究報告不斷，久病病患往往越醫越差，甚至不清楚吃的藥到底是害人還是救人……希望在十年內看得到人類醫學大躍進，更了解對人體有益的醫療方式，朝正確的方向前進。

攝護腺免費檢查

steng / 03-12 / 宜蘭縣

攝護腺癌是男性十大死因的第八位，素有「男性的子宮」，之稱的攝護腺遭受的待遇，跟女性的子宮相比，可謂爹不疼娘不愛。當女人享受子宮頸抹片免費檢查，健保卡上免蓋章，衛生所護士打電話到府上通知檢查，而政府還一再抱怨檢查率太低……想像同樣是某一種性別特有的器官，為何長在男性身上的就一點都得不到重視？真是無語問蒼天…其實攝護腺的檢查非常的簡單，可謂「三分鐘護一生」，只要醫師拿一根針從直腸部位伸入，採集一小部分組織即可……這麼簡單的檢查，健保無法負擔嗎？男人啊，何時可以團結起來，爭取我們理應享有的權利！

讓巴金森氏病手術費納入健保給付

阿將 / 04-11 / 北美洲

日本、韓國都已納入健保給付，台灣也該做得到。

罕見疾病全額補助

佩君愛東 / 04-07 / 高雄縣

政府可以補助這一些得到罕見疾病的人,可以得到他們應該有的補助,這樣的話照顧他們的家人,比較不會有錢的問題和壓力,我當然希望他們可以獲的補助

節省醫療成本

小長今 / 03-11 / 新竹縣

1. 希望我能在40歲前目前正在準備進行的中醫整體體質及疾病資料庫,由100人作到1000人,甚至於到1萬人以上。而且此模式可以以科學化的證據及關聯性,讓全世界的人都不再排斥爭中醫,而且可以很清楚地對症下藥,發揮中醫最大的效果!!今年目標先完成100名,未來陸續希望與其它團隊合作,以達到我的目標!!

2.希望未來能有機會跟大陸的藏象學大師－王琦,學習更進一步的中醫藏象學,並攻讀相關論文!

3.投資木及火的事業(中醫小學教育???教育是樹人的事業,還是中藥房老闆娘??)

4.把命理及風水也學好!

5.60歲退休的規劃,就是潛心著作加上修佛法密宗(所以要存夠錢,預計靠10棟房子收的租金過活)。

6.80歲可以在安魂曲的共振音樂中,安詳過世!!留下一部偉大的中醫作品,以及一系列科普作品!

強制一年一次健康檢查

小豬 / 03-30 / 屏東縣

現代人常常都不知自己已經一身病,還做加重病情的事,或常忙於事業拖延病情,所以一年一次健康檢查應該要非常重視,因此希望要每年強制作一次健康檢查並加入健保!

請多宣導器官捐贈

姿~ / 04-09 / 高雄縣

這樣可以救活更多的生命讓他們生命延續下去

loulw / 03-27 / 台北市

中國醫學能發揚光大,為更多受病苦折磨者能得到最適切的治療。不要一味崇洋毀中,中醫界更應團結努力振興中醫,不要一天到晚為了私人利益而抵制非學院派醫者。

中醫若能振興,求診者會更多,不要為了籠斷市場閉門造車,那只會讓中醫更落後更不振。

身為特考生,我期望能有公平競爭的機會,讓有能力投身中醫傳承的人,不被幕後黑手硬擋在門外……

三郎 / 03-26 / 台北縣

國家考試中醫特考已實行多年,在學院派……師生打壓下,目前已經通過檢特考廢除條例,中醫檢考在今年(97)已經結束,而中醫特考將在民國100年後廢除…

中醫特考的難度,眾所皆知,錄取率在1%上下,除了考題的打壓,改分的打壓,特考生還受到總總歧視,這些都是因為既得利益者的攻擊,以致於特考生考了數年,放棄工作、婚姻,失去了時間、金錢、精神,還有數度落榜的黯然神傷,

懇請新總統能重視我們這弱勢群體,希望能在民國100年前通過另一個法案,安頓好特考學生,讓我們有考試權、工作權……不然我們一切的努力都將化成煙灰,感恩感謝……

hal8900 / 03-26 / 台北縣

中醫師檢特考,是提供給非正式學院出來的中醫學子的希望,學子希望也能有昭一日正式的來為有病苦的大眾解疾。看看現實面,往往非西醫能治之時,中醫能治。而中醫學院畢業不能治之時,民間特考出來的中醫師能治。提供給民間中醫一個希望,恢愎中醫師檢特考。

小孩走這條路呢？到那時台灣不就沒有體育人才了嗎？最終希望能重視體育。

體育的重要

阿維~* / 03-05 / 苗栗縣

對押！體育真的很重要阿！難道就只有讀書讀書再讀書嗎？讀的再好沒有健康的身體！行嗎？而且適時運動不但使身體健康，也可放鬆心情…等 難道運動發展就沒有成就嗎？你讀書讀那麼多有王建民薪水多嗎？有NBA球員多嗎？所以應該多元發展，而不是侷限於這小小的一塊。

二手煙

拒吸二手煙

卿沄 / 03-14 / 台北縣

不抽煙的人也能同理吸煙的人的心情，我希望有誰能發明不傷害身體的菸，讓吸菸的人以及身旁的親友，身體都能健健康康，免於尼古丁的殘害。

拒吸二手煙

月亮上的小狐狸 / 03-03 / 台北市

享受自由美好的空氣，抽煙的人會考慮到不想吸煙的人的心情，拒吸二手煙。

拒吸二手煙

小柯 / 04-08 / 高雄縣

拒吸二手煙因為二手菸對人體非常的不好，而且又不是自己抽的菸。如果得到肺癌對別人不是很不公平嗎?所以我希望拒吸二手煙！

體育與復健

麻衣 / 03-26 / 台北市

常常我們會發現，為什麼醫院復健科，會有很多人的身體，因為年老或姿勢不正，所以受傷需要治療?這是因為體育教育當中，某部份沒有跟復健推廣結合起來。

這種重要的部份，就是作某些動作之前，一定要熱身。

比如說媽媽要切菜，她可能只把這個視為是家務勞動，沒考慮到這也是一種運動，需要把手指跟手臂熱身，如果要加快處裡速度，也需要家人的幫忙。

另外還有一個層面，對於年輕運動員的訓練，教練不能過度要求。

假使對一個棒球小投手，過度要求投球勁道，這對於他們的手指、手臂關節，以後真的會有職業傷害。

如果體育與復健可以互相結合，我覺得這對減少醫療資源浪費，也是個好辦法。

都是我錯 / 03-03 / 新竹縣

我希望總統除了能夠顧到民生和經濟之外，也能顧到我們的體育。我們的體育方面資源不夠是很大問題，而且好像都沒重視這一塊能揚名世界的機會，其實這很重要希望政府不要一昧只重視得過金牌的項目而大小眼，這樣是很不好了，也沒有一套完整的生涯規劃給這些體育人，如果他們沒有出路怎麼會有父母讓他的

by 俐容

女明星能吃胖點

梁兮兮 / 03-03 / 台北縣

雖然有些人以為變胖等於懷孕，但大多數人都知道肚子裡面裝脂肪的機率比較高。吃胖點吧，瘦巴巴的令人不忍正視啊，尤其是女歌星，唱歌需要力氣的吧。

關於懷孕、標準體重、肥胖的差別

麻衣 / 03-31 / 台北市

有個正確的廣告或者衛教，把孕婦體重跟一般人體重當中，可能過重的危機好好講清楚。

因為孕婦不宜過胖，也會有併發症；歌手或藝人的體重，不完全是上相問題，她們也要注意體力或精神消耗程度，總不能一天到晚處在低體重值，或者壓力過大而太瘦的局面。

就我的印象來說，瘦瘦的日籍歌手中島美嘉，也在2007年演唱會期間，因為體重不足跟工作量太大，結果真的進醫院休養＝＝總之身體代謝與體重衛生教育，這也是很需要的。

大家可以感受人生而非「趕瘦」人生

奕君 / 03-09 / 台北市

瘦與胖，基本上很難隨心所欲。先天上，有些人體質易胖，有些人易瘦；後天呢，有些人好吃美食，有些人卻三餐挑食。可是，無論是哪一種人（當然，多半是女人），都希望把自己塞進小一號的牛仔褲裡。

身為女人，我知道女人多麼想變瘦；身為女人，我知道女人為了變瘦願意吃多少苦頭；身為女人，我知道女人極力避免在男人上下打量的目光下感到挫敗。

為了「趕瘦」，免不了一場相當慘烈的奮鬥。

所以我希望，男人可以感受女人，而非要女人「趕瘦」；而女人可以感受人生而非「趕瘦」人生。

女明星能吃胖點

hare / 04-05 / 台北市

希望不會再有以不健康為樂為榮的心態。急急）排骨精退散）））

hare / 04-06 / 台北市

不輕易浪費寶貴的時間在體重的執著上。

檳榔的販賣對社會產生以下負面影響

阿國 / 03-01 / 新竹縣

1.食用檳榔對人體健康的影響導致醫療成本的支出。
2.檳榔妹穿著清涼的色情文化。
3.種植檳榔所導致山坡地流失。
所以政府應立即禁止檳榔販賣。

by Lubin

心理

請總統候選人提出
國家的精神心理衛生政策

林昌 / 03-04 / 台北市

「我們需要什麼樣的總統及副總統候選人？【智慧與魄力】：精神心理衛生議題，需要參與的部會繁多，需要的正是最高的智慧和最大的魄力。【尊重專業】：期盼新總統組成的行政院團隊，尊重並傾聽各領域的專業意見。

【貼近基層，傾聽精神疾患和家屬的困境與需求】：期盼總統候選人能夠傾聽、了解精神疾患或家屬的需要是什麼。【政府撥款成立精神心理衛生社區服務發展基金會】：精神疾患的人數不斷高速增長，我們需要專項經費來建立有品質、有監督的精神心理衛生社區服務。美國加州有「富人稅」課高所得族群部分稅捐，將所得專用於精神心理衛生領域。希望總統的政策中，能夠比照司法院逐年撥款成立總規模一百億元的法律扶助基金會的模式，由政府逐年撥款成立總規模至少二百億元的「精神心理衛生社區服務發展基金會」，真正起步推動國人長期所需的精神心理衛生資源。 新聞稿發佈人：社團法人台北市心生活協會www.心生活.tw 聯絡：心生活精神族群充權服務案 楊社工 電話: 2742-0302 (中華聯合勸募協會97年補助案) 傳真：2742-0307 電子信箱：heart.life@msa.hinet.net」

by justin

提昇國人心理健康的品質

侯南隆 / 03-03 / 台北市

大家都能在基本生活需求的滿足上獲得安全，人與人之間有信任感，不再擔心生命財產隨時有被掠奪的危險，獲得愛與接納，相信自己有能力不汲汲於樂透詐欺這樣浮誇的幸福謊言，獲得自尊，體會到自己他人，每個人都是重要且獨特，瞭解到知識的益處，讀書不再只能是為獲得成績，區分高下的競爭手段或工具，能夠欣賞美好，發自內心地，對於美有著感動，跳脫不知不覺陷溺其中的物質欲望，終能實現自己，提昇自我、超越自我。

卿沄 / 04-10 / 台北縣

修改心理諮商師法，給出國修諮商心理的人更多機會回國服務……我對這方面不熟！但倘若能夠讓更多這方面的專業人才樂意回國服務，政府的確有必要修改相關的法令，不只是心理諮商，而是全方位且有計畫的促進學術文化交流，讓台灣與世界接軌。

凡事不要都經濟掛帥，
有利益為優先

1120 / 03-14 / 台北市

在發達的工業社會中產生單向度的人，單向度的意識型態，現代的經濟掛帥文化，人的生活本有很多層面，可是經濟掛帥文化將人壓縮成為單向層面者(one-dimensional man)，因為人類有同樣的期望，要求富裕以及舒適的生活，以及擴大人類對自然的控制能力等等，為了追求生活環境的進步，而喪失了否定、批判和超越的能力的人，在這種意識型態所構築的社會環境，人們對於既定的事實幾乎無批判地接受下來，不願再多面向的思考另外的可能性。將會把人類帶到何處？

Carol Lan / 03-14 / 台北市

國人的心理諮詢健康品質能獲得重視，精神衛生的相關從業人員能獲得更多的尊重，讓所有的資源能夠妥為被運用。

自殺

by autremoi

希望能有幫助精神病患的政策

天空指南 / 02-29 / 台北縣

人們或多或少都有岐視精神疾病患者的狀態，我希望新總統能想辦法幫助他們。 罹患精神疾病（例:憂鬱症、精神分裂症等等)需要大家一起來關心幫忙，而不是一昧將他們關起來、視而不見。 也許精神病患者發病起來很嚇人，但只要大家不以異樣眼光看待他們，不替他們貼上標籤，他們便不會抗拒就醫或是前往學校的輔導室。 因為就醫或是去學校輔導室便會有紀錄，周圍的人都是從那時開始投以異樣眼光，這點真的讓他們非常痛苦。 到底該看醫生或是不看？又或是該不該去輔導室詢求協助等等都是他們的難題。 舉例來說，去輔導室求助，結果便開始遭受排斥甚至被同學逼迫轉學的事情，我就在學校親眼看過，而且還只是國中生而已。 希望新總統能夠完成我這個18歲女孩的小小心願。 不論是從國中小學的生命教育、法律、或醫療體系及諮商等等的支持體系上，我希望未來有能夠保護他們的政策。 因為...我已經不想再看到有人在我面前因憂鬱症自殺了，真的一點都不想再看見。

jodie1017 / 03-12 / 苗栗縣

政府可以重視憂鬱症患者的醫療和減少自殺率，並重視自殺防治的重要性！！ 因為人們有憂鬱症或是想去自殺，都不是只有單一一個原因，有的是經濟問題，感情問題，升學問題等等很多很多。我們應該要整合資源給予需要協助的人，還有從小應該落實自殺防治教育，讓台灣減少自殺的人！大家都愛惜自己的生命。

caroline / 04-10 / 高雄縣

媒體在報導自殺新聞時能更專業，不是一直詢問：你很難過……媒體人需要同理心，同時報導的角度及方式都要注意，以免引起模仿；自殺遺族需要的是大家的陪伴及關懷，不是鎂光燈，不是節哀順變，是專業的悲傷治療及輔導。

幼是傻瓜 / 03-04 / 南投縣

請大家能多關懷自殺家庭的遺族，他們需要大家的鼓勵、支持、祝福及體諒，身為自殺家庭的遺族，期望大家能多關懷這樣的弱勢族群。

佳儀 / 04-10 / 東縣

希望媒體們在採訪家屬們的時候， 可以多安慰那些家屬們，然後再對大眾做一些比較正面的呼籲。

蔡一弘 / 04-02 / 台中縣

建立與宣導防止自殺專線，降低自殺率。

憂鬱症

憂鬱症與自殺防治

jodie1017 / 03-12 / 苗栗縣

政府可以重視憂鬱症患者的醫療和減少自殺率，並重視自殺防治的重要性！因為人們有憂鬱症或是想去自殺，都不是只有單一一個原因。有的是經濟問題，感情問題，升學問題等等很多很多，我們應該要整合資源給予需要協助的人。還有從小應落實自殺防治教育，讓台灣減少自殺的人！大家都愛惜自己的生命。

米粉妹 / 03-26 / 高雄市

我希望能多提昇父母與子女之間的互動，加強父母對現在不斷變動的時代潮流的腳步，讓父母與孩子之間能更加了解彼此，多提倡親子教育方面的文宣及廣告，若「家」能溫暖，這個社會就少了一個問題青少年，更也少了憂鬱。
在每個時段孩子有每個時段的變化及面對的困窘及壓力，由文宣及廣告中教育父母能用不同的態度去對待孩子，成長不是屬於孩子的專利，是每一個為人父母的專利，更是每一個人的專利！
（by 兩個孩子的媽媽的希望）

睡眠

希望可以睡個好覺
lembert / 04-11 / 台中縣
常常做夢做到被鬧鐘吵醒還在做…希望能早日不要那麼常做夢啦！

anzo / 03-17 / 台北市
我希望生活可以輕鬆點，工作可以早結束，每天能早睡一鐘頭，呵呵…多睡點多幸福呀！

陽光

我要飽滿的陽光
天才DD / 03-17 / 台北市
希望在台北也可以接受純淨的空氣與豐沛的陽光。

elana / 03-24 / 高雄市
台灣新總統雖已選出 不過石油依舊大漲 物價只漲不跌
唉!! 時機壞壞 還是要努力的過生活呀!!
試著每天吃一顆糖,然後告訴自己,日子果然又是甜蜜的! 加油！

by elana

喜樂

你今天微笑了嗎？
天空指南 / 03-15 / 台北縣
「這是線上遊戲RO約在3或4年前改版的標題，也是一個在遊戲裡發生的真實故事，一個女孩在遊戲上戴著微笑面具，發送小花給路過不相識的人，而她開著的聊天室名稱，就是「你今天微笑了嗎？」 現在社會太冷漠，人們都過於忙碌，在接受別人好意時，往往還會用奇怪的眼光看著對方，或是根本不予理會。但是我覺得，即使力量只有一點點，但世界還是會開始改變，一個微笑傳遞給一個陌生人，然後他微笑了，再傳下去。就像電影（把愛傳下去）一樣，一定會發生奇蹟的，所以你今天微笑了嗎？讓我們開始學習帶著微笑出門，把微笑傳出去，傳給每一個心情不佳或是煩躁的人。」

moi / 03-14 / 高雄市
見面問聲早，心情愉快無煩惱。
來自高捷中央公園站，在地上寫字的阿伯。

by moi

chiang / 03-03 / 台東縣
嗡嘛呢唄咪吽。
族群和諧．經濟發達。

寶妹 / 04-05 / 台北縣
快樂˝能夠成為好學妹讓學姊也喜歡我˝我想快樂˝我要快樂！！

by 寶妹

pinkfisher / 03-24 / 雲林縣
讓大家都平安喜樂的方法：
1.不要欺騙。
2.請不要隨便說離婚。
3.不要讓性交易在台灣無限制的發展。
4.不要賭博。
5.多多念南無觀世音菩薩，多吃素。
6.多多練甩手功（李鳳山老師的）。
7.別好奇(好奇心殺死一隻貓)。
8.不要去整形，自然最美。
9.要感恩、謙虛。
10.要存錢，不要亂花錢。
11.多微笑，多練笑功。
12.節約用水。
13.不要衝動。
14.行車小心。
15.不要執著（拜拜不要燒金紙）。
16.小心大陸黑心牙膏（用鹽巴刷牙）。
17.不要造口業，不要大嘴巴！
18.女性也可當優秀領導者。
19.不要買日本貨，不去日本玩。
20.密宗也可以生子。

Mr.Q 的創作分享

希望地圖報　第12號　2008年3月20日

和平——「我們的希望地圖」選前三個希望的最後一個

親愛的朋友：

經過漫長的等待，激烈的衝刺，鼓噪的情緒，我們來到選前最後一個晚上了。

選舉活動即將在幾個小時後結束，每個人各自為自己支持的候選人而做的努力，每個人各自為如何選擇的舉棋不定，也都將劃下句號。

在三月二十一日最後的四個小時裡，在接下來的二十四個小時裡，我們唯一能做的事情，就是為一個和平的選舉而祈禱，而努力。

和平的選舉，需要平和的心。

讓我們隨著一分分的時間逐漸過去，把自己亢奮的情緒，猶疑的情緒，平和下來吧。

聽見自己心裡真正的聲音而投下一票，需要平和。

避免最後二十四小時裡任何不必要的摩擦而產生風波，需要平和。

選舉揭曉之後，接受一個不是自己投下的當選人，需要平和。

選舉揭曉之後，安慰落選者的支持者，我們的同胞，需要平和。

讓我們用平和的心情，來為我們和平的選舉而禱告，而努力吧。

郝明義　rex

by 曹玉明

142

吃素

lauuu / 03-19 / 台北市

希望有一天人類可以不要吃動物的肉!!

為什麼不行,但是為什麼可以吃豬肉?可以吃牛肉?可以吃羊肉?....

我希望有一天人類可以不要吃動物的肉,可以和這些動物好好相處。人類吃素就可以活,為何一定要殺這些動物來吃呢?他們在被殺之前有多可憐你知道嗎?

節能減碳、素食
抗暖化英雄 / 03-30 / 基隆市

新總統帶頭吃素!研究:緩和全球暖化很簡單,少吃肉就可以了。更新日期:2007 / 09 / 13 14:35盧瑞珠(法新社巴黎十三日電):英國權威醫學雜誌「刺胳針」在網路刊出報告指出,富裕國家的人民如果能把肉類攝取量限制在平均每人每天一個漢堡,就可以有效緩和全球暖化問題。 報告中指出,如果能達到肉類減量的成效,預計全球的肉類消耗量可以在二零五零年前減少百分之十。不論對富裕或貧困國家而言,這樣做法不但可以阻擋因農業造成的溫室效應氣體排放,也達到健身的效果。

緊急呼救,開始吃素,加入環保!
愛海藝文廣場 / 03-31 / 台北市

新總統與新執政團隊重視此一問題!

NASA:北極將在2012年全部融化!

根據美國航太總署(NASA)本周最新的氣候研究,

NASA的氣象學家對外宣佈北冰洋的融冰速度將導致在2012年出現無冰現象。

NASA氣候變化研究小組的茨瓦利說:北冰洋冰層融化速度大大超於去年的預測,現存的北冰洋冰層可以反射80%的太陽輻射,來穩定現在的海洋溫度。

NASA的首席氣象學韓森聲稱儘早行動,我們就能挽回一切。

根據聯合國糧食及農業組織的報告:飼養牲畜(指工廠化養殖)是造成氣候變遷的最大元凶,減少動物養殖帶來的影響是環保政策重要的焦點之一,全球溫室效應氣體的排放,有兩成是來自於動物養殖業,超過世界上所有的車、卡車、船、飛機與火車排放的量。

聯合國專家最近也呼籲大家成為素食者,以減少牛肉生產過程中所產生的廢氣,這些廢氣是全球暖化的幫兇之一。

緊急解決之道

1 全民茹素運動(請食用國內食品,減少運輸能源)。

2 將牧場、養殖場改為可耕地 種植樹木。

3 全民儘速讓地球恢復原始生態。

4 多祈禱。

5 自備杯碗餐具、購物袋、節省資源能源。

請「吃素」的
希望不要再灌票洗版了
小星星 / 04-03 / 台北市

「我們的希望地圖」是一個很有意義的活動,我在這裡看到很多善念的光輝,也更瞭解社會不同層面的人,每每為了那些真誠的,甚至卑微的最後吶喊而深受感動……過去幾天,這個美好的交流與發聲園地被「★ 緊急呼救,開始吃素,加入環保!」這個希望洗版一大堆人不斷來灌票(投票的人90%以上只投那個就走了,沒再出現過)變成票數第一名還繼續灌,整頁的標題幾乎都是那個,讓人覺得有點討厭,也影響了來看希望與寫希望的心情。我非常尊重你們的希望,自己也吃過很久的素,但是請你們不要再繼續灌票洗版了。

網路對每個人都開放,但是請不要操弄這份開放,網友的眼睛是雪亮的。

最後,我很想知道站方最後會如何處理那個「第一名」。

希望人類停止呼吸救地球!
人類 / 04-07 / 台北市

這比吃素來的有效!

素食者也能尊重
肉食者的人權
hare / 04-03 / 台北市

吃素是很自發的事,希望素食者也能尊重肉食者的人權,肉食者也是有在做善事的……
by 被素食者包圍的肉食者

牛乳

將牛乳產業列為國防農業

紹文 / 03-07 / 台北市

若將酪農業列為國防農業，應該附加須以有機或至少友善環境方式飼養。如圈養放牧，牧草不施或合理最小化施肥、農藥量。不打生長素、催乳激素等方式。

HUNTER / 03-01 / 台中市

為了下一代更茁壯，更聰明，也為了讓軍中弟兄更健壯，也為了讓台灣的酪農事業起飛，請新政府比照以色列等外敵環伺的國家，將乳牛的飼養列為國防農業，這是因為下一代的培育與現役軍人的防衛，都與國家安全有關及永續綿延有絕對的影響，因此，在孩童至少16歲以前，與軍人服役期間，都必須免費提供擁有最佳完全營養的鮮乳。

巧克力 / 03-27 / 台中縣

幫幫台灣酪農，救救台灣下一代的健康就跟教育一樣重要，如果有更好的健康身體，那讀書或鍛練身體一定更有效率，這個提意真的不錯，各為位請多多幫忙唷，給下一代一個實際的希忘望。

Kevinvet / 03-28 / 桃園縣

想起三十多年前，讀小學時都有訂學童奶，是玻璃瓶裝的那種，現在已經看不到了，那是一種幸福的感覺，也是每一個媽媽的希望。現在小學生每天都有營養午餐，如果可以再加上一瓶台灣本產的鮮奶，讓台灣未來的主人翁一起向前行，這樣台灣一定贏！

by 薛邑棻

黃小婷 / 04-07 / 屏東縣

我希望牛乳可以列為國防農產品，這樣不管是窮小孩還是有錢人家的小孩都可以喝到，也可以提高下一帶的健康，也不必為了買牛乳花錢，而且可以每天早上都可以喝到新鮮的牛乳，是件多麼幸福的事ㄚ。

賴鈺涵 / 04-08 / 彰化縣

牛奶可以越來越便宜呀～
牛奶又有很多營養！
所以價格剛好又對身體有益健康的東西，當然希望他會是國防農業呀！^^

柯婷勻 / 04-02 / 屏東縣

我希望我們有更大的土地，有很大的草原，還讓牛可以吃草長大，我們才能喝到牛奶長大，讓很多人可以營養，長命百歲，讓這個希望開擴很多的地方。

請謹慎評估
「將牛乳列為國防產業」

卿沄 / 04-10 / 台北縣

雖然我自己也是個牛乳愛好者，然而，歐美大量的畜牧業也的確是過度開發綠地，增加溫室效應、造成全球暖化的主要肇因。台灣可以開發的、不能開發卻也過度濫砍的土地亦十分嚴重，因此，請在保存台灣剩餘僅有的幾塊綠地作長遠之計考量的前提下，審慎評估畜牧產業的規畫。另外，請大家在享用牛乳香醇口感的同時，不妨看看《牛奶，謊言與內幕》這本書。

走入陽光 / 04-10 / 台北市

這個希望明顯也是灌票，看了就討厭。牛乳有比豆漿營養嗎？很多人的觀念都被廣告誤導了。對整個國家來說，有太多產業更值得列為國防產業，不能只因為有人灌票這個希望，就真的當成全民的希望去建議政府啊！

小布人 / 04-10 / 台北市

贊成，發產牛乳產業對環境發展不見得好

農民

拯救台灣農業
關心農民吧（希望代貼信箱）
/ 03-24 / 台北

農民苦不堪言，如何能解決這些問題，執政黨沒有完好的計畫與措施，讓菜價豬價一直跌，卻不會做出什麼行動，就拿豬價來說，現在玉米漲價，可是豬價卻不反映成本的往下跌，有人說是台灣的豬隻過剩，那為什麼不外銷，反而讓國外的豬肉以更便宜的價格來打擊豬農。這只不過是一小部分罷了，不管接下來執政的是誰，只希望可以多關心農民。

Justin / 02-29 / 基隆市

總統府鼓勵有機農業，保護台灣土地，保護人民身體健康，增加農產品國際競爭力。希望總統要求總統府餐廳採用台灣有機農業食材，鼓勵農民轉型。

董福興 / 03-02 / 台北縣

讓台灣的農地可以繼續耕種，讓台灣人吃到台灣土地上長出的米。讓這塊富饒而從未餓死的島嶼可以餵養每一個居民，當我們失去一切時，讓我們還能依附這土地上的作物而繼續生存下去。

真正地活著 做自己的英雄
賴青松

不適應都市擁擠的生活，回到鄉下務農，在這個春天插下第五次的秧苗。

這個冬天宜蘭的天氣溼冷嚴寒，絕大多數的秧苗生長延遲，育苗場時時可見焦急的老農。三月下旬大選前後，最後一波寒流剛過，陽光明艷，彷如夏日，前幾天才插下的秧苗，受不了高溫低溼度的「烤」驗，原本嬌嫩的新葉一夜枯黃。

這些事情不會在紛擾的媒體上出現，也引不起太多人們的注意，只有真正在土地上滴下汗水的農夫在意。少年時期輾轉城鄉之間的生命經驗，讓自己發現了在城市之外生活的可能性，也預留了中年出走的伏筆。若問我怕不怕？當然害怕！怕失去眼前熟悉的一切，怕面對一步又一步未知的未來！但是心裡卻比誰都明白，只要心中 那股熱切的呼喚不消失，這般的恐懼將永遠存在，唯有自己返身面對方能止息，於是，我這麼做了！

後來事情的發展遠遠超乎想像，但對於自己而言，最重要的是終於能昂首面對自己心中的渴望與恐懼，得以從另一個高度檢視與實踐自己的人生。漫步在水田夕陽倒映的黃昏中，竟覺得遠山晚霞的須臾燦爛才是這一路追尋

的真正目的。生命的本質原本單純，唯有坦然面對而已。

「希望」從來不是用來加諸他人的投射，只有在自己起身力行的片刻，「希望」才真正擁有驅動生命的力量。誠實面對自己內在的爭辯與矛盾，摸索出路，放步前行，回首不枉來時路，此時每個人生命中真正的英雄為焉誕生，那就是真正活過的自己！

農業調整法 控制通貨膨脹
天照 / 03-04 / 台中市

對工商業大量的貸款和津貼，刺激私人投資，降物價，增加農業生產，克服農產品物價過高，興建公共工程，增加就業機會。對失業者給以最低限度救濟。 政府要建立制度確定各行業的生產規模、價格水平、信貸條件、銷售定額和僱傭工人條件等。

真正重視農民，
台灣是以農立國
天照 / 03-02 / 台中市

農民只求溫飽，更不求什麼功名利祿，而是如何行銷和改良技術保護自己國家的農產品，在台灣加入WTO進口農產品使市場更加競爭，也會影響到自己國家的農產品；要找出方法來改革農業，不要只是呼口號。

by justin

by 力晶 謝榮源

拯救受到污染的河流

薛邑萊 / 03-17 / 台中市

（1）從「文明與文化」的觀點而言，歷史文明萌芽緣自河川流域文化，舉凡四大文明古國，埃及尼羅河流域、巴比倫兩河流域、印度恆河流域及中國黃河流域，人類文明乃起源於河川。事實上，文化就是生活。沒有水，就沒有河川；沒有河川，就沒有文明；沒有文明，就沒有文化；沒有文化，就沒有人類！我們更可以確切地說：「沒有水，就沒有未來（No water, no future.）」。

（2）由都市發展的脈絡來說，世界各國聞名的大都市大多以河口、港灣或水岸為發展的起點，遠自歐洲英國倫敦泰晤士河、法國巴黎賽納河、美國紐約哈德遜河，義大利威尼斯、美國舊金山、加拿大溫哥華，近在亞洲的上海、東京、香港，水岸是都市發展的軸心。以台灣來說，從台灣早期的「一府二鹿三艋舺」港埠風華，台南安平港、彰化鹿港、台北淡水河艋舺及大稻埕，伴隨港埠開拓而演變的都市發展史，都離不開河川與港口，人與河川的關係。

（3）以台灣產發展的過程來看，從台北瑠公圳（現在新生南路）、桃園大圳、台中葫蘆墩圳、彰化八寶圳、嘉南大圳、屏東曹公圳、台東卑南大圳等等灌溉圳路的開發，到現代水庫、攔河堰及聯通管路等水資源供應設施的興建，在在顯示人與河川、水與文化（明）、都市及產業演變等人類文化的發展有密不可分的關係。不論從哪個觀點都足以說明了水與文化深遠而濃厚的淵源。

天照 / 03-07 / 台中市

台灣地區，河川總長約2900公里，由於人口集中於河川沿岸，都市生活廢水、工業廢水、畜牧廢水及垃圾滲出水等，夾帶大量污染物進入河川，致始大小河川大都受到不同程度的污染，尤其以西部河川污染情形較為嚴重。由民國79年的資料顯示，受到中度及嚴重污染的河川，在21條主要河川中佔了27%，在26條次要河川中則佔了20.1%，而合計25.1%，其污染範圍不僅是河川下游，更擴及中游，其影響範圍不僅是點，而是面。至於台灣地區34個水庫及湖泊中，已有11處屬於優養狀態，而此等水庫皆自來水源，其供水之安全性更引人憂慮。希望新總統全面整治河川保護生態，如何這一代不解決，必將禍留子孫。

蘇花高

反對興建蘇花高

zubine / 02-29 / 台東縣

如果在世界的遺產上建個高速公路就可以讓這個地區的經濟環境變好的話,那西部的城鄉差距不應該是在看到的這樣。

by zubine

興建蘇花高速公路

蔡一弘 / 03-01 / 台中縣

完成環島高速公路

訪草 / 03-01 / 花蓮縣

蘇花高不只是一條高速公路它讓遠離花蓮的鄉親與故鄉更親近了。

誰需要蘇花高?

smallove / 03-09 / 花蓮縣

政客需要蘇花高來衝選票!
砂石業者需要蘇花高來賣砂石!
投資者需要蘇花高來炒地皮!
國工局需要蘇花高來讓自己有事情做!
資訊不清楚的人需要蘇花高來當救世主!
因為他們都不知道,花蓮要的是更好的生活水平,甚至要超過西部平原的生活水平,如果在花蓮就能滿足所有所有生活所需,教育水平夠,就業市場夠,醫療水準夠,再加上花蓮那麼好的生活環境,那……花蓮人還需要到西部去嗎?
所以,我不需要,謝謝。

花蓮人 / 04-04 / 花蓮縣

未來政府對於興建蘇花高決策的考量,應以永續發展的觀點來思考,所謂永續發展,包含了環境、經濟、社會之三角。
三者必須平衡發展兼顧,才算是一個正常、完美之永續三角。以蘇花高的例子來看,首先在環境面,此開發案對臺灣環境和生態絕對是有負面影響的,如對山坡地、生物棲地、地質之破壞、興建後對當地自然環境之破壞等;在經濟面,蘇花高的興建對花蓮當地之觀光旅遊業、農業、工業等發展,也必然會帶來經濟利益;在社會面,蘇花高興建可能造成安全(山崩和意外)問題、對當地傳統文化的衝擊和改變,或者人口移動之情形等。總而言之,蘇花高興建之決策者,其負有重大責任且具關鍵性,應多方參照和聚集不同意見之民眾,共同協議出一個最佳執行之方案,以謀求國家之永續發展。
蘇花高之興建,應考量當地(蘇花)居民之不同立場,針對他們的問題提出解決辦法。而至於我對興建蘇花高之立場,我認為此建設如無特別或緊急需要,則應避免興建;因為目前有很多替代方案,如強化花蓮內部交通建設、修建原蘇花公路、增設海運交通、改良鐵路運輸設施(南北迴鐵路)、加快網路之傳輸速度等。如要興建,則應充分考量當地地質、生態,以生態工法之方式降低對環境、生態之衝擊,以及安全之提升;另外也應考量完工後對當地自然環境和社會文化之破壞和影響,做出防範和因應之對策;最後我建議蘇花高完工之興建維護和用途等,應有適當之管制方法,且應以產業之交通運輸為優先考量,而原蘇花公路則以觀光目的為主。以上之前提如滿足,則蘇花高之興建必然會是一個符合環境、安全、經濟又有社會文化特色之建設。
蘇花高興建之議題,應回歸民主社會之公眾參與行動和精神,即個人建議應在此建設興建決策之前,應再進行一次較具公開、公平性之意見調查,提供此興建議案的全部相關資訊予調查受訪者,以讓其進行正確決定之依據。而據此調查結果,無論贊成或反對,基於少數服從多數,多數尊重少數之觀念,依雙方比重多寡,進行政策之調整,除依民意多數之一方進行決策外,也給予少數一方補救和替代之方案。依前所述,此決策之確定,民眾參與佔很大之比例,決策者亦扮演重要之角色。最後蘇花高是否興建,此一決定應會繼續影響未來相似議題之走向和參考範例,也反映出人民當今之價值觀念,究竟較看重經濟(則環境和文化會受打擊,如山坡地破壞、土石流、砍伐樹木、空氣污染、CO_2排放增加、廢棄物產生、當地文化、傳統資產變質或喪失…等問題)?或是較注重環境和社會(經濟相對會受一定程度之犧牲)?因此蘇花高興建議題之決策是必須事前慎重考量的!

停建蘇花高，
以保存台灣僅存的淨土，
揭示台灣新的生命價值觀

喻小敏

三月二十二日那天，一早投完票我就出發前往花蓮，花蓮和台東有兩間我心儀的民宿，剛好在這時候都有空房。 我搭火車到花蓮。車程長達三小時，對每天像陀螺轉個不停的上班族而言，能有180分鐘的時間，靜靜地坐著，什麼都不想，就望著窗外，簡直是奢華享受⋯⋯ 花蓮的人車開好慢，路上的車不多，大家都慢慢開。花蓮人不多，不擁擠，不管去哪裡，都能估算出時間，何必急？到花蓮半天後我領悟了這個道理，也慢了下來。這是一個安靜的城市。許多時候我們在市街巷弄中徒步行走，少見人影，幾度讓我聯想起京都的優雅靜謐，只不過京都乾淨整齊多了，這是台灣環境的通病，花蓮已經算比較好了。

民宿的主人是一對三十出頭的男女朋友，大學主修土木，選擇回到故鄉貢獻專業，租下一棟透天厝，親自打造房舍空間。他們的指紋佈滿房間的陳設，早晨的麵包是親手揉麵烘焙，瀰漫著溫柔香氣，搭配親手調製的咖啡和新鮮蔬果，讓每位來此的旅人都能充份領受回家的感覺。

如果跟民宿主人氣味相投，那感覺就像借住朋友家。一天早晨，吃早餐時，大家邊吃邊聊，談起前一日的經歷見聞，談起花蓮的美好，談到移民花蓮，然後就談到蘇花高。主人原本朝氣朗朗的容顏忽然黯淡了起來。他們說出了無力與無奈，即便有多位重量級人物去年出面為花蓮請命，之後也串聯多個團體表達花蓮人真正的聲音，但是情勢並不樂觀，尤其是政黨輪替之後，他們說。

我們忽然想到前一天的一個場景。那時我們迷了路，胡亂摸索後踏上一條彎路，前方不遠處橫亙一座橋，橋邊一棟樓，入口處上方寫著「花蓮縣營造業同業工會」，門邊立了一個直木牌，寫著現任市長後援會。當時我注意了一下，卻漫無頭緒，直到大家聊到蘇花高，這才像拼圖似的拼出答案。

從花蓮到台東，走台十一線，是一條絕美的海岸公路。左邊是汪洋，右邊是高山從平地豁然拔起，而強悍又美麗的秀姑巒硬是橫切出海，是令人讚嘆的神祕與壯麗。

台十一線在海岸山脈行車至某一狹隘彎路，可見到一塊大石頭，用紅色的顏料刻印出「人定勝天」四個大字。

我想起花蓮民宿主人說的，建蘇花高要鑿二十幾個山洞。

大自然用幾十億年來的修煉，成就出無可取代的偉大，我們卻因為短視與貪婪，將之毀於一夕。這還不論其後所引發的地理、經濟、人文的衝擊。人類過去這一百年來的開發主義，已造成全球嚴重的生態浩劫與環境破壞，在在提醒我們必須修正生命的價值觀。

東部的美好在於人煙稀少，因此可以保存自然風貌與人文精神。也因為路途遙遠，人們必需準備充份的時間才能領略旅行的樂趣，這是典型的慢遊、樂活。

如果蘇花高興建開通，人潮大量湧入，大家走馬看花，以為這就是花蓮；而花蓮為了承接突然打開的旅遊市場，不得不快速增建各種旅遊軟硬體，結果很可能就像台灣各地的老街，有不同的地名，但葫蘆裡賣的都是同樣的藥；如果是人潮洶湧、車水馬龍、叫賣聲此起彼落的花蓮，你還會喜歡嗎？

蘇花高興建與否，我認為是台灣永續發展的一個關鍵指標，是否繼續沉淪，還是向上提升。新總統是否能不顧黨派利益糾葛，是否能超越個人權力思維，是否有堅強的意志力，停建蘇花高，以保存台灣僅存的淨土，揭示台灣新的生命價值觀，我希望，新總統，你能做到！

by 力晶 曹迺謙

生態

生態保育

Justin / 02-29 / 基隆市

1.總統應宣示:不食用魚翅料理,及任何瀕危動物之料理 總統府政務官比照辦理。

2.總統應鼓勵高級餐廳宣示拒絕魚翅料理,拒絕將國宴由 殘忍的餐廳負責。

開發破壞一塊土地就相對的種植等量的樹木

brent / 03-15 / 台北市

「真正要做到綠化.減碳.環保.永續台灣的絕佳政策: 開發破壞一塊土地就相對的種植等量的樹木 例如: 蓋一棟100坪的大樓,相對的應在同個縣市種植100坪的樹木 退而求其次則種植在鄰近城鎮 而種植的樹種應考量當地的植栽,不能隨意敷衍了事 另一個方式則是開發破壞污染土地.水質.空氣者,須依法提撥等量植栽市價至專款專用基金 ~只有美麗安全清新的家園,人民才會健康向上~ 共勉。

彌補受傷害的土地為第一

Mories / 04-05 / 台北市

彌補受傷害的土地為第一 因為這是安身立命的地方。

綠化大地無限生機

Mr.Q / 03-01 / 高雄縣

沒有國哪有家？沒有樹木哪有清新的空氣？

從小地方看到環保的希望

洋蔥頭

速食店內,我正在一個角落努力的吃著餐點,相隔對面不遠的垃圾回收區前,一位小男孩正努力的仰著頭,看著牆上的垃圾分類表,然後仔細的將餐盤內的東西,一樣一樣的將盤子裡的垃圾往該丟的分類區丟著,一直到完成所有動作,看著那位小男孩的舉動,不自覺的,心底微笑了。

當時想著,很難可以看到那樣貫徹執行力的小朋友啊~

家庭教養的素質不錯啊~

就算是大人,也都未必會那麼認真的做垃圾分類這件事。

等那位小男孩搞定收工,開心的離開,心裡也跟著小男孩的笑臉開朗了起來,看到這樣的舉動,著實也會對平常的自己反省啊,雖然在垃圾分類已經變習慣,也會盡量的注意小東西的收集,不過偶爾也會小懶惰的,就把小東西往垃圾桶丟了,實在要不得啊!

其實人類的活動領域可說是較其他生物更為廣泛,不論是間接或直接,對地球的影響可說是世界之冠,借著這份影響力, 為自己的生存環境盡一份心力,希望的光芒雖然微弱,但一點一點的累積,相信成果也會是一顆閃亮之星!

請重視環境教育

simba / 04-05 / 高雄縣

總統可以支持台灣的環境教育和生物多樣性研究,讓每個人都能瞭解這片土地上可貴的生態系統和環境問題現況,也請推動從身邊開始關懷環境的活動,讓大家能開始重新認識每個角落的故事!

by 力晶 謝榮源

by justin

推動綠色環保

Kero / 03-11 / 彰化縣

地球上的氣候以及生態都因為人為因素每天每年都在改變，不知道什麼時候會開始波及到我們人類身上(還是其實已經開始!?)希望能推動綠色環保，讓很多國家都一起身體力行。

＊使用綠建築，降低電的使用，一切行自然而運作。

＊大眾運輸方面，採用公車專用道，這樣大家一定會很樂意使用大眾運輸系統的。可以比照其他國家採用腳踏車出租系統，或是使用其他能源(像是太陽能)來代替部份交通工具。

＊食用自己國家的當季食物，這樣不僅減少食物里程，一方面還能降低二氧化碳的產生，也能使自己國家的人民支持自己的食物，還能活絡經濟。

＊穿衣方面，也能推行有機棉(就像有機食物一樣)減少水污染和金屬污染。

真的希望地球會更好。

重視外來物種取代原生種的生態

hare / 03-17 / 台北市

我所知道的除了魚類水產之外，其他包括鳥類、昆蟲甚至植物都有外來物種入侵且擴散的問題。前幾年紅火蟻的出現咬得大家吱吱叫，現在呢？還有人持續追蹤、關心這個問題嗎？

而其他默默入侵的物種又有多少？政府除了吵架鬥爭之外有在關心嗎？選個台灣國鳥（台灣藍鵲）結果事實是，從大陸跑過來的外來種比台灣本土原生種數量多，這件事忘記了嗎？

數據會說話：「1990年代，聯合國環境保護署便指出：「21世紀環境大災難，首推外來種生物的入侵」。在美國，外來種入侵造成每年1,370億美元的損失！」

想瞭解事態有多嚴重的人請見：http: // e-info.org.tw / issue / biotech / issue-biotech00111501. htm

不只是新政府、新總統、而是連人民都可以明白我們面臨的危機

Moses Hu / 03-12 / 台北市

現在不只是台灣，而是全世界，都受到了全球暖化的影響，各地異常的天災不斷，像是前陣子大陸地區下暴雪，不知道大家有無注意到被雪覆蓋的地區都是緯度不高的地區，處於東北高緯度的哈爾濱沒下雪，反而是在我們旁邊的福建廣東下起了暴雪，這是一件多麼可怕的事情？!台灣是個海島國家，要被海洋淹沒實在是輕而易舉；現在人類自以為是的高度文明，全都立基在這個地球所給予的自然資源、環境，但是現在大自然要反撲了，我們的政府卻毫無前瞻性的持續針對經濟等議題猛打口水戰，試問若是這塊土地不復存在，政府仍舊討論這些毫無幫助的議題又有何用？台灣是全球二氧化碳排放量第一名的國家，但是我們的作為卻不及鄰近的日本。電影"明天過後"所演的不是不可能成真，因為我們現在就身陷其中；所以我希望不只是政府、總統、內閣官員、大財團等等，而是全台灣的人民，都應該為了節能減碳而努力，而政府更是應該要大力推行，做出配套政策，身體力行，我們才會有希望，不然說再多都只是空談。

能源

台灣可以全面使用省電燈泡
月亮上的小狐狸 / 03-24 / 台北市
希望台灣可以全面使用節能省電環保燈泡，又環保～長久看，又省錢，有何不可呢？

能有一天真正的無車日！
Meat Lufe / 04-08 / 屏東縣
台灣的無車日辦了好幾年，可是好像只是集合單車族，官員呼呼口號而已。希望政府能有魄力，能玩真的，來一個一整天只能騎「人力」發動的車，這才是真正的無車日！

Rotch / 03-09 / 台北市
其實應該讓政府官員上下班，都以大眾運輸或單車代步：一來減少石油消耗、二來延緩地球暖化現象、三來節省購買與保養汽車的費用好處多多。

無油國
野口 / 04-08 / 台北縣
無油國的意思是不依賴使用石油的國家，希望台灣可以研發替代能源，使台灣成為無油國之一，目前歐洲已有國家成為無油國，真心希望台灣能朝此目標發展

積極推動綠色能源
抗暖化北極熊 / 04-03 / 大洋洲
長久以來使用礦物燃料（煤炭、石油和天然氣），已經造成當今世界所面臨的兩個主要環保問題：全球溫室效應改變了氣候型態，以及空氣、水和土地的污染。礦物燃料屬於非再生資源，所以它的供應量會隨著人類的使用而逐漸減少。所幸現在世界各國領袖都醒悟到此一狀況，前美國總統柯林頓於2005年12月9日在加拿大蒙特利爾的聯合國氣候會議中提議，希望世界各國作出承諾：全面使用節約能源的設備，並發展混合動力車、太陽能和生化燃料，以創造一個綠色能源的未來。推薦積極有效的減碳節能方式：1. 吃素 2.開生化燃料或混和動力車 3.多種樹 4.改用再生能源 5.禱告。

by 抗暖化英雄

希望政府能限制汽機車的使用量
Mr. fL / 04-11 / 花蓮縣
如題，在本人所存在的生活環境中，常會遇到一些大量汽機車呼嘯而過的情形發生，此不僅會產生噪音污染（尤其是改裝過的車），也會造成空氣污染（CO_2排放使地球增溫）、能源的浪費、交通安全...等環境和社會的問題，故我希望未來政府能立法管制國內汽機動車輛的使用數量及行為等情形，多鼓勵和教導民眾使用更具環保的車輛或多走路及騎單車、推廣使用替代和生質能源的汽機車、興建大眾運輸系統等，以有效改善此一問題。

希望規劃完整「能源政策」
lembert / 04-11 / 台中縣
人類的文明發展至今，已然遇到避無可避的能源問題了（特別是開發中及已開發國家）。政府不能再漠視這個台灣無法置身事外的問題。
能源政策的跨部會會議必須盡快召開，早日規劃出台灣在能源上的短、中、長期白皮書。另關於核四，若能變更契約內容，應提高預算，改採第四代核能技術，這能讓核能發電在環保上有個基本的交代，也能與核子武器做切割。
ps.原本在下也是反核的，但日前得知第四代核能發電的優點後，覺得，若能由第二代進步到第四代，核能也是個可以考慮的選項。（雖然還是有核廢料）

減少對能源的依賴
Rotch / 04-07 / 台北市
清明已過，天氣逐漸變熱。近年來，氣溫不斷上升，大家對冷氣的依賴也越來越強。然而，冷氣開得越多，地球暖化就越嚴重，導致大家冷氣開得更多，造成惡性循環。另一方面，大家過度依賴私人汽機車，也加速地球暖化，更造成石油快速地枯竭。希望大家少吹冷氣，多騎單車與搭乘大眾運輸，不要成為後代子孫的罪人。

地球

愛地球
Joyce Lu / 02-29 / 高雄市

確實減少各種污染，重新找回50年代的美好環境。

尊重自己、尊重別人、愛地球
許詩筠 / 03-20 / 台北市

我希望世界上的人都可以互相尊重，不要以自大的民族意識輕易的去否決掉別的民族的文化，大家都是地球人，身為地球上的一份子，就應該要互相尊重，沒有人應該受到欺壓，沒有人應該活在強權底下，尊重自己、講自己應該講的話，作自己應該作的事，愛地球、節約能源、簡單生活、尊重其他的生命體、幫助弱勢的族群。

推動綠色環保
youpa / 04-03 / 台北縣

GO VEG,BE GREEN！
人類很可愛，不想要毀滅。

小橘的希望
小橘

雖然每逢選舉投票一定會去履行我的應盡義務，但是自己一直都沒有鮮明的政黨傾向，不太談論政治的話題，也從沒寫過政治相關的文章，一度覺得自己是政治冷感…

我的想法是，我對國家社會，甚至對整個世界的期許，並不會因為我是哪個黨派或支持誰而有所不同，也不會因為誰來當總統而有所改變！

我希望全球溫度不要再上升，臭氧層破洞不要再惡化，全球的天災少一點，失業率降低，物價穩定，貧困的學童也能上學，痛苦指數低一點，快樂多一點，好多好多的希望…

從29號開始到現在第四天了，我把希望地圖目前成形的樣子抓下來，做個記錄!這是顯示全部類別所顯現的樣子，是一顆愛心耶!

如果選擇對總統的希望，則會呈現出以下的圖 形，有點像一隻可愛的狗狗~

最後會呈現出怎樣的圖形呢? 真的好期待喔!

希望大家繼續發表心中的希望吧~

祈求不要過度開發
Bai / 04-11 / 台中縣

過度開發會讓土地死掉，讓大自然失去自癒的能力，希望每個對此有希望的朋友們，能從自身權利來捍衛開始，不要只是因為方便和省時，而讓珍貴的大自然被破壞，也希望政府眼前不要只有利，因為大自然美景是用錢買不到的…

物質慾望少一點，請愛護地球的每個物種
Angel（希望代貼信箱）
/ 04-08 / 台北市

人類已經把自然破壞太多了，自然卻無償供應我們，希望大家慾望少一點，為了未來的孩子、為了地球上的人類與動植物們、為了自己也為了自己所愛的人。

地球的健康
得乳癌 / 02-29 / 台北市

這一點太重要了，據說石油只夠用60年，
這表示，我還活著的時候，可能就沒有坐
飛機去美國這種事。很多的生物也漸漸絕
種，地球，甘八ㄅㄟ唷！

by 刀晶 蔡輝嘉

3月21日23:50
——一場夜半漫遊的前後

親愛的朋友：

3月21日總統大選前一天的晚上，我有個高中同學的聚餐會。因為有幾位中學同學從美國回來台灣，大家會面一敘。

我忙著加班，到得很晚。九點多鐘進去，大家情緒都很high了。我一面吃著只剩兩個人還沒來得及吃的飯，一面聽他們興高采烈地談論對明天選舉的期待。這一群韓國華僑，幾乎一面倒地都是支持2號馬英九。

然後，我聽到大夥在拍一張團體照。有一個人在高喊「準備好啊，一，二，三，」然後是一句「馬英九！」

我埋頭吃飯也噗哧一聲笑了出來。以前大家拍照，不是說「一，二，三，Cheese!」

就是「一，二，三，Kimchi!（泡菜）」什麼時候冒出來了個「一，二，三，馬英九!」

一位坐在我面前的女同學，卻看著我，聲音挺大地叫了起來：「你們看，他在嘲笑我們呢！他是綠的！」她說了兩遍，說得很正經。

我不知道怎麼回應，就繼續埋頭吃飯。後來是一位從美國回來的同學把話題岔開，然後找了個機會告訴我，剛才我還沒到的時候，有些人就談論我的立場，說我是綠的了。

中學同學說我是綠的，我以前就耳聞過。我本來不明所以，輾轉聽說因為是一、我從沒跟他們參加過挺藍的活動；二、從沒表示過什麼政治立場；三、他們把我跟見諸媒體的出版界另一位先生搞混了。這樣，加上我聽說之後也沒做過什麼辯解，所以就更容易讓人當真。這次的噗哧一笑，就激起了別人有些激動的反應。

即使是因為對這種事情有所感觸才發起的希望地圖行動，我那晚的感受還是格外地深。

在那之前的幾天，我和一位政治觀察極其深刻的朋友見面，請教他一些問題。他告

訴我，台灣沒有「中間選民」。我問他，那我呢？

他說：「你是藍。」再加一句「淡藍。」

我問他為什麼這麼認為。

「因為你反對『反智』啊。民進黨執政，就是反智得讓人受不了。」他說。

我承認我接受訪問的時候，說過人民就是要監督政府，以及逼使政府的作為不要「反智」。不過，因為我反對「反智」，就要說我是「藍」，我沒法接受。只是在那個現場，也不想再多加辯解。

我在那個韓國餐廳裡，一面吃著素菜拌飯、蘿蔔泡菜，一面想著前後幾天時間裡，又是被人認定是「藍」，又是被人認定是「綠」，真是別有滋味。

那天晚上同學們聚到很晚。我拿出這陣子隨身攜帶的DV，訪問了一些他們的希望，準備當未來紀錄片的素材。過了十一點半才散。

上車，車子開出信義路，要往新生南路轉的時候，我跟司機說：「先不回家了。你載我去他們競選總部看一下。我們先去1號，再去2號那裡。」

明晚選舉結果揭曉之後，勝負悲喜的場面，是可以想像的。但是在21日和22日交會的這個時間點上，各自是什麼情況，我腦中卻沒有任何畫面。所以，想在所有的選舉活動都已經結束後的此刻，去藍綠各自的大本營看看情況。

當時，是3月21日晚上十一點五十分。再過十分鐘，就是22日，總統選舉的投票日了。

我一向遠離選舉有關的場合，從沒有進過任何競選總部，更別說是選前一天。

這天要去夜遊，挺有點期待。

車子從新生南路轉上仁愛路再轉林森南路。我拿著DV拍沿街的路燈，不久就看到燈火通明的長昌競選總部維新館。白亮的路燈，把謝長廷和蘇貞昌微笑的巨幅照片照得反光，看不清楚他們的臉。

男男女女的支持者站在路邊，熱情地拿著一支支小旗子，跟路過的人、車打招呼。我的車窗拉下，近距離拍他們，一個女的高聲說著「加油！加油！」送進來了兩支旗子。其他人則笑著起鬨。

車子右轉進長安東路，路邊的人仍然在比手勢。整個場面人不少，也很熱鬧，但是沒有原先想像中的那麼多。我繼續拍，聽到一個人看著我說，「是日本人啦！」另一個人說，「是國民黨吧。」

我本來想在車子裡拍一會兒就走，但是決定下車去看看，直接訪問一些人。我想聽聽，民進黨的支持者，在選前的最後一夜，或者說選舉當天的凌晨，有什麼希望。既然來了，錯過這個機會有點可惜。

我坐在輪椅上，拿著DV，司機推我，在那個總部前的場地轉了兩圈。有人過來幫我找輪椅可以上去的坡道。找不到坡道，又有人過來幫我把輪椅抬上去。總部外面的一塊空地上，擺了一排排椅子，大家聚精會神地盯著三個電視螢幕，中間那個是三立大話新聞。我本來想進總部裡面拍一下希望張貼板，但是警衛說已經下班時

間，不方便，就出來把看電視的人，和場子邊上坐的一排人拍了一圈。這些人不像在路邊的那麼熱鬧，大多是沉默地看著電視。

然後我下來，訪問了三位年輕女人。一位中年男子。和一位歐巴桑。
三位年輕女人說的是：「台灣加油！」「台灣人一定贏！」另一位不說話，只豎大拇指。
中年男子說，「台灣加油！謝長廷凍蒜！」
我上車了之後，再去了馬蕭總部。

不像剛才長昌總部那邊的路燈是白的，這兒的路燈是黃的。我抬頭拍馬英九和蕭萬長的巨照，沒有反光。
但是如果說長昌總部前的人潮並沒有我想像中的那麼多，馬蕭總部前面的人，就少得太過意外。
除了兩輛電視台的轉播車停在路邊之外，馬蕭總部一樓亮著燈，門外空空蕩蕩。一片寂靜。
總部裡面有一兩個人在忙，還有兩名警員在討論明天的什麼。然後就是門外左邊坐了三個人。幾乎別無其他。
我去門口繞了一圈之後，轉到旁邊去問那三個人，他們此刻有什麼希望。
第一個人回答：「那要說什麼好呢，」頓了一下，「台灣會更好！希望台灣會更好。」
第二個人笑笑，反問我：「那你有什麼希望？」我說我是訪問的人，他微笑著搖搖頭，不肯再說。
第三個人沒怎麼想，叫了一聲：「中樂透啦！」
因為也看不到其他人，我準備回去了。在最後補拍幾個鏡頭的時候，和一個人不期而遇，是這次馬蕭競選總部的發言人之一，蔡詩萍。
他看著鏡頭告訴我，他希望今年就三歲的女兒，接下來可以在一個充滿快樂，沒什麼壓力，沒什麼對立的地方長大。

我看著蔡詩萍過了紅綠燈，再消失在對街便利商店拐角之後，又去總統府前拍了些東西才回家。
對我來說，那天的夜半漫遊很有意思。但說起來印象最深刻的，卻是在長昌競選總部外面，一位不肯在鏡頭前面說話的歐巴桑。
在一個拼圖遊戲裡，她給了我很重要的一塊。

那是一位坐在台階上的歐巴桑。

她看我訪問別人，在旁邊大聲說：「顧台灣啦！」

可是等我過去要請她說兩句的時候，先是害羞地一直說她不會講，不要講，別過頭，拿旗子擋住臉。然後忽然又伸手拉拉一個路過的人，大聲說：「跟他說，就是要顧台灣啦！愛台灣啦！」

這些年來，說「愛台灣」的人不知凡幾，說「愛台灣」也越來越普及，但是在那天夜裡，那個歐巴桑所說的「顧台灣」，她用的那個「顧」字，卻一下子鑽進我心裡，讓我明白了很多事。

「顧台灣」，好比是一種親情吧。

因為是親情，她就是希望別人能像她一樣，熱切地照顧台灣。她就是希望別人能像她一樣，把最好的讚美留給台灣。她只要聽到別人像她一樣也說是要「顧台灣」、「愛台灣」，就願意對那人無怨無悔地付出。她只要聽到別人告訴她，傳說什麼什麼人想要對台灣不利，她就激動不已。

那種單純、不加修飾的感情，或者說熱情，最好用「親情」來形容。

在那個路邊，我看著她，明白了為什麼民進黨的掌權者在執政之後，總以為高喊「愛台灣」就是萬靈丹；為什麼有人即使不是政治人物，光靠一句「台灣愛贏啦」掛在嘴上，也可以戴上不下於政治明星的光環；又為什麼，有人即使為所欲為，不復當年理想之後，仍然敢泰然自若地把「愛台灣」高喊不停。

因為他們知道，也仗恃自己在叫喚的是一種「親情」。「親情」，是永遠不加保留，不加計較，永遠接納的。他們聰明地有這個了解，有這個把握。

民進黨的掌權者，八年來到底讓多少人感受到他們是真的照顧了台灣，即將在那接下來二十四小時不到的時間內，接受選票的檢驗。但是對於民進黨的許多支持者，這八年來無怨無悔的支持，一路而來的「親情」是否造成了「溺愛」的效果，那天晚上，我只覺不忍預期。

那天晚上之後，我提醒自己有一件事情可以先做：每當我使用「民進黨」這三個字的時候，我都要仔細區分一下，我要說的，到底指的是「民進黨」的掌權者，還是民進黨的支持者。

那位歐巴桑的「顧」台灣，是我很難忘記的。

郝明義　　rex

族群

住在台灣的人都是台灣人

阿ken / 02-29 / 台中市

我是外省二代可是每當有人在質疑我不是台灣人時,我都很無奈,我在此土地生長在此工作奉獻,在此繳稅,為什麼不是台灣人為什麼我不愛台灣?希望新的總統全台灣的人民都可以不要再分彼此了,包容心寬容心才是台灣人的特質,未來大家都是台灣人,不要再去撕裂你我之間的情感跟拉大我們的距離。

鄭國威Portnoy / 03-01 / 台中市

不住在台灣的人也可以是台灣人;住在台灣的人也可以不是台灣人。

賢知 / 03-27 / 歐洲

現在大家對於族群議題的反應來自政治語言的挑撥操弄,但是台灣文化可貴的其中一個原因是多元的族群和歷史地理的位置,如果我們願意接納認識,而非像現在盲目的分割,台灣可以是一個豐富的大容器,不只是和中國日本韓國的關係,還有一直被大家忽略南洋國家文化,我們彼此這麼近卻這麼陌生⋯⋯我希望我們能夠尊重與欣賞彼此之間的差異,即使外籍新娘和中國大陸新娘都能大聲地對身邊的人說她從哪裡來,而我們懂得彼此認識而不是只有「包容」。

讓適合的人做適合的工作,管他是不是台灣人

fish / 04-06 / 台北縣

有的外國人在台灣無私奉獻了大半輩子;有的外國人深深喜歡上這個小島的人情味與環境,很希望能在這裡工作或服務;有的外國人領養了台灣貧苦無親的小孩;有的外國人有某些可以幫助這個小島的能力和意願,我們都應該給他們一些機會,甚至向他們虛心學習、對他們由衷感謝,不管他們是不是台灣人,只要他們願意對台灣好、為台灣付出!

希望政府消除族群差異

007 / 03-29 / 宜蘭縣

我是講台語的閩南人,剛剛跟一位客家國中生用文字聊天,我不經意的說他是「死忠國民黨人」,他誤會成「死中國民黨人」,然後吵起來。

我覺得要族群融合的第一步要讓彼此溝通無礙。

希望政府能消除語言文化的誤會。

愛台灣啦 鄉親啊

希望我是台灣人

Taiwan棒 / 02-29 / 台南縣

希望我可以自由的當個台灣人,不管我選馬英九 / 謝長廷 / 我都可以自由的當台灣人。

給周遭的人一個善意的微笑

為台灣加油的小黑 / 03-12 / 台北縣

活在台灣這個島嶼上的人,彼此不會去區分, 區分顏色、銀行存款、省籍、階層⋯,真的成為同住一居的國人, 沒有仇恨,不去挑剔,不要鄙視。 這是一個國家的組成份子應有的最起碼要求吧。 希望,新總統上臺以後,可以放下選舉過程的恩恩怨怨, 不要急著權利分贓,先讓台灣冷靜下來,一起迎向希望的未來。

小小的台灣島內,不要分你我

何經泰

我們先從萬華談起,萬華從18世紀起,由一處小渡頭,發展成當時北台最大港市,漳泉雙方人馬為了爭奪萬華的港市利益,發生了多起漳泉械鬥,死傷慘重,漳州人落敗,萬華為泉州人所佔,漳州人被迫遷往淡水河下游的大稻埕地區,經過歷史長河的討淘洗,萬華逐漸淤積,船舶停靠不了,於是下游的大稻埕取而代之,發展成最大港市,歷史開了一個玩笑。

台灣的移民社會,我個人簡略的歸納,就是權力與利益的爭奪史,從漢人與平埔族、漳州人與泉州人、閩南人與客家人、本省人與外省人等的爭奪,在歷史的長河裡,這些爭奪不過是一粒沙塵。

本人在韓國出生,十九歲回到祖國(中華民國)讀大學、就業、結婚、生子,以一個新移民的心情,有一個小小的希望,小小的台灣島內,不要分你我,大家攜手,共創台灣未來。

以移民後代之姿當選法國總統的沙柯奇曾說:「我們成為法國人,不光因為我們生在法國,更因為我們選擇留在法國。」我的想法也是,我們成為台灣人,不光因為我們生在台灣,更因為我們選擇留在台灣。

提倡多元文化、種族融合、和平相處、平等對待

rex / 03-01 / 台北市

我們只要把一個社會換成一個人的情況來想想就好了，如果一個人只有一種喜好，每天說話同一種聲調，穿同一種衣服，吃同一種東西，那會多無聊，我們要發展自己的多元喜好，並且讓這些喜好不致於互相激烈地起伏，把自己身體，精神的力量損耗太大，甚至拖垮，才是真正多元而和平地對待自己。

怎樣才算台灣人

z7239001838 / 03-26 / 雲林縣

我嫁來台灣六年了！但我從來不敢也不能把自己當台灣人。對於自己在這片土地上，心裡沒有一點安全感，相信很多嫁來台灣的新娘都會對身分證很渴望，而且相信起初想嫁來的大部分新娘都不是為這張身分證吧，因為沒有安全感，因為被當做弱勢的族群，因為景氣不好，很多老公卻被迫去大陸，為了要生活下去，留在台灣，付出很多很多，身分證有一天一定會拿到，可是，我們付出的早已超過這張身分證的價值，如果將來族群還是像現在這樣被撕裂，我想就算我們拿到身分證，我還是不被看成台灣人，我們在這片土地上還是沒被認同啊！明天就選舉了，我希望台灣能有一位能改變這種族群撕裂現象的總統，一位善良可以讓台灣跟世界和平相處，帶動台灣經濟起飛，讓台灣更美麗！

請不要叫我外省人，
請不要分為4大族群，
因為我們是一家人

James / 04-03 / 雲林縣

在這塊土地上出生成長的人，吃一樣的米，讀同樣的學校 為什麼要分那麼清楚。阿保的爸爸是民國38年來台灣的四川人，阿西的祖公是清朝來台灣的福建人。本來大家都是朋友或同學或同事，不知何時被劃分，一個是外省人（連阿保的兒子都被說是外省人？）一個是台灣人；每次選舉都會被貼標籤，好像應該有對抗的政治立場？

其時一個是第二代台灣人，一個是第四代台灣人罷了（請不要忘了還有第N代台灣人阿浪也住在這裡），希望不要把住在這這塊土地上的人劃分的這麼清楚，因為我們已經是命運共同體；地震時大家都會震到，颱風時大家都會颳到，飛彈打來時大家都會炸到，既然生在一起，住在一起，死也會在一起，那麼請不要叫我外省人，請不要分為4大族群，因為我們是一家人。希望！希望！！

外籍配偶的語言在國小
國中社區教授

唐人__TangJen / 03-31 / 北美洲

國小、國中、社區能提供空間、時間、資源讓外籍配偶的語言能有公開教授的機會。能進大學或社區大學或許很好，但是能真正在地方上、社區裡、學校裡聽到他們的聲音，才是真正理解別人、尊重別人的第一步。

唯有理解別人、尊重別人，才有可能理解自己、尊重自己。

烏坵

烏坵權利在哪裡？

黑人 / 03-11 / 台北縣

烏坵原本屬於莆田縣，後來莆田縣在國共內戰時淪陷，烏坵鄉之後就由金門縣「代管」，這可管可不管的代管，讓烏坵成為金門縣政府與中央互踢皮球，金門縣也一項標榜金門有「五鄉鎮」，永遠忘記還有一個「養子」──烏坵鄉。 烏坵國小在幾十年前廢校了，烏坵學生在要上小學時就要到本島來求學，兒童權在哪裡？誰可以讓烏坵國小復校？讓烏坵國小復校，由烏坵籍的老師來教書，不是可以減少一些外流人口？烏坵交通不便，僅有每十天一班往來台中港的船，簡直是與世隔絕。哪個政府大大可以撥些錢，增加船班往來金門本島，讓烏坵名正言順跟金門本島有交流？每到選舉，總沒有人登島拉票，也許是票太少了，但是金門縣長選舉，也都只顧其他五鄉鎮的權益。要求很久的金門縣議會一席的烏坵籍議員保證名額甚麼時候才會出現？經濟差，當福建省的金門連江有小三通了，烏坵還在封閉，人口大量外流，以前反共堡壘的烏坵，現在還在等待政府的支援。

by BO2

新年新希望，選人不選猴

BO2

大家好，我是今天的希望導遊BO2。

這次在大塊文化郝明義先生發起的希望地圖活動中，很高興，也很榮幸成為共同發起人之一，這是個有趣的活動，也是個有意思的遊戲，因為，它的主軸是希望，希望人人都來提出自己的希望，也希望大家都來玩玩自己的希望，這個希望可以跟政治有那麼一些關係，也可以跟政治完全沒關係，不過，我個人認為，從政治下手會是一個不錯的開始。

政治耶！多討人厭的東西呀！！是呀是呀！！我還真討厭政治，雖然本人曾經在某雜誌開過一個專門消遣政治人物的專欄，但是我對這塊討人厭的領域還真是不了解也不熱衷，你說什麼？？？唉喲～～我沒有在劃清界線，我是真的對政治沒興趣啦（認識我的人就知道，平日我是不談這個的！）

不過，話說回來，即便我不喜歡政治這一塊，但畢竟他是公認的萬惡之首，在提出其他更美好更切身的希望之前，有些話我還是要說出來滴～～

我的希望如下：

我希望這次的總統大選，我們能夠選出一個人，一個真實的人，一個可以解決問題的人。而不是隻猴子，一隻只會為了食物、繁殖、地盤爭鬥的猴子，我們已經選出太多的猴子，我不想也變成一隻猴子，所以，我的希望是選人不選猴，謝謝！！

以下是悄悄話～～

如果，真的很不幸，最終我們還是選出了一個猴子總統，我想，我會建議大家買隻真的猴子回來養養看，我有信心大家可以把猴子照顧得很好，因為～～我們都已經很有經驗了！！

162

我希望可以投票給西瓜

梵谷的耳朵 / 03-06 / 台北市

我願意作一個不迴避投票權利與義務的公民，但每一次大小選舉，在虛假的顏色對立中，看不到政策和願景，讓人幾乎喪失投票的慾望。

我希望選票上有「以上皆非」的選項，讓中間選民的選擇被看見，而非任意解讀；或者選票上增列「西瓜」選項，票數比西瓜少的話，政府就宣布選舉無效。

改善選舉制度

峰宜 / 04-10 / 台中市

廢除村里長選舉，省下來的錢來強化村里幹事與社工員的功能，真正為基層民眾服務。

有關臺灣總統的
選舉制度方式

Mr. fL / 04-05 / 花蓮縣

以後（希望下一次可以）的總統大選，能改成不限戶籍的方式投票，因為總統選舉是全國不分區的（除了地方立委或縣市長選舉外），來共同選出國家首領之形式；這樣一來除了能解決大多在離他鄉遠處工作、求學的人，不用徒勞舟車之苦，也解決交通時間、擁擠人潮之問題，另外也節省花費、交通之廢棄排放等問題。

別到了選舉
就開始消費歷史傷痛

阿祥 / 03-17 / 台北縣

無論是什麼國家，在歷史上都有令人悲傷、有血有淚的一頁，當然台灣更是如此。

大家都知道，歷史是不可磨滅的，但曾經造成的傷痛是可以復元的，希望任何一個立場的政治人物，都該盡力讓彌平，那些過去歷史而撕裂的傷口，別再為了自己的政治利益，一而再、再而三的消費這些歷史傷口了！

支持小黨

Mr.Q / 03-01 / 高雄縣

多元化是進步的動力。

選人不選政黨

oO咖哩Oo / 02-29 / 台北市

總統以下的高官任選，請找人才不要只用自己的黨員。

讓我相信你

Samantha / 03-14 / 北美洲

在擁有投票權後，這會是我第一次投票選總統，我實在希望，我不是：「因為不想讓那個更差的人和團隊當選」而選擇一個「比較不差，但卻讓我有選票被綁架」感覺的總統候選人。 我希望，有一天，我能因為真正相信一位領導人能帶給我們更好的今天和明天，相信他的團隊能念茲在茲，以國家及人民福祉為宗旨，相信我的票是投給一個「最適合」台灣的人，沒有疑慮、欣然地投下我的一票。

不是選誰才是真正民主

賢知 / 03-12 / 台南市

每次選舉就會充斥著類似「選XXX就是民主開倒車」、「不容民主倒退」的選舉語言，如果選舉能夠舉行、公部門的權力可以隨著法定程序替換，那就是民主，和選了誰沒有關係。 會妨礙民主的，只有執政者施政實用各種手段箝制各種自由，這大家可以討論，可以批判。但絕對不是你把票投給誰，誰就會保證民主，你自己也就是民主的人。 希望臺灣人隨時保持警醒，不要讓選舉語言模糊掉自我的思考。

懂得放棄

千夫指 / 03-04 / 台南縣

希望大家懂得放棄，很多時候懂得放棄比努力爭取來的更偉大。放棄是原則的展現，是對於人與自己的尊重。社會這麼亂，大都因為每個人都不斷爭取，不管在權力上、金錢上，為了得到各種手段都使得出來。但是卻很少人願意尊重自己與別人而放棄。比方說為了pass而做弊，為了當選而說謊，為了得到利益而泯滅良知。

希望總統大選趕快選完
幾米

希望選出百分之百「民主總統」

modefo / 03-17 / 花蓮縣

民主選舉，干鬼神天命何事？

孟子說過：「民為貴，社稷次之，君為輕。」，可視為中國民主思想的發軔，遺憾的；即使在一百年前，宣統退位，滿清滅亡，那種「金龍轉世，真命天子」的思想仍未完全消弭，所以才會有之後袁世凱廢棄民主改回帝制，當了83天洪憲皇帝的鬧劇。

但是，更遺憾的是；在台灣的民主政治已經施行了近六十年，每逢總統大選，一些「金龍轉世，真命天子」的神話妖言就開始流傳於街談巷議，甚囂塵上。在一些民俗信仰昌盛的鄉間，各種光怪陸離的天命讖諱之說四下謠傳，而內容盡皆是荒誕不經，幼稚可笑的穿鑿附會，固不值有識之士一哂。

但，令人憂心的是，一些候選人的策士往往會利用這種民俗民粹的特性，蓄意編造讖諱謠言展開利己損人的口語攻勢，這種「鬼神天命」的妖言對台灣民主思想的發展同樣是極為不利的惡水逆流。

最近各種媒體報導某候選人前往某處廟宇參拜造勢，有「虎爺附身乩童」蹦跳來向該候選人致意並比出大拇指，事後被該候選人刻意解讀為「勝利、當選」之意而得意洋洋；試想；中國的民主是經歷了多少先烈的犧牲奮鬥才推翻了封建帝制和天授神權的迷思？而台灣當今的民主又是多少先賢歷經228、白色恐怖、黨外抗爭等等的犧牲奮鬥才有了現今的一點成果？

同樣退一萬步來試想；如果現在當總統果還需要天命神授，那麼假設天命應歸某甲，某乙只是祈求區區一個法師在選前倒數時刻誦幾天經作幾次法就能扭轉天命嗎？

何況如果真的是天命已定，其他非「真命天子」妄圖請法師作法改變來謀奪大位，豈不是「逆天行事」的滔天大罪？會不會因此遭到五雷轟頂的天譴呢？而如果民主選舉的總統根本不需要什麼天命，那麼誦經作法又何為？真的是矛盾之至，術士之言豈可盡信？

以前，某候選人S夫婦也曾去向宋七粒求智慧，宋七粒說他曾帶著S兩人一起分身飛行去遊巴黎，S在空中還「親手」摸過巴黎鐵塔；如果真有這等本事，兩人再次分身飛到天庭去進謁玉皇大帝請示；或者去查看一下「天榜」；不就知道下屆總統是內定何人了？幹嘛還要苦苦大打選戰，甚至不惜幹譙別人全家老小呢？

真的是夠了，別鬧了好嗎？除了籲請雙方人馬不要再互相攻訐抹黑，牽連九族亂打口水戰之外，也請所有鬼神退避，讖諱妖言止息，還給台灣人民最純淨的「民主」選舉，因為我們現今要選舉的是百分之百的「民主總統」，不是神授君權，鬼神護佑的什麼「金龍轉世、真命天子」！

選戰結束，
我們的戰役才要開始

鄭國威

今年，我沒有投票。

投票前一天，三月21號晚上，我在擠爆了的國道客運台北總站用悠遊卡刷了一張210圓的夜車車票，要回台中老家投票。

身邊的人形形色色，但是都散發著同樣的氣息，僅是擦身而過都可以感受到彼此毛細孔噴出的熱望。站在我前面的是個很帥的大學生（或是高中生），身著一身嘻哈打扮，背著大背包，臉頰上貼著馬蕭的藍色貼紙，伸長了脖子張望前方的號碼燈號；坐在我旁邊的是位打扮端莊的熟女，透過手機跟朋友說：「明天一定要去投票喔！拜託喔～我那麼遠都要回去了，你還有什麼好懶惰的啦？」她的手機上，貼著「逆轉勝」的黃黑貼紙。

更多的人，只是默默地排隊，或是安靜的坐在椅子上，聽著mp3隨身聽，看書，跟朋友有一搭沒一搭地討論到底何時才能上車，但是如果你在那裡，你會感覺得出來：這些人都有自己的決定了，他們要回家去，去所屬的投票所實踐他們所擁有的義務跟權利。

門口還有七八位計程車司機正在努力攬客，收垃圾的阿姨依舊拿著夾子跟垃圾袋巡邏，便利商店的員工依舊推著推車，然後一瓶瓶的把飲料送上架上。

就在客運總站外頭，一個遊民拿著空的650cc寶特瓶，坐在地上。她自成一個領域，就算客運總站周圍已經擠爆，她的領域內無人侵犯。

在等車的兩個小時內，我想了很多事情，天馬行空地亂想。那麼多的大客車長途往返會等同於多少的溫室氣體排放量？我手上的這罐寶特瓶裝碳酸飲料又等同於

多少的排放量？前方電視螢光幕的報導到底有多少是置入性行銷的產物？為甚麼前面這位大學生會成為「大學生」？為甚麼旁邊這位女士會「成為女性」？為甚麼遊民坐在垃圾桶旁邊，而我坐在這裡？

我倒不是真的很想知道這些問題的答案，我也不知道這些到底構不構成問題。因為打從所謂的選戰開打，就有太多太多的問題塞在我的腦褶皺裡頭。事實上，我對候選人沒有希望，我只有疑問。直到我回到家，直到我刻意「路過」投票所而不去投票，直到我看見選舉結果，我還是只對當選人有疑問，沒有希望。

但是我對你有希望，就是你，正在看這篇文章的你。

郝先生曾說過，其實我們都忘了怎麼許願，我深表同意；我們眼睛接收的現實超過夢想太多，已經不知道怎麼誇口，怎麼認真的說出連自己都不相信會實現的希望；我們不敢依賴別人，卻也撐不住孤單的自己；我們想要的很多，但是有勇氣去追求的很少；我們沒有很多時間，因為我們把太多的時間浪費在躊躇；我們知道有些事情不該作，卻割不下，丟不開。

候選人就跟每個人一樣，就算當選了他還是一樣，就算要卸任了他依舊是這樣。

我，我希望我在未來四年更有勇氣反省，我希望我們的新總統也是；我希望我在未來四年能更無懼於權威跟威迫，我希望我們的總統也是；我希望在未來四年我能對人跟事情更寬容，我希望我們的總統也是。

我希望我能進步，因為這樣我的總統才沒有退步的理由，我希望我能改變我自己，因為這樣我才更有資格要我的總統改變他自己，跟他的黨。我希望未來四年

我更尊敬我的總統，因為唯有這樣，我才能要求他尊重這個職位跟所有人民。

我希望你能支持我的想法，因為希望不成為空想的唯一可能就是得到更多人的支持，也因為或許四年之後的總統就是你也說不定（如果選舉不用再花那麼多錢，如果選舉人的形象不再受控於少數幾家電視台跟報紙……這是有可能的！）我希望四年之後的我會心甘情願地到票箱前投下一票。

一起努力吧！

國民黨

國民黨的官僚氣息要改啊！

Christie / 03-14 / 台北市

如果馬英九當選的話，國民黨的官僚氣息一定要改啊！什麼事情都要請示才敢做，一請示就是好幾天，習慣丟皮球，不習慣承擔，這些就習氣真的讓人不放心給你們執政。當選，不是等著佔肥缺耶，當選，是要服務的！

漢木林笛手 / 03-30 / 台北市

這次大選大家認為是國民黨大勝，本人一點都不同意。過去八年民進黨的表現這麼糟，尤其是主政的人又貪又狡又鄙，只要換個最低能的人，也可以把選票從百分之四十拉到七十。國民黨並沒有改變一絲絲台灣的政治版圖，而以後稍不用心，民進黨上來一個最平庸之才都可以輕易把國民黨拉下來。問題在哪兒呢？很多台灣人過去將情感取代了思考，所以建立在保守的本土主義發展出的封閉的文化令台灣人永遠活在過去半世紀前的記憶，成為政客最好騙的一群盲目的跟班。將來台灣人要做的不是和解共生，這點是沒必要的，原本就沒有和解的問題。將來台灣有識之士要投身在教育上，把台灣人從向後開倒車，教到具有世界觀，又有包容心的民族。台灣不必排除在中國之外，台灣要把自己的文化和水平舉到中國的頂尖，再趕到世界最前端。

國民黨黨產問題應放陽光下

Lufe / 03-24 / 屏東縣

黨國時代，國民黨國產通黨產的問題，應該要有誠意解決。假如難以分別的話，希望國民黨捐出投入公益活動。

馬總統可以約束國民黨立委

世界公民 / 03-29 / 北美洲

大選之後，這些國民黨立委，越來越囂張，目中無人，錢坑法案根本就是選後酬庸，四傻態度改變，讓人懷疑當初的謙卑態度，完全為了選票。請馬總統不要忘了，人民給您權力，也可以讓您很難看的下台。一顆藍委的老鼠屎，可以壞了一鍋粥，您的責任重大，請你不要讓人民失望。

國民黨不要像民進黨一樣貪污腐敗！

miffy / 03-31 / 台北市

在總統大選後，各位國民黨的立法委員及議員，不要吵著跟馬總統要糖吃！
先把國事做好要緊！
而不是每個都要邀功討賞！吃甜頭！
2008年是人民給國民黨的一個新機會！
也是人民對國民黨的新期許！
希望大家好好珍惜這得來不易的勝利！
台灣加油！

W / 03-30 / 台北

承蒙閣下（編註：指郝明義）邀咱參與[希望地圖]活動，盛情可感，但咱和閣下對當前島嶼的社會政治分析存有極大殊異，請恕無法應允。

我曾經是個「毛派份子」，至今卻在學習做個道地的安那其主義者，咱藐視建制、看不起藍綠兩黨；同時也不相信立場超然中立（或value free）這檔事。咱亦不斷期待「公民社會」之成形與到來，但公民社會優先追求的是正義公道，而非其他，這是咱之認知。

咱或激進，卻是忠誠的選民，因為清楚認識島嶼未竟之歷史任務——拉下國民黨對島嶼的控制與統治。作為1個強迫性愛書人，咱從小就嫌惡國民黨的惡政（舉個小惡好了：文字獄），是以儘管不喜歡不欣賞民進黨，卻因拒絕國民黨得勢，咬定國民黨乃島嶼亂源，咱的投票取向竟是向來偏綠，這是咱當下公共參與不得不的一種抉擇。

民進黨

柒小優 / 03-22 / 高雄市

我沒有任何政治立場，沒有參加過任何政治活動，我很愛台灣，只是最近的選舉內容，實在令人心寒。

票選結果，藍大贏綠，從立委選舉，民進黨就說要反省，反省的結果仍然是在搞族群分裂，我看不到所謂的反省。

一個真正民主的國家，是要有兩個政黨都要有相當的實力才能夠取得平衡！

剛剛看了兩黨的結論，國民黨說：不論藍綠，都是人民。

民進黨說：台灣人要守護民主，我們要守護我們台灣人的土地。

我很想問問那些民進黨高官，所謂的「滾回大陸去」、「不是台灣人」算是哪門子的民主？

我想，今天的票選結果是人民用選票說出心聲的結果，我真的希望民進黨那些高層官員能來這裡看看我們的心聲，看看我們多麼不希望族群分裂！看看我們多麼厭惡抹黑選舉！

我真的希望，不要每一次選舉一到，就說得很像一定要支持民進黨才是台灣人，很不幸的，我爸爸媽媽還都是道地的閩南人，道地的本省人！可是我就偏偏討厭這種手段！希望你們真的要檢討，然後做一個真正有實力監督、幫台灣進步的在野黨！

期勉民進黨 我希望...

阿將 / 03-29 / 北美洲

台灣有今日的民主是民進黨多年來帶領台灣人民一步一腳印走出來的。只問耕耘不問收穫是政治家的胸懷，只要人民獲得民主自由的生活就好。然而民主初現，一黨專政的思想又若隱若現，寧不讓人憂心！希望民進黨人重整再出發，帶領台灣人民監督制衡初生的民主幼兒勿被摧殘。

希望下台的民進黨能自省

Meat Lufe / 03-22 / 屏東縣

民進黨不管是立委或總統大選，都由大多數人民投下不信任票，這是民主的力量。

我很少投票，四年前以為民進黨會帶來新氣象，投給了扁，沒想到扁只有一張嘴巴，說一套做一套，失望⋯⋯失望⋯⋯民退黨⋯⋯我對國民黨也信心不足，但民進黨比國民黨更要檢討，早知道勝選難，敗選了，還不接受，你們還有臉面對支持者嗎？⋯⋯「反省」、「改革」是你們立刻要做的。

勝不驕敗不餒

阿將 / 03-26 / 北美洲

兩黨只是交換角色而已，人民都需要你們的。

民進黨重組改名

鱷魚 / 04-15 / 台北市

選後仍不見民進黨真正的反省，一下子凍漲石油到520，債留全民，一下子積極安插人事，為子弟兵卡肥缺位，然後大部分的「大老」都不敢檢討陳水扁。

台灣還是需要一個優質的在野黨啊！民進黨請振作！青壯派出走成立新黨，換黨名重新出發都可以。

民進黨加油

jet / 03-24 / 高雄縣

好好反省自己過去8年的所作所為，並在未來擔任好在野監督的角色，不要讓國民黨為所欲為。

一趟廁所記，叫我如何投藍綠？

李燕

3／8我隨著日日春去馬、謝兩總部遊行抗議。這當中我分別去上了兩個總部的廁所：

馬總部的人就如臨大敵一樣，戒慎恐懼要我去上流動廁所。在我據理力爭下：因流動廁所是蹲式且空間狹小，我無法蹲下。他們才勉為其難的由女志工陪我爬上又窄又彎的樓梯去上廁所。

後來，到了謝總部時，又想上廁所。一進總部，沒人阻擋我們進入，當我們詢問可否上廁所時，就有人說，你們用殘障廁所。

那廁所是在另棟建物內，但總部貼心的用斜坡接連了起來。此刻，我們的遊行隊伍也還未全部到齊，但我見那些身穿志工背心的老先生就開始用紙杯裝水，準備奉茶。

等我上完廁所，有些遊行夥伴也入內上廁所與喝茶。

我當下有個深深的感慨：

國民黨總部人員官僚，但他們推出的主子卻又表現的親民愛民狀。

民進黨志工親切，但他們推出的主子早已把台灣玩爛了、且不斷操弄我們這些善良台灣人的樸質。

想到這裡，我不禁想，一趟廁所記，叫我如何投藍綠？

Robin / 03-24 / 台北縣

民進黨加油，好好檢討為何喪失了當初的理想，如何重拾希望向前行。

國民黨也加油，不要再搞過去的內鬥、爭權奪利，應學學馬英九，人民要的是做事的人，不是搞政治的人。

媒體

管束新聞媒體
春麗 / 02-29 / 台南市

新聞報導全然缺乏世界觀，除了八卦血腥暴力之外，一無長處。我希望有規範，讓新聞媒體秉持嚴明客觀的報導角度，並且勿自詡正義窮追猛打，或濫用所謂新聞自由，逞一己之私。建立一種風格，樹立一些典範，淨化那令人生厭的環境。如果媒體人自己做不到，那就請總統幫助他們做到。

各家新聞媒體提高播報國外新聞的比例
芸芸 / 03-14 / 台南縣

我覺得新聞媒體都在炒作愚弄我們整個社會，很多事實不是別人說，我們會自己選擇真相，媒體是用來教育人民，如果大家打開電視都是浮濫的政治，或談話性，或者娛樂八卦，那永遠都走不出我們的國際視野，請重視孩子們有求知的權利！！

政論節目消失
自在嬉遊 旅行概念店
/ 03-11 / 台南市

嗯！多些體育節目，多些音樂節目，多些介紹文化與社區營造的節目，多些關心人群的節目，多些正面的價值，少些負面的批評與爭論。

我對台灣的電視媒體失去觀賞熱情的原因
王克捷

一、看電視新聞像觀賞娛樂台，新聞節目負責的傳播與教育功能不明確。

二、觀賞電視娛樂節目，無法讓個人一天的疲憊得到紓解，達不到娛樂目的。

三、新聞節目不能夠擴充我們的視野；娛樂節目無法讓我們快樂放輕鬆，我們的視覺無法從電視節目中得到滿足，那就只好關上它，善待我們的眼睛。

在小吃店安心喫飯（致電視記者與主播）
馬世芳

我希望，我們的電視記者和主播，可以不必用那樣氣急敗壞、那樣戲劇性的聲腔報新聞。

我也希望，記者朋友在採訪現場報新聞的時候，語言可以稍微組織得有條理一點。我覺得，您們的口語習慣夾雜了大量不自覺的虛詞和廢話，近年來已經成為當代「口語圖景」之中不容忽視的污染源。

比方說，我不大相信您們和朋友打手機聊天的時候會這樣講話：「是的，我現在在這邊呢是可以看到，這個專櫃裡面呢可以說是有很多的一個名牌包包，而我現在就準備要來進行一個試揹的動作，然而這個價錢呢是相當的一個昂貴喔，讓許多民眾是大嘆：吃不消！」

我們都知道新聞媒體有太多環節可以檢討，然而我想這一件小事或許更是圈內同業無意間互相薰染的習慣，比較可以從一位兩位記者朋友的自覺開始慢慢改進，而比較無涉於體制結構種種問題的。

這是一個經常必須在小吃店喫飯，故經常被店裡播放的電視新聞影響食慾的觀眾，一項小小的希望。

by 小鳳

電視有一天會更好看

Akibo

我家的有線電視一百多個頻道，好看的沒幾台，有的一直重播。我可不可以只訂我喜歡的，讓大部分人討厭的頻道通通倒閉。讓好的節目頻道有空間可以一個接一個誕生並長大！

各大新聞台收視率降低

紫頭 / 02-29 / 澎湖縣

大家不想看收視率就會降低，收視率降低24小時新聞的情況就會減少，
新聞需求量少了素質就有機會提高，提高之後收視率再來提昇。

小曾 / 02-29 / 高雄市

我希望大家多看書，多用一點時間思考沉澱消化吸收，不要再讓水準越來越低的影音媒體牽著走了。唯有自己先靜下來，才能夠聽見世界的聲音！

希望第四台不再出現蓋台廣告

wsj / 03-26 / 雲林縣

一個小小心願，第四台不再出現蓋台廣告。

管束新聞媒體

望月之貓 / 03-26 / 花蓮縣

我期待媒體除了羶色腥的新聞之外，能夠更關注世界其他地方，但是請不要只播報美國某個鄉下地方的奇人異事……之類的趣聞，我想知道的是現今這地球上發生哪些事（戰爭／動亂／天災……），且足以對這世界造成何種影響，做些有深度的新聞吧！這世界該關心的事這麼多，別關起門來做隻井底之蛙。

希望大家關掉電視，做更有益身心的活動！

davidtaichi / 03-07 / 台北市

別人我不管，我關掉電視一年多了。省下第四台的小錢，賺到寶貴時間和清醒腦袋！小孩有時間看書！

cathy0157 / 02-29 / 台北市

希望大家不要沉迷在電視節目當中，拋開政治議題、無意義的廢話節目，那些東西不必佔生命的1%！
多多出去旅遊、散步、到書店看書、到咖啡店坐坐，或者去騎腳踏車、健行、自己下廚都好～～別再浪費生命在無聊的事務上！

豆俠 / 03-10 / 台北縣

電視機你好：
1.請不要再跑出一堆跑馬燈
2.請不要再誘惑我老爸老媽看沒製作品質的八點檔……
願大家看書比看電視時間長！！

小善存 / 03-09 / 台北市

沒錯！讓我們打開電視是聽故事而不是看笑話！

媒體人自律，堅守理性、中立，善盡職責

caroline / 04-11 / 高雄縣

許多年前天下雜誌標題為弱智媒體誤國論。的確這幾年，看到媒體以腥羶色來獲取更多眼光時，卻沒有想到，這對大眾作了多差的示範。請媒體人別忘記，媒體是負有社會責任的，看看英國的老牌新聞BBC再回來看看我們的新聞，我覺得，我們的新聞，很多是宣傳，不是新聞，請拿出專業來做新聞。

希望地圖報　第13號　2008年3月22日

安慰與鼓勵的開始

—— 「我們的希望地圖」「我們的希望地圖」選後兩個希望的第一個

親愛的朋友：

我們新的總統當選人誕生了。

讓今晚，成為一個安慰與鼓勵的開始吧。

競選結束，政治人物的勝負，是他們必須承受的工作

與專業經歷。

而我們，參與這個過程的公民，不論自己支持的候選

人是否當選，我們都有理由安慰一下自己，也有理由

鼓勵一下支持不同對象的朋友了。

不論選票的計算差額如何，我們仍然都是兩千三百萬

人中的一員。選舉支持對象的不同，不應該影響彼此

仍然是朋友，仍然是命運共同體的根本。

就讓我們開始彼此的安慰與鼓勵吧。

郝明義　rex

by 曹玉明

172

新總統

給新總統馬英九
Angel / 03-25 / 高雄縣

你說要當全民總統，我很期待，你不能食言，不然會變醜！

你不是希望台灣人民是幸福又有錢的嗎？

我希望你不要一直向世界說一個中國的原則，好不容易有機會說話，多多說台灣，幫忙行銷一下。

還有熊貓來台灣的事，據我了解會扯到國別這件事，你要當全民總統的話，請你落實公投，這才是傾聽人民的聲音。

你要告訴我們熊貓要來台灣需要哪些文件，以什麼樣的關係來台灣，一年又要花多少錢，說明白之後諒台灣人民決定。

註：我知道養熊貓很貴，經濟不景氣養熊貓好嗎？而且又會扯到國別的問題。這個是很重大的事，你不要輕率答應，要讓台灣人民來決定且要講清楚再公投（公投法律也要修正，該法完全背離公投的精神）不然，你就是欺騙人民的感情，你會變醜的。

我對你有期待，希望你不要讓我失望和心碎。

Yiling / 03-18 / 台北市

總統是心胸開放、願意傾聽的人我們不希望總統是一個閉門造車的人，而要是一個心胸開放的人。你的政見在於滿足我們的需求，而不是實現你的理想；你的施政方針切合社會的脈動，而不是一意孤行；你的身段高度不在廟堂，而是傾聽人民的聲音。不要忘記，因為我們手上的那一張選票，你才會成為總統，身為總統不是坐擁資源，而是替我們辦事。

休養生息
旺哥 / 02-29 / 台中市

並不希望新總統提更多牛肉，寧願花個一兩年把過去八年的洞先補好，讓民眾安安靜靜過個日子好好打拚生活，政府官員把自己的工作做好，少點政治口水，等準備好再來衝刺新政策，而不是一堆沒有周詳考慮後的半熟牛肉，挖更多洞讓百姓去跳，一直換人做做看的政府實在不是正道。

說到要做到嘿！
有投票權的市井小民封小唐
/ 03-04 / 台北縣

當選的新總統，你好：我知道你經歷過選戰已經消耗掉不少力氣，這裡要跟你說一聲：辛苦了。我也知道你在競選總統的時候，也已經接受希望地圖的邀請，要來傾聽人民的聲音。我還知道你在選舉的時候開出許多政見，希望我能投你一票，而我也同意去行使我的投票權。一直都是你說，我聽。這樣實在不是最好的溝通，所以在這裡，換我跟你說：你一定知道，作為一個領導人，要有承擔責任的能力和勇氣。你肯定也知道，作為一個領導人要有卓越的見識和氣度。而你鐵定也知道，要被稱作為一個優秀的領導人，說到要做到。

我希望你能說到做到，有關於你說要給台灣人民更好的一切。不管遇上多少困難，請你拿出當初一定要選上總統的魄力與決心，排除萬難，將台灣帶到具有大格局大氣度的國際位置上。非常謝謝你，也很恭喜你，當選了。

希望你認真面對三鶯、溪州等都市原住民的問題
梁兮兮 / 03-01 / 台北縣

同舟共渡，不放棄任何一個夥伴是對一個船長的基本要求。領導者不該坐視夥伴餐風露宿無家可歸甚至絕望自殺，不能將心比心的了解前因後果並給予適當協助便使夥伴陷入生活困境中更是無法接受的。對夥伴冷漠的船長是不會得到尊重的，不要怪年輕人對ACG虛擬世界的興趣比現實大，因為現實是如此讓人厭惡，對夥伴冷漠的傢伙也只會得到冷漠。

不要變心哪

成英姝

我的希望很簡單，就是馬英九你這個男人不要變心哪！

最早我還弄不懂希望地圖要怎麼玩，問我的希望時，我就想：要說我最大的希望，就是看漫畫不要錢哪！我的人生最大的希望是看漫畫不用錢跟看電影不要錢，因為這兩樣我最狂熱，我好不容易奮鬥了十年，才拚到今天看很多電影不要錢的境地，接下來就是希望得到很多免費的漫畫……

後來發現這個希望是要拿給總統的啊？那總統不太care有一個微不足道的國民好愛看漫畫的事情吧？（但是如果全體國民都能免費看漫畫的話，這一定要是一個非常強大的國家啊！這是很宏大的願望吧？！）

然後，在我等著擔任希望導遊的期間，馬英九不知不覺當選了……（什麼不知不覺啦！）

然後，全國都發燒一樣，我覺得要把我的希望拿給馬英九就好像我替金城武織了一件毛衣然後在他記者會時跟一大堆影迷擠來擠去千方百計想擠到他身邊塞給他。

好吧！既然馬英九當選了，那我的希望是總統先生不要被暗殺了…開、開玩笑的，因為大家都在擔心這個嘛！好啦，以上都是開玩笑的…什麼，還寫了那麼多！（我是交代一下這段期間發生的事啊！怕有些外國人不清楚咱們在地的國情嘛！）

其實，總統會不知道人民的希望是什麼嗎？我真的很懷疑，一個連人民的希望都不知道是什麼的人，有可能當上總統嗎？可是很怪，有很多人搞不好本來是知道的，當上了以後卻忘記了。

所以，如果是送交給總統的希望，也就是說，是真的會送到金城武（咦？我聽說演馬英九的是劉德華才對）手上那件我編織的毛衣（比喻啦！因為很多大明星根本不會真的拿到歌迷影迷的禮物，真的當作重要的東西嘛！），那麼我要說的是：你這個男人，你曾經說過的話自己不要忘記了！欸，好肥皂劇的台詞。我的意思是，作為這樣一個高票當選的總統，背負了那麼多那麼多人的期待，在大家已經對台灣的現況失望了那麼久的此刻，大家把你當神仙、當魔術師CYRIL一樣，好像你手一揮，整個台灣就會變得完全不一樣，和諧、富足、美麗、強壯，你知道我們想要的是什麼的，否則你不會當選，請記得你答應要給我們的，不要坐上那個位置，坐了四年，或者搞不好像你的前任一樣坐了八年，就忘了這些。

最後我想說的，這些年來，大家都在吵誰是台灣人誰不是台灣人，誰愛台灣誰不愛台灣，我都覺得大家是不是忘掉了最源頭的那個問題？不是所有的孩子都愛父母喔！也不是所有的父母都值得孩子愛喔！在「愛台灣」這三個字成為魔咒的今天，有沒有人能真的說出台灣值得愛的理由？嘴上淨說些肉麻話，不是很噁心嗎？把愛這個字這麼廉價的亂灑，不是很噁心嗎？

為了一份愛百萬死不足惜，那樣的愛是多美，不是嗎？

所以，讓這個地方有這麼美，不能光靠馬英九大神。

如果總統先生跟我們是一體的，如果我們每一個人都是一體的，我們才有可能通過彼此，通過彼此的愛，讓這塊土地美麗；讓小孩子成長成健康、有美麗的心靈、有智識、有人品、有世界觀的人，培育小孩子跟我們自己有健康的身體，讓老人得到妥善的照顧，讓所有想法不同、生活習慣不同的人都彼此理解和接受，讓外籍的朋友們覺得這裡舒服又可親，讓我們傲人的優美自然環境得以被珍貴保護，讓每個人能發揮所長，每個人做的不必是收入最可觀的工作，卻可以是自己最喜愛的工作，讓我們的創造性和才能被世界看見…。

我們的希望有那麼難嗎？檢視你真正的希望，你就發現其實你每天都可以為它作一點什麼事，每天都可以接近實現它一小步。

新總統應更重視文化與生態

唐光華 / 03-02 / 台北市

台灣兩大黨總統候選人馬英九與謝長廷都重視拚經濟,對文化與環保議題?墨很少。我希望他們倆人無論誰當選,都要更重視文化建設與生態環保,特別是面對地方色彩重且短視的國會,新總統更應該要有重視文化與生態的遠見和勇氣。台灣早應告別只拼經濟的年代,新總統若只重視經濟是不及格的。新總統要以身作則,要有很好的道德、文化、藝術涵養,要躬行綠色生活。我希望未來四年新總統能支持台灣開創文化與生態優勢,以開放的胸襟,面對中國與世界,為台灣開創一新的文化盛世。

找回美麗寶島

xixi.tsai / 02-29 / 彰化縣

未來的總統作為一國之首,謹言慎行、機智幽默、有氣度、好風度,作為臺灣人最佳的表率。永遠將人民的福祉置於第一,政黨個人次之,作為臺灣公僕的最佳典範。有蔚藍的天空,也有盎然的綠地,才是人人心目中最渴望的生生不息的美麗寶島。

by Taiwan棒

讓我相信你

天空指南 / 04-03 / 台北縣

嗯,我也希望四年後,首次擁有投票權的我能夠開開心心的投下我第一張神聖的一票。

國家與人民該
給總統公平合理的待遇

質能觸控化 / 04-03 / 高雄市

人民管理好總統,總統就為全民造福。總統為無給月薪榮譽職,財產交付信託,但是國家給日常生活所需有領據實報實銷支出。另外有配套措施為:人民給總統每年一筆年度施政滿意納稅人特捐。在個人年度所得稅申報時附帶項目:依每一個個人對總統的施政滿意程度,可勾選捐2元〈滿意〉,1元〈可以〉,0元〈不滿〉三種金額其中一種給總統。這樣總統四年任期就有四次全民滿意度收入。如此連結民意控管總統的施政作為可達到公平正義的原則。註:每一張所得稅捐單為每一基本對總統的特捐單位。每年公告一次給總統的特捐年收入接受公評。

台灣未來無限期

王琬婷 / 03-30 / 台北市

希望總統可以忘記四年或八年的限期,不要去想,在四年之後即將面臨的戰爭.台灣的未來,需要看到更遠的以後.總統的視線,可以在更前面,不要去想,是否只有這一個四年,或如何去爭取下一個四年,請給我們打造更美好的40年,400年....台灣還有更多更多將來,我們要無限期更幸福的未來。

請馬總統一定要堅持,
一中＝一個「中華民國」

Arwen / 03 / 28 / 台北市

「中華民國」＝融合了不同族群,有著來自不同族群的優秀傳統,有著近百年來的共同堅持,披荊斬棘地一路走來,無論時局是好是壞,大家不離不棄,始終守護著這塊美麗的國土。

所以!馬總統,無論如何,您要堅持一中,就是一個中華民國,一定不可以有任何讓步。2千3百萬同胞永遠陪著您共守著這個永遠不變的理念。

台灣要站在中國最尖端,
登到世界高峰

漢木林笛手 / 03-30 / 台北市

這次大選大家認為是國民黨大勝,本人一點都不同意,過去八年民進黨的表現這麼糟,尤其是主政的人又貪又狡又鄙,只要換個最低能的人,也可以把選票從百分之四十拉到七十。

國民黨並沒有改變一絲絲台灣的政治版圖,而以後稍不用心,民進黨上來一個最最平庸之才都可以輕易把國民黨拉下來。

問題在那兒呢?很多台灣人過去將情感取代了思考,所以建立在保守的本土主義發展出的封閉的文化令台灣人永遠活在過去半世紀前的記憶,成為政客最好騙的一群盲目的跟班。

將來台灣人要做的不是和解共生,這點是沒必要的,原本就沒有和解的問題。將來台灣有識之士要投身在教育上,把台灣人從向後開倒車,教到具有世界觀,又有包容心的民族。

台灣不必排除在中國之外,台灣要把自己的文化和水平舉到中國的頂尖,再趕到世界最前端。

希望馬英九先生以5百萬人民為師

吳若權

選揭曉：馬英九先生當選、謝長廷先生落選。

前者的感言，四平八穩；後者的感言，悽楚動人。

這是我個人的觀感，沒有批評的意思。

但是因為這樣的觀感，讓我對馬英九先生的「當選感言」覺得有些可惜，他沒有在第一時間打動544萬5239位沒有投票給他的支持民進黨的選民。

雖然，馬英九先生提及要做全民的總統，會照顧沒有投票給他的選民，但是，對於沒有投票支持馬英九的544萬5239位選民而言，他們還沒有認同馬蕭團隊，甚至在情緒上還不願意被照顧。

更何況民主政治標榜的「人民是頭家，首長是公僕」，總統是選來替人民服務的，用「照顧」這個字眼，仍充滿舊世代「上對下」的口吻。

如果要符合國民黨「從感恩出發、從謙卑做起」的口號，馬英九先生可以說：

「從現在起，我要以沒有投票給我的544萬5239位選民為師，請你們把對我不滿意的地方告訴我，讓我積極爭取為大家服務的機會，獲得全民的認同。」

還有，競選活動已經結束了！希望馬英九先生今後對全民談話時，可以用更自然口吻說話，而不是競選場子常見的，動不動就來個「對不對呀」、「好不好啊」。

呵呵，我想是他剛剛當選，宣布當選感言時太緊張了，期待他就職的宣示，能更表現更為自然、大方。

希望馬總統可以看看「白宮風雲」（The West Wing）

公事之餘看看此劇，看理想中的橢圓辦公室裡幕僚與總統的睿智對話，幽默也好深刻也好，或許可以給您在政策的決議上提供一些感性及創意的點子。 謝謝您！

尊重對手，尊重這塊土地的每一個人
火星爺爺

現在在競選總統的兩組候選人，要尊重對手。

您的對手，是一位跟您在比賽「誰能讓這塊土地更好的人」。對於一個熱切想要讓這塊土地更好的人，我們心中應該只有敬佩、感謝跟尊敬，不是嗎？

同樣的，兩組候選人也應該尊重每一個人。

每個人或許有不同的政治理念、不同的支持對象、不同的主張與想法，但每個人都是您們要服務的對象。您們要做的，是凝聚大家、融合大家，讓大家一起為這塊土地打拚，讓所有人都能因為每個人的努力，而變得更好。

我覺得這是一個非常基本的態度。期待當選的新總統做到，並努力將這種態度感染給所有的人。

希望馬總統維護臺灣的主權
王乃妙 / 03-26 / 雲林縣

希望馬總統走正確的路，維護臺灣的主權，收起黨政的迷思不圖利自己，不隨立委妖魔起舞，造福百姓。

愛心治國
翁嘉銘

好好當總統，是全民總統不是那一黨的總統
可不可以放下偏見和私心，給台灣一個美好藍圖
希望總統摒棄意識形態的框限，以包容心治國
可不可以化解統獨對立，建構愛心台灣
希望總統與世界交好，以友邦看待中國
可不可以　去對中共的仇恨或醜化，以善意導向和平
可不可以莫忘台灣主權，不討好、卑下，與中國相安結好
希望總統清吏治，讓各級官員誠心為民服務
可不可以全台灣官僚在總統引領下，廣蒐民瘼，為民解憂
可不可以不以功利為先，而以人心豐實為重
希望總統發展經濟但不忘文化的長遠價值
可不可以打破人民金錢所得的迷思，以生活品質提昇為要
可不可以勸導大眾媒體，摒除淫亂暴力血腥的報導
希望總統重視弱勢族群的生活權
可不可以讓他們活得自在，沒有歧視
可不可以不只是金錢補助，還有一個安心的家園
希望新總統有一個愛心，以照顧人民為務，而非壯大政黨勢力
希望新總統慈悲為尚，憫眾生疾苦，而非巴結政商權勢
希望新總統包容異見，不再撕裂民心
希望這些希望不只是希望
（下面的照片是我的好友原住民歌手陳建年提供）

尋找最大公約數

李偉文

雖然心裡知道，我們很多的希望是無法實現的，但是，若是我們為了國家為了社會真心誠意地許下一個願望，給未來的總統聽，那會是什麼呢？

這些天我很認真的在想這個問題，也想起多年前有一年的大專聯考作文題目是：「風俗之厚薄，繫乎一、二人心之所嚮！」身為國家領導人可以帶給國家最大的價值就是透過本身的人格典範，形塑整圈社會的文化。

講人格典範或許太抽象、太高調，至少我期望我們的社會是一個尋找社會最大公約數的社會，不只是找出問題，界定責任歸屬與罪魁禍首，而是不斷透過「再來我們可以做些什麼？」的態度來找出下一步共同行動的開始。

多元社會的前提，應該是建構在彼此「善意的傾聽與溫柔的回應」，面對不同意見時，要懷抱對方是善意的體貼心，同時，要表達自己意見，也一定要溫柔婉轉，理直時都要氣和了，何況很多事情沒有所謂是非對錯，只有不同觀點與不同情境。

我希望台灣是一個可良性溝通與互信的社會，身為國家領導人或可以影響社會風氣的政治人物或媒體，當民眾表率的責任更為重大。

priority in the first 100 days

spencer / 03-29 / 南投縣

1.To select competitive people with integrity for his cabinet.

2.set the target for each ministry and evaluate the performance at the end of the first 100 days.

請用「接手」的方式

Jil / 04-07 / 台北市

馬蕭當選之後，電視不斷報導著即將上任的正副總統當選人的行程……其中一則特別引起了凱凱的注意。

電視新聞拍著蕭萬長先生有點聽不見記者問題的畫面，搭配著標題：副總統的健康因為選舉過程過於疲勞，眼力聽力漸弱……

仔細看了一下，凱凱問：媽咪，副總統，不是應該是女生嗎？

凱凱的一句話，我恍然大悟理解了下個新世代的思維。

今年八歲的凱凱，出生之後的總統，一直都說：台灣台灣台灣……八年來副總統一直都是女性。

所以，在凱凱人生的第一堂公民課中，副總統是女生。他的母語字典中，台灣出現的次數絕對超越中華民國太多，馬英九先生即將接手的中華民國，已經不是八年前的老樣子，請不要斷然開啟馬英九的時代，請用接手的方式，延續台灣的民主。

請用新思維來看待我們大家一起共有的未來，我們上一代，我們這一代，我們下一代，一起參與的未來。台灣，早已跨入新時代。

給2008台灣新任總統的建議

正在覺醒的台灣人sam

/ 02-29 / 台南縣

總統先生，除了這個職銜，你扛起了中華民國的大纛。今後任何事，請別說這是過去的包袱，請怪某某人。

相信不論你是哪一方，都會有另一方的反對者。請你別敵視他，也別塑造自己的悲情，因為這樣會讓你的支持者，仇視起他們。我們需要的是堅毅的總統，可以幫台灣扛下重擔，而不是個懦弱的總統，反而需要人民的撫慰。當紛爭越來越多都代表你的過錯與失政。消弭很困難，請試著不要碰觸對方的傷痛，即便他們傷了你。更別為政治利益，討好一方而故意刺激另一方，那會讓很多人永遠不會原諒你。

你掌握國家的資源，請將全民的資源像花自己的錢一樣，花在刀口上，節約使用。但別搬回家裡去當成自己的。

我們的憲法並不完善，但這對走大路的執政者卻不會有妨害。因此當大權在握的你遇到阻礙，請別大聲嚷著說一都是你們不讓我好好做。這會顯得你的能力不好，胸襟也不夠。也請別將事情就這麼放著，讓國家機器無法運轉。這會顯得，你把面子看的比國家更重要。當阻礙很多，請將注意力放在解決問題本身，除非你放棄，最後我們也會給你力量。

最後，抱歉要對你囉唆這麼多，因為現在沒人確定，這些事你是不是真的早就知道了。

當一個沒有政黨的全民總統

自在嬉遊 旅行概念店

03-10 / 台南市

說實在的,我知道這是一個很誇張的想法~如果新的總統他願意承諾當選後放棄政黨的話,那麼台灣就會有一個「全民總統」就不會有40%(綠) 60%(藍)的總統了.

這幾年來,台灣陷入了一個困境.無論是哪一邊當選,就如同四年前的情況.總會有另外一方是反對的.當選後的四年,又得面對這些紛紛擾擾的抗爭.

如果可以的話,新當選的總統是否可以開創新的局面.讓台灣未來的總統都是一個全民的總統.在當選時開出不分顏色的內閣名單.無論政黨為何,有能力的人才能為台灣帶來幸福帶來希望.也希望被點名到內閣人選能放棄己見,真正的為台灣千萬人民盡心盡力.

與中共和平相處
把買武器的錢省下來
建設台灣及照顧人民

王仁智 / 04-08 / 台北市

我對新總統的期許就是,與中共和平相處,不要再買武器或盡量少買武器,把錢省下來建設台灣及照顧人民。注意到全球暖化的問題,減碳、帶頭吃素,相信新總統一定做得到。

施政要避免矯枉過正

阿將 / 04-10 / 北美洲

政權的輪替,常帶來矯枉過正之弊。政策的制訂要考慮到人民的習慣問題,再好的政策若沒考量人民的習慣往往都會失敗的。因為民曰不便。中正紀念的改名就是一例,尤其是牽涉到意識形態不同族群之間的事務更應該謹慎處裡;新政權上任後宜不再改回較妥,因民曰不便!有時無為而治是最高的政治智慧。

「秋風落葉亂為堆,掃盡還來千百回,一笑罷休閒處坐,任他著地自成灰。」

七百多萬票當選不代表你最大

阿將 / 04-05 / 北美洲

五百多萬反對你的票加上四百萬不投票的人都是台灣選民,再加上沒有投票權的六百萬人都是台灣人,人民最大!未上任就放出有害台灣安全的直航風向球,又說今年底通匯,到時人民幣就把台幣通成國民黨初來台時的廢紙,舊台幣一比四萬!中國不費一兵一卒就統去啦!

馬英九可以向不丹國王學習

漢木林笛手 / 04-06 / 台北市

台灣目前的國際政治環境是任何領導人都無法擺脫的……講明就是困境,人民分為要獨要統,或維持現狀,其實是沒分別的,因為決定權不在自己,而是歷史的共業。

不過這反而是台灣人可以給全世界的人一種世界政治觀的榜樣,台灣人要讓世界的人民用另一種胸懷來看民族主義,經濟生活的價值,環保,以及被西方世界定義的所謂普世價值的自由和民主的定義。台灣到底要如何搞外交,參與世界活動,不一定要聽從強權的擺佈,台灣人要如何搞民主,也不一定要看紐約時報之類西方新聞或國際人權組織的臉色,台灣人不但不必在乎大陸領導人的想法,反而要耐心開啟大陸人對文化與傳統的智慧,一同為人中國人(包括漢人和其他少數民族)爭取世界文化的領導權。上天給了馬英九最好的一個機會,他必須知道和台灣有邦交的國家不會因為國民黨上台而變多,但是台灣人要在世界上起另一個舞台,在那兒玩另一種遊戲規則,這不容易,但是馬英九可以有一個好老師……他就是不丹國王,這個國王不理會西方人對民主和自由的定義,創造了一個全民幸福的人間樂土,他不但讓西方社會知道幸福指數的算法人人不同,而他的算法並不遜色,而且他讓人知道民主自由並不是只有一種普世價值……

新總統會認真看"希望地圖"

月亮上的小狐狸 / 台北市

在"希望地圖"有這麼多人的希
望，背後還有很多人的努力和願
景，再一個星期多就要投票了，
我們會選出一個認真用心的總統
的！

我們會的！

昨天看到郝先生發的希望地圖第
一期報的數據：

"希望地圖"多數的希望，卻是總
統候選人未曾提到的政見，或許
他們為了選舉~有很多的考量
和我們的角度不一樣

但是

選後~~

新總統呀~~

你是我們眾人(大多數人)選出來
的總統，"希望地圖"是我們最真
切~也最實際~最迫切的希望

你一定要好好認真的看呀~~

我不知道台灣未來的命運是什麼
但我相信~

台灣人民的生活會一天比一天好
的~

台灣人民會快樂、幸福、知足且
樂於分享，因為這是我在"希望
地圖"看到的

新總統~你一定也要看到唷！！

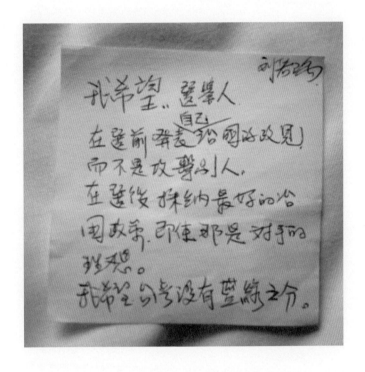

國會

透明的國會

公民監督國會聯盟 / 03-03 / 台北市

國會資訊透明化才能建立文明、陽光、公益與效能的國會！

sun11 / 04-03 / 台北縣

國會應將審核中的法條，法案及審核結果定期的公佈在網路與各大媒體供人民檢視。

zubine / 02-29 / 台東縣

希望國會投票的時候可以採記名投票的方式，最好是可以公佈在各大報紙，網路上，如此，一般民眾才可以如意的監督到立委們是否有在兌換其政治牛肉。

立刻開放國會頻道

anlo194（希望代貼信箱）

/ 03-21 / 雲林縣

這是可以立即有效讓台灣杜絕政客的方法，不論誰當選都可以立刻實現，尤其是國民黨的如果選上總統，更是沒有理由拖延，就看馬有沒有guts了。

成立國會直播電視台

流浪的代課教師 / 03-23 / 台北縣

忘了是哪個國家成立一獨立電視台，全程轉播國會開會實況，讓人民知道所有真相，讓人民看清到底誰在做事誰在打口水戰，而不是新聞媒體剪了又接接了又剪的片段新聞。

陽光人 / 03-26 / 台北市

有法才能有依循，讓政府廉能，效法新加坡香港，通過立法成立廉正公署，立法院已是國民黨超過三分之二席次，要通過法案應是沒問題，希望馬總統及王院長能力促通過陽光法案，廉正公署，這樣才能有法可依循，讓政府廉能，不要為了少數人而讓法案被綁架，謝謝！

透明的國會

Pierre / 03-30 / 台北縣

我希望，將所有政府機關，支出的明細資料，全數在各機關網站上公告。由全民來監督。大家不需要去仰賴民意代表，我們不需要再去創造一個打擊弊案的英雄。 人民有權利知道，政府的每一元支出用在何處？還有沒有第二個人，用特支費去支付不該支付的費用。國安基金是全民的資產，有沒有被不當操作，去拉抬特定股票，或是趁股票上漲時，拚命倒貨。台灣郵政公司，大筆資金，轉存何處？政府到底補助了多少的財團法人？這些財團法人，在做什麼？不論是誰主政，我們希望用制度，由全民監督。我們不要每四年讓人民的力量發揮一次， 讓全民一起來監督，時時刻刻，監督政府，不可以亂來，不可以浪費。君不見網友，往往可以找出電影中，穿幫的場景，在所有政府資訊支出費用資訊揭露下， 節樽預算， 避免浪費， 降低黑金發生的可能性。 同時避免， 執政者利用政府資源，進行違反人權的勾當。水清無魚，但水不清，則有人混水摸魚。

政見

希望候選人認清現實
敢說真話，不要呼攏選民

ArtistWannabe / 03-16 / 歐洲

要減稅，要增加政府投資，錢從哪裡來？何況減稅跟大政府在學理上根本是相悖的邏輯？三通後經濟一定大好，到底是怎麼個好法？衝擊在哪裡？公務員 / 政府效率一直為人詬病，到底有什麼對策？從香港、新加坡、澳門、韓國的發展經驗，到底學到了什麼？要蓋蘇花高，要拚觀光，一鄉鎮一特色，有人先研究過國際觀光客要什麼，中國、台灣本地的觀光客要什麼嗎？ 有沒有整合？ 要蓋賭場，有沒有配套措施？論述 / 研究在哪裡？我們聽了太多溫情的嘴砲，充滿道德 / 認同的假議題，我們要聽做過功課的，做得到的，可行的，說服的了人的社會才會有改變，才會進步。去過歐美就知道，儘管我們還有一定的生活水準跟便利，但相較之下，我們很窮！而且沒有人知道我們！也沒有人在意我們！人家在意的是中國發展、北京奧運！我們又懂多少？

兌現承諾

dodo / 03-06 / 桃園縣

我希望總統當選人兌現選前提出的政見，因為信守承諾正是台灣最缺乏的。

給我飯吃，其餘免談

得乳癌 / 02-29 / 台北市

不想再看你們講543了，我一堆親戚都沒工作，生了病也不敢看，孩子更是不敢生，不管誰當選，給我飯吃，其餘免談！

一位八歲孩子的總統宣言～不是每個人都要去做容易的事

芭芭拉 / 03-21 / 台北市

我的孩子今年八歲，她在1/19提出了自己的總統宣言，提供給未來總統參考：

1. 不是每個人都要去做容易的事：孩子說正因台灣更需要一份力量，所以她不會挑現成的民主成就，回德國選女總理。
2. 環境空間改造。
3. 國民生活意識重整。
4. 素食環保推廣。
5. 社會福利擴大落實，保障所有能的平等機會。
6. 犯罪發生前的輔導機制。

孩子的總統宣言，沒有冠冕堂皇的畫大餅，卻是生活最真實的希望。

原文全載http://mypaper.pchome.com.tw/news/lovekyoto/3/1302073516/20080119121539

政府

希望不要一直剪綵

kuni / 03-08 / 台北市

真的，希望不要再剪綵了。

救救最底層苦民

Meat Lufe / 03-08 / 屏東縣

政府官員公務車應該限定便宜的國產小車，不該亂花的大型活動也要節儉，各單位消化預算送有的沒有的東西都要停止，多餘的錢可以送入社福基金，並多舉辦就業博覽會！

不要一直放煙火

yyt / 03-07 / 新竹市

雖然煙火很美，看起來很開心。
可是地方政府總不能一直拿放煙火當成政績啊！
你以為放放煙火，我們就會比較相信你嗎？
每次燒錢放煙火，不如把錢拿來補助貧窮的孩子和老人。
或是改善教育和治安。還有啊，放煙火會增加二氧化碳，
地球都快要熱死了，不要再花錢增加二氧化碳了。

重新整頓並善加使用中興新村

李曼玲 / 03-26 / 雲林縣

希望新總統能重新整頓並善加使用曾經是省府所在地一中興新村，如此環境優美、生活機能便利的好地方任其荒廢及宵小橫行實在可惜！

希望能通過陽光法案廉正公署

陽光人 / 03-26 / 台北市

有法才能有依循，讓政府廉能，效法新加坡香港，通過立法成立廉正公署，立法院已是國民黨超過三分之二席次，要通過法案應是沒問題，希望馬總統及王院長能力促通過陽光法案、廉正公署，這樣才能有法可依循，讓政府廉能，不要為了少數人而讓法案被綁架，謝謝！

希望我們可以不再需要政府施捨清廉

hare / 04-05 / 台北市

本來就是天經地義應該做到的事情，結果卻需要特別來宣誓，一整個囧）原來我們國家很落後……

by 力晶 潘瑞彧

司法

我提法官及檢察官任用時改革建議

Johnson / 03-25 / 台北市

為什麼常有法官及檢察官不適任的報導，為適應現行經濟環境的大變化，針對現行制度提出有效改革方案。法官及檢察官考試後，受訓完畢即分發，這些年輕人是否心智成熟？社會經驗夠嗎？若即刻擔任重任，我個人認為絕對不好，建議考試院要求詮敘時，對此特任官應訂明具有社會若干5-6年工作歷練才是。任何制度應歡迎有合適意見加入，才能將舊官僚時代，不合時宜做法，重新開創新功能，尤其是有關司法制度改革。像功能編組的提高行政效率，絕對是民之所欲常在我心。

我認為優秀公務員養成應有輪調並配合向功能編組訂定績效管理讓公務員有民間企業講求時效及符合時代所需環保節能概念施政時，時時不忘，民之所欲常在我心。優秀公務員的優渥退休制度建立，讓民眾也才給予肯定。

建立一個人民信賴的司法制度

八旬老嬤 / 03-24 / 台北市

本人乃年邁83歲老嬤，先生現年88歲，民國80年將嘉義建地，出售給宏恩建設公司，原簽約賣價一億兩百萬元，僅收訂金一千萬元，後因不願意配合虛報賣價為逃稅，而與之涉訟。一審法官黃瑞華以建商有逃漏稅捐之意圖而判買賣契約無效，誰知最後法院枉法裁判將原簽約六筆土地，分文不付強制過戶給建商。連案外的六筆土地，亦被藉法拍的名義非法轉手給建商，圖利宏恩建設公司超過一億元。 之後為制止我老夫婦陳情申冤，有位蔡興華檢察官濫用公權力，以毀謗等罪名將先生提起公訴，在2003年春節前將83高齡先生抓去坐牢三個月（不准緩刑或易科罰金），先生經此折磨已被診斷名列殘障老人。而所收訂金一千萬元，因高額訴訟費及律師費而消耗殆盡，詳情請見聯合報部落格：【台灣司法◎人間煉獄http：／／city.udn.com／v1／blog／index.jsp?uid=bilingwu】買賣自己擁有數十年的土地，難道是犯了什麼滔天大罪？竟然會被法院判到傾家蕩產！請馬先生就任後能就我夫婦兩人十七年來所受台灣司法不公平的迫害，展開調查，實踐您傾全力打造一個公平正義的台灣，建立一個人民信賴的司法制度，讓人民都能受到司法公平的對待的諾言。

aregong / 03-31 / 北美洲

猶記得馬先生您去年2月13日發表的聲明，其中有言「此刻的台灣已進入民主的寒夜，善良人徬徨無措，邪痞者梟叫狼嗥，在這個正義已遭政治綁架的時刻，憤怒已成了我們最後尊嚴之所繫。為了不讓個人得逞、除了挽回台灣最後一線生機，我們除了向他們大聲說不之外，別無選擇。」，之後在去年 12月13日發表的【英九聲明 二審無罪，最艱難的路才開始！】一文中說到「走過將近十個月的訴訟歷程，我深刻體會一般民眾面臨偵訊及訴訟的心情與壓力。我更清楚，我雖視清白重於生命，但真正重要的是，這一切的不白之冤，既曾加諸於我，也就可能加諸其他人民身上。因此，我要在此對人民作出莊嚴的承諾，如果我有機會執政，一定傾全力打造一個公平正義的台灣，建立一個人民信賴的司法制度，讓人民都能受到司法公平的對待。」

請馬英九先生代表政府向被台灣司法蹂躪十七年的八旬老嬤道一個歉！

杜絕檢察官吃案

廖麗綱 / 03-16 / 高雄縣

這個希望只對馬先生說，大部份的人都像這對夫婦不懂法，檢察官有意無意捅簍子，還是只會憤憤不平罵司法不公，簡直像被檢察官賣了，還在幫檢察官數鈔票。我呢？好一點，還有補救機會。只要你當選。

檢察官不法，人人都可告，民間司法改革基金會林峰正先生，你扭曲了司法人權，你的司法人權只剩蘇建和：馬先生告侯寬仁告得好：只有名人才能引起社會大眾注意偵訊密室當事人的權益。我不敢：一、我不是名人，近年來，臺灣百姓要鬧新聞搞頭條都得燒炭或淋汽油自殺，我很怕死也想長命百歲。二、我被檢察官包抄過，深知凡夫俗子告檢察官大體上是「告爽的」，他們根本擺好陣勢等著呢：我不像那四個傻蛋！三、我稍懂法條，刑訴第422條第二款新證據的適用已被他們圍剿過了，哪敢大意再玩第一款？瀆職罪不能自訴直接找法官要正義；現在只能等新監察委員幫我玩第一款。檢察總長說：「不分藍綠，只看證據」，那鐵定是錯的：我的檢察官就是不看證據。 可見陳聰明也聰明不過用人、管人重要。王寶釧消極苦守寒窯，成果都比我積極蒐證豐碩！

蚱蜢、公雞、小丑跳樑，藍綠共治萬萬不可，熱鬧有餘、害人不淺：監察院沒有監察委員已經好幾年了。我需要稱職的新法務部長，我也需要稱職的新監察委員。

李四 / 03-28 / 歐洲

請馬先生就任後能就83老嫗文章中兩人十七年來所受台灣司法不公平的迫害，展開調查，實踐您傾全力打造一個公平正義的台灣，建立一個人民信賴的司法制度，讓人民都能受到司法公平的對待的諾言。

司法改革注重現職考生的權益

茹 / 03-10 / 嘉義縣

司法改革尊重現職考生的權益。政府在推動司法改革的過程，能適度的實際徵詢法學院學生的意見，考試制度的改變，對考生權益息息相關，不要一昧的承襲外國制度。希望能設計一套符合我國國情的司法改革制度！

法律要抓得到壞人

陳彥蓁 / 02-29 / 桃園縣

完善的制度、合理的規範。但願我們的國家往後的法律，不再是保護懂得法律的人，而是要保護受法律欺壓的小百姓！

死刑

我希望不要搶死神的工作

Angel / 03-25 / 高雄縣

關於死刑，我傾向支持廢除，理由非常多，粗略講一兩點。 如果一個沒犯罪的人，法官判錯了，結果讓他死掉，這是非常罪過。死刑真的可以降低犯罪嗎？如果是這樣為什麼會像那麼多殺人放火呢？有時候殺人也有不得已的苦衷（我沒有鼓勵犯罪）所以，死刑還是阻止不了殺人，推薦看電影「青之炎」。我的意思是我們只是人類，很多真相我們不見得可以看到，改善多少也不知道，真的建議人類不要搶死神的工作。

活水經濟快點來 / 03-01 / 桃園縣

我堅決反對廢除死刑，現在的社會治安還不算好，每天還有很多人在殺人那些的，如果廢除死刑，將使整個社會動盪不安，還有那些強姦犯，真的應該要判死刑或是處以鞭刑，每天都有女性受到性侵害，真正出現在新聞上的，只是冰山一角，若是亂世不用重典，恐怕犯案人數只會增加，不會減少。

治安

不要有小偷
小魚乾 / 03-31 / 桃園縣

司法單位應加強對偷竊犯的制裁，法律對偷竊罪的刑責太低，警政單位對於竊賊的查緝不力，民宅竊盜案多不了了之（警察吃案），大官豪宅或車輛被偷才嚴加追緝（好大的官威），造成社會宵小橫行，家家戶戶裝鐵窗有如監獄，人人自危深怕倒楣，到哪裡都不安心，這樣的社會治安怎麼會好？所謂由小見大，小型竊案不仔細查辦，大型案件才出動警力，對於犯罪防治根本是治標不治本，浪費警力而已。而偷竊慣犯應強制施以心理輔導，再犯率才會降低，不是單單坐牢就可以，因為順手牽羊一旦變成習慣是會上癮的。

希望之胚 / 03-31 / 台北縣

小偷，你偷走我的包，花錢消災我認，證件重辦我也算，但是你要我怎麼跟老師啟口說：「我的報告被偷走了！」小偷，你光顧我的家，重新換鎖我認，警察沒法我也算，但是你要我如何向老師報告遲到原因是：「我家爹娘誤以為家裡沒人，所以把我反鎖在家中，而我必須等待鎖匠解救才能出門……」看到這主題，勾起我那不堪的往事……所以我一定要大大支持這希望。

Yiling / 03-31 / 台北市

永和的小小書房遭竊了，獨立書店本就賺的不多，如今現金電腦都被偷走，對於人的信任也被偷走了。希望小小撐下去，希望不要再有小偷竊取他人辛苦努力的成果挪做己用，十分不應該。

希望治安好轉
angel80724 / 03-25 / 雲林縣

回想三十年前小小的一件謀殺案，會震驚全台，造成社會動盪不安，反觀現在一個謀殺案放在的不是報紙頭版，也非報紙二版，竟然連三版也放不上，只是放在社會版罷了，我懂或許有的人會覺得本來就是這樣啊，可是這是謀殺案，出的是人命。社會在動盪，但所有人都已不以為意了，或許是冷漠、或許是不干於己，但這是社會的衰退，是每個人不可卸載的責任，是每一個人的生命都受到了威脅，或許是政府沒有善盡維安責任，想想為什麼會不盡責呢?是否社會制度上、警察制度上出了某一層面上的失誤，才會造成這種明明是很可怕的事～～卻無人理會……
我希望台灣的治安能變好，讓這個國家不只人民熱情、不只山好水好，還有一個夜不閉戶，路不拾遺、民眾彼此守望相助的社會風氣，一起讓台灣這個寶島，中華民國這條巨龍，展現出非凡的生命氣息，讓世界知道...台灣不只是一座海島，充滿著不輸給大陸國家的傲人氣息。

不論什麼職位，都不必穿防彈衣，不必有隨扈
葉匡時

希望有一天，任何人在台灣不論他是什麼職位，什麼身份，都不必穿防彈衣，不必有警車開道，不必有隨扈。

噪音

噪音防治法的修訂
小魚乾 / 03-25 / 桃園縣

現行的噪音防治法過於寬鬆，住宅區屬於第二類管制區已不符合現今社會，第一類管制區包含療養院與大型醫院，屬非常需要寧靜之地方，但是住宅區同樣需要安寧的環境，畢竟民眾是生活在自家中，而不是醫療機構；再者，台灣社會已邁入老年社會，老年人都在家中頤養天年，噪音防治做的好，他們便安享晚年，第一、第二類管制區相差10分貝，著實相差太多，住宅區應屬第一類管制區。現今社會生活步調緊湊，競爭壓力大，不少人精神狀況出了問題，失眠、憂鬱症、躁鬱症、精神官能症……等，這群人最須安寧的環境，避免刺激他們引發情緒上的不安及做出衝動的行為，他們多是在住宅區生活，並不是都住在療養院。強烈建議修改中央噪音防治法令！！！噪音是無形的殺手，若總統您有心改善民眾的精神健康，請先從噪音防治著手，且明定環保署與警政署的權責，遇到噪音案件不互踢皮球，民眾才有申訴管道與耳寧之日。社會上則要加強宣導，噪音對人的危害及人與人之間須發揮公德心，相關罰責也要說明清楚，坦白說，敝人到現在從未發現信箱有政府發放噪音防治的宣導單張，令人失望，請總統改善此現狀，非常感謝。

麻衣 / 03-27 / 台北市

為了配合這個法條的修訂，在機械製造上，支援房屋改建或建築工地，內部大型機具的滅音設計，這也非常必要！

希望地圖服務信箱 / 03-26 / 台北市

言教不如身教，從自己做起。希望各位大人們都能以身作則，給孩子們做最好的示範，多一點鼓勵，少一點謾罵～

選舉宣傳車可以降低音量嗎！

嗨 / 03-18 / 台中市

不要每次到了選舉，就一大堆的宣傳車滿街跑，而且音量都開超大聲的在廣播，下班已經很累了!!不要再讓這些吵雜的聲音，來破壞我正要沉澱的心靈，在這樣下去，我看我改天選舉我會投宣傳車音量比較小聲的那個人!!!

毒品

希望毒品能夠遠離台灣！！

chung175tw / 03-21 / 雲林縣

看看電視上的新聞～撇開政治，大家只專注在搶劫跟偷竊就好（因為政治只剩下抹黑~口水~基本上沒啥參考價值）。你會發現……百分之九十以上都不是因為生活困苦而去做的，他們都是毒癮發作，沒錢買毒品所以才搶劫跟偷竊。這類的新聞已經看過不知道有多少了，可悲的是毒品破獲率之低下低到令人搖頭嘆息！

希望毒品能夠遠離台灣~讓大多數的人能夠不被少數的吸毒人員傷害！！

Taiwan High Life / 02-29 / 新竹縣

善，沒有理由戰勝不了惡，只要天使們能像黑手黨那樣組織起來。（摘自馮內果《沒有國家的人》）

台灣司法改革，檢討毒品政策，發放大麻等無癮性禁品

Taiwan High Life / 03-13 / 新竹縣

許多人都喜歡去荷蘭旅遊，也有許多人希望移民加拿大……我沒錢去荷蘭，更沒辦法移民加拿大……可是我可以希望臺灣能夠像荷蘭、加拿大！臺灣420大麻除罪化！！

by Taiwan High Life

榜樣

但願大人的言行，都可以成為孩子的榜樣！

吳若權

接受郝明義先生邀請，成為「希望地圖」的共同發起人之後，

我常常在想，可以提出什麼樣的希望，是我自己真正發自內心的想法，

並且也是自己可以努力做到的，而不是只是一味地期望別人做到。

想了很久，列了幾十個希望，最後我想提出的希望是：

「但願大人的言行，可以成為孩子的榜樣！」

這幾年來，我出入中小學、大學，每年不下百次，有時候受邀去授課、

演講，有時候參加公益團體活動，無論活動的形式是什麼，主題大概都

跟「生命教育」、「媒體素養」、「生涯規劃」有關。

社會上有許多關心孩子成長及教育的社會團體、民間組織，

盡力整合許多資源，就是要許孩子一個美好的未來，希望他們擁有好的

品德、懂得設身處地為別人著想、尊重自己也願意成就別人。

教育既是百年大計，當然難收立竿見影之效，我們團隊中的每個人都有

共識，知道這是一步一腳印的事。

但是，每當看到電視新聞，強力放送公眾人物備受爭議的言行時，就會

非常心痛於這些事件對孩子造成的傷害。

不但孩子們會產生認知上的失調；連家長都會問我：

「這社會這麼亂，我的孩子這麼老實，將來還不是會被別人欺負，你看

媒體上這些氣焰囂張的人，都活得這麼理直氣壯！」

台灣有太多領導人都天縱英明，從企業界、政治界、教育界、演藝圈，

聰明跟有能力的人太多了，但是在意自己言行是否成為孩子典範的領袖

卻太少了。

我的希望是：「但願大人的言行，都可以成為孩子的榜樣！」

希望大人們在意自己的言行舉止，留給孩子良善的典範。

身教重於言教

津津 / 03-17 / 台北市

國家領導人的身教重於言教，我
們期待一個富而好禮的社會。

總統要做大家的榜樣，若一國之
君都沒有基本的品格，那其他官
員也更不用提了……教育和品格
還有道德倫理近年來已被大家忽
略，希望新總統能重建一個富而
好禮的社會。

品格

台灣的國民品格力帳戶需要存款

峰 / 04-10 / 台北縣

如果有所謂的台灣國民品格力帳戶，那麼目前這個帳戶的存底，能像台灣的外匯存底那麼令世人欽羨嗎？

有怎樣的國民，就有怎樣的國家。國民的品格力，就是台灣的競爭力；台灣的希望，或許不在新政府、新領袖，而在於每個小老百姓身上。

從自己做起，生活裡秉持善念的一個小動作，就是在黑暗中點亮一盞希望的燈光，也就是在國民品格力帳戶裡存進一筆存款。

每個人都願意修練自己，不再只是責備別人

伊恩（希望代貼信箱）

/ 04-08 / 台北市

這次馬總統高票當選，甚至我認識許多原先支持綠營的朋友這次都改投給他，很大的原因是因為「修養」以及欣賞他的「人格」。選後，在報紙上看到許多人倡議加強道德倫理教育，我擔心的是，當道德倫理變成一種規範，反而失去了它的真諦。「道可道，非常道。」舊國民黨時期的「偽君子」風氣就是讓大家都知道怎樣是「應該的」，講一些「應該」的話，但實際上卻不是從心發出的；民進黨是這股風氣的逆轉，乾脆來個「真小人」——我掌了權，我就是這樣，你能拿我怎麼辦？2004年大選前後到2006年紅衫軍運動，有個話題常被討論：教養。我認為所謂教養，就是修養。就算父母沒教好，自己也可以鍛鍊的。真正的修養並不是用道德或倫理去規範的，而是從心靈層面去提升。有識之士可以鼓吹心靈修養書籍的閱讀、討論。心靈修養不是速成的，要當心：當一本心靈或心理勵志的書以讓人「幸福」、「成功」為標榜，就離修養有點距離了。

by 鉅晶 廖建凱

被偷走的世代

——馬英九可以參考的一份演說

親愛的朋友：

上個星期，我收到澳大利亞商工辦事處的一份午餐會請帖：「今日澳洲多元文化的
社會中，不僅是原住民或是來自各國及台灣的移民、以及打工度假的年輕朋友等，
都為澳洲多元文化社會做出相當多的貢獻，為彰顯對多元文化的尊重及強調民族融
合的重要性，澳洲將每年的3月21日訂為和諧日，全澳洲及海外澳洲人都會舉辦慶
祝活動。」

今天中午我去出席了午餐會。吃午餐，聽了極有特色的澳洲音樂演奏，也趁著講話
的空檔，仔細地看過一份「海洋。記憶——澳洲西托勒斯海峽原住民版畫巡迴展」
簡介，決定這個週末就帶小孩去八里的十三行博物館一趟。

快上甜點的時候，華適文（Steve Waters）代表上台簡短地致詞之後，播放了一段
錄影帶。這是去年底新當選的澳洲總理陸克文（Kevin Rudd），在今年2月13日，
正式代表澳洲政府向原住民致歉的演說。全文如下：

給澳大利亞原住民「被偷走的世代」發表以下聲明：

我以澳大利亞總理身分致歉，我代表澳大利亞政府致歉、我代表澳大利亞國會致
歉，我向您們致上無條件的歉意。
我們為過去國會所立的法令所造成的傷害、痛苦及掙扎道歉。我們為那些傷害人民
尊嚴、鄙視人民以及汙辱人民的法律而致歉。
我們誠心的向所有母親們、父親們、兄弟姊妹們、家庭及社區表達我們最深的歉
意，向那些生活被過去的政府及國會所立下的法令而受害的人們致歉。
在表達歉意時，我也想要對每一位「被偷走的世代」成員及他們的家人致歉：給今
天在座的各位，給那些正在全國聆聽的人，從北領地中西部的Yuendumu 到北昆士
蘭州的Yabara以及到南澳的Pitjantjatjara。
所以我們就決定從小朋友開始，在今天為「被偷走的世代」道歉的日子，邁出很合
適的第一步。
我們決定在未來的5年，讓每位住在偏遠原住民社區的4歲小孩能註冊及參與正式的
學齡前教育中心課程或接觸正式的學齡前英文及數學課程。
讓我們為已經完成學齡前教育的孩童，一步接著一步，一年接著一年，建立一個嶄
新的教育機會。
我們決定採用和推動教育相同的方法，一步一步來建設原住民孩童的醫療保健。首
要之急，是要先降低偏遠原住民地區的高於其他地區四倍的嬰兒死亡率，這個數字
是令人髮指的。

這些做起來並不簡單，大部份其實很困難，非常的困難。但這裡面沒有不可能的事情，而且所有的事情都是可以達到的，只要我們目標明確、思路清晰，並保持絕對的尊重，以互相合作與共同承擔責任為原則，以這種新的夥伴關係來縮短彼此的距離。

現在我們國家的氛圍就是希望能趕快和解，在原住民與非原住民的澳大利亞人之間，我們國家在原住民政策與政治的相關議題，現在顯得非常的清楚。

國家在呼喚我們，期盼我們的政治人物能超越不成熟的紛爭，我們要從出發點得分，我們的愚笨的黨派政治需要從核心向上提升，這是全國的責任，以一種超然的立場，超越黨派的鴻溝。

這就是我們需要的精神指標，一個在1967年全民公投裡，尚未兌現的指標。雖然如此，至少從今天開始，我們應該要再給他一次機會。

讓我們為歷史翻開新的一頁：原住民與非原住民的澳大利亞人、朝野雙方、聯邦政府與州政府，共同為我們國家的歷史寫下新的一章。

無論是澳洲原住民、最早抵達澳洲的英國艦隊，還有那些剛剛宣示效忠澳洲的移民們，讓我們把握這個機會，一同開創一個嶄新的未來，為我們偉大的土地：澳大利亞。

我將本案交付眾議院。
（翻譯：澳大利亞商工辦事處）

這場演講應該可以給我們新總統當選人馬英九先生相當的參考。（英文全文如附件一，錄影可看http://www.youtube.com/watch?v=_sC2bC53FRI）講稿裡只要替代一些字眼，是可以說給台灣的人聽的。

在經過多年來許多政治人物挑撥族群神經之後，我們除了需要注意這次希望地圖上「住在台灣的人都是台灣人」為什麼如此獲得共鳴之外，其實3月3日另一則「不要再說『族群融合』」的希望也不應該被忽略：

我希望不要再聽到有人提什麼「族群融合」。因為所謂融合，結果便是強勢族群吃掉弱勢族群，弱勢族群被融合掉了，消失了，不見了。

我希望大家來提倡族群之間的平等、互相尊重、和諧。

台灣各南島民族的語言已經快死光了。一個民族的語言一旦死了，那個民族也就滅亡了。尊重一個族群，就要讓那個族群的語言有生存、發展的空間和資源。

台灣各族群的地位真的平等嗎？從教育的起點開始，就是不平等的吧？希望這種情況趕快改變。（不要再說「族群融合」by 砂石　台北市）

在一群後來者為「台灣人」的定義而喧嘩了這麼久之後，如果我們聆聽一下原住民朋友怎麼說，也許問題就沒那麼複雜了。

我很期待我們的新總統。也很期待我們自己。

郝明義　　rex

台灣

重視台灣文化

Bai / 04-10 / 花蓮縣

當一個國家都不知道自己的文化在哪，也不知道自己是誰的時候，那是非常危險的。因此，唯有開始尋找自己國家在歷史文化上的定位，以及重視這塊土地多元文化的洗禮，才能走到下一步，才能夠去談更多的關於教育、經濟、社會、建設等等的問題。 希望只要是關心台灣文化的人，能夠多重視台灣的文化，以及認同自己的價值觀。不要只是認為別的國家有多好有多好。其實在這塊土地上，還是有很多值得大家去注意的，去發揚的，去大聲的告訴世界各地的人的驚奇！希望大家重視台灣的文化！希望大家每天都更喜歡自己一點！

請給台灣的外交一束亮光

a Taiwan student in London / 03-07
/ 歐洲

我希望新總統能務實思考台灣國際空間的伸展，妥善利用公民社會網絡，讓全球認識台灣，不要因意識型態而狹隘了台灣的出路，台灣的人民，沒有籌碼這樣玩了。

台灣重新找回價值

king / 03-11 / 台北縣

台灣這幾年已經被媒體及一些有心人士綁架
所傳達的訊息都是負面的、醜陋的
但是其實台灣有太多太多令人值得驕傲的地方
身為台灣人，生長在這塊土地
我們如何能不貢獻自己給這塊土地!?
我真心希望新任的總統能夠帶給我們新氣象
不要再被一些特定媒體綁架，不要再被一些特定有心人士控制
台灣能走出屬於自己的道路，把傳統台灣人的精神發揚光大
在世界上揚威，就像我們台灣棒球一般。

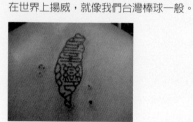

by king

為台灣人民創造新桃花源

大鵬展翅 / 03-02 / 北美洲

我們都是頭頂台灣藍天、腳踏台灣綠地的台灣人！ 我們都是口喝台灣水、嘴吃台灣米長大的台灣人！ 我們期望新總統是一個有哲學定見、歷史遠見及智慧高見的領導人，並以「為台灣人民創造新桃花源」為己任的領袖，可以創造和諧、均富、文化的新台灣： 1.和諧融合社會：對內有能力化解歧見，致力異中求同，建立一個不分族群、永世融合的和諧社會；對外有能力創造外交新局，開拓國際空間，善盡國際責任、促進和平的地球公民。 2.均富永續經濟：縮短城鄉差異，有效改革教育，縮小貧富差距；改善台灣經濟結構，帶動各級產業升級，提高國民所得；善用人力資源及科技優勢，鼓勵科技創新，建立節能環保、永續發展的經濟體，達成壯大台灣、佈局全球的均富永續經濟。 3.多元豐厚文化：珍視多元文化，實現社會公義，發揚人權精神，營造民主多元開放的社會；善用台灣自然資源、特色農業(花卉、水果、生物科技等)、文化活動(創意設計產業、原鄉文化產業、原住民文化、宗教廟會、小吃美食等，鼓勵文化創意產業發展)，建立多元豐厚文化的新台灣桃花源。

我希望台灣可以成為醫療、養生、喜樂之地！

張曼娟

據說，西元1542年，葡萄牙人在一次航往日本的途中，經過了一座地圖上並未標示的島嶼，水手們遠望島上蔥鬱翠綠的森林，忍不住驚呼，好一座美麗之島。這個島嶼在西方世界，被標記為FORMOSA（福爾摩沙），我們深愛的臺灣。

許多年來，我們無所節制的揮霍著島上的自然資源，過度的開發使得山河變色；為選舉而刻意挑起的仇隙與惡鬥，更使島上淳厚敦實的人情味也變得淡薄。於是，到 台灣的觀光客減少了，世界各地的旅行者，情願選擇日本、泰國、香港、韓國、越南甚或柬埔寨，獨獨捨棄台灣。但是，我們擁有的觀光資源與這些亞洲國家相比， 實是有過之而無不及的。

我們擁有如此莊嚴的山岳與森林；壯闊的海岸與島嶼；豐沛的溫泉如地底湧出的珠玉。購物中心的軟硬體都很出色；鐵路與捷運四通八達；古意小鎮直通舊日時光；夜市小吃迤邐不絕；頂級美食等待老饕入座。海底的水晶世界是潛水者的天堂；自行車道的風光等著騎士的探訪……

如果可以像泰國這幾年所發展的旅遊新趨勢，將我們一向優越而平價的醫療設施，與現代人最重視的養生相結合，營造出一種溫暖而悠閒的氛圍，既親近自然與心靈，又兼顧時尚與美學，必然能讓台灣成為醫療、養生、喜樂之島。

by 力晶 劉瑞祺

我所看到台灣的希望

查理王

台灣，很亂，但也亂得很可愛。

台灣，很亂，但也亂得讓人民練就一番自力救濟的求生好功夫。

【1洞】。每逢豪雨，你會咒罵那個再怎麼補也補不平的柏油路，「左三年、右三年，縫縫補補又三年」，但也因此，台灣人練就了一身駕車閃洞的好本領。查理王不只一次在颱風積水的夜裡，因為總學不會蛇行騎車，在完全看不到積水下的大坑洞的情況下，跌個四腳朝天，人與機車、公事包散落一地，但我也只能苦笑自己粗心大意，從沒想過該去申請國賠。台灣人民不輕易告政府，你敢說台灣不好？

【2平】相較於第一個【洞】，我們來聊聊台灣的【平】。「世界是平的」，台灣更是「平」的，在台灣各地的風景文化區，小賣店裡賣的紀念品，幾乎大同小異，彷彿是同一家工廠出來的，你在美濃、在九份、在阿里山、在墾丁、在台東，你都可以很輕易地買到千篇一律的紀念品，你該說台灣的紀念品廠商太沒有創意，所以搞得從台灣頭到台灣尾的紀念品都一個樣；還是該說，台灣的紀念品商人太勤奮，上天下海只要有觀光客到的地方，他那出自於同一批工廠的貨一定服務到府，這樣的通天竄地的從商服務精神，你敢說台灣不好？

【3跟】台灣跟風一把罩，只要稍稍嗅到錢臭（香？）味，絕對三個月內滿街跟，記得有一次在傍晚行經新竹青草湖，剛好肚子餓得咕嚕咕嚕叫，開車經過第一攤大腸包小腸路邊攤，因車速過快，來不及停車，瞬乎，又錯過了第二攤同樣是大腸包小腸攤，正想倒車回頭去買，家人就嚷嚷著「不用停」，前面大腸包小腸還一整排。蛋塔紅了，賣燒仙草的、賣波霸奶茶的、賣麵包的、賣大腸麵線的、開租書店的，管它三七二十一，隔天馬上改賣蛋塔；蛋塔不紅了，日本拉麵紅了，同樣的，賣牛肉麵的、賣陽春麵的、賣燒臘店的、賣王子麵的、賣魯味的、賣水餃的，管它三百六十五行，原本做哪一行不重要，誰能趕快轉行賣日本拉麵才是真本事，台灣商人嗅覺靈敏，你敢說台灣不好？

【4倒】世界經濟論壇(WEF)在2007年10月份所發佈的競爭力評比概況，2007到2008年評比結果，台灣排第14名，競爭力比去年下滑1名，韓國名次上升到11名，比去年進步了12名，韓國首度超越台灣！台灣排名亞洲地區，落在新加坡、日本、韓國、香港之後，從去年的第四名退居第五。「野火燒不盡、春風吹又生」查理王還記得詹偉雄先生的一句名言：「台灣的企業有個優點－很容易倒閉！」倒了也好，「春泥本非無情物，化作春泥更護花」，不肖的企業主想盡辦法掏空企業、金蟬脫殼，每到過年，總會聽到幾家旅行社惡性倒閉，台灣經濟這幾年來，很苦，「什麼都漲，就薪水沒漲」，政客們打量著自己的荷包，不考量人民的荷包，但，台灣人仍努力地沒有讓經濟崩盤，你敢說台灣不好？

以上，查理王僅舉些自己周遭的市井小例，不足掛齒，台灣，雖然還有那麼多有待改善之處，但我們不也就這麼好端端地奮力地在這片土地上樂（憂？）活了大半輩子。

所以，台灣，雖然很亂，但卻在亂中，我們看到希望。

台灣，很亂，不要緊，或許我們可以安慰自己，亂世也會出英雄，佩瑪·丘卓（Pema Chödrön）曾說，「混亂應該被視為大好消息」，台灣，還有點亂；台灣，還很有希望。

「心安，茅屋穩」，希望的疆域不在土地的大小，而是心靈。

by 鉅晶 蔡昇孝

WayTaiwan 為台灣+
找出台灣的路

WayTaiwan (為台灣) / 03 / 28 / 台北市

1. 首重 信任 信賴 信心 道德 利用警力倍增 心理安全 居住安全（馬上擴大消費內需，減少失業率）

2. 80-20 法則 做事標準 良心 道德為80% 人謀福利

3. 執行力：願景 觀察（眼耳鼻舌身意）記錄 分析 找趨勢 預測未知領域 實踐驗證 修正 無常整體思維（第五項修鍊）

4. 國際觀 地方智慧 信用 創新（1+1=1 產品+想要能=新獲利品）創意（始於人性）行銷 品質 通路 運輸 品牌經營

5. 自然法則圖 用於 美國股市趨勢圖（預告 全球經濟 黃金 石油 貴金屬 農產品 匯率 利率 天氣 全球暖化 綠色 潔能 替代能源）

6. 提昇人民素養：良知 道德 雙語文化 藝術 創意 教育 科學步驟生活

7. 知識資訊系統化 專家化 願景 實施方法 落實步驟 追蹤 檢驗 修正 縱觀整體

8. Bonus for Government Officer

9. 本益比 P / E 5-30 Why Not 20-100？倍增財富？

10. 改善說一套，做一套的惡習（ISO 怎麼說怎麼做，怎麼做怎麼說）不要模糊地帶！

台灣有個很美的名字
「中華民國」

angel / 03-26 / 雲林縣

我希望每一個台灣人可以了解台灣不只叫台灣，她有個很美的名字「中華民國」，這個願望或許很多人會不認同、會嗤之以鼻，可是這是我很真誠、很真誠的一個希望，不可以忘記自己國家，當初那些老祖宗用血淚換來的成就，用離鄉背景的心酸換來的自由，台灣是地名，中華民國才是我們的國名我們因該以中華民國為驕傲，抬頭挺胸說我們是中華民國人，如果連我們自己都排斥自己的國家那還會有誰願意接受我們呢？或許中華台北是一個替代性的名字，但是我們自始至終都叫做中華民國，我希望住在台灣的人不只都是台灣人，每個都是……中華民國的人民。

「台灣」妳要勇敢！

雅瑄 / 04 / 08 / 台北縣

「台灣」妳的命運坎坷！

「台灣」妳如被領養的孩子，

「台灣」妳如無魂的流浪之子，

「台灣」妳的真實身份是什麼？

「台灣」妳何時可找回真實身份？

「台灣」妳何時可喚回清醒意識，別讓人在權勢下輕易將妳犧牲，別讓人用扭曲言論將妳欺騙！

「台灣」妳有獨立自主的能力！

「台灣」妳要勇敢叫出自己的名字！

貓熊

WLX / 02-29 / 東北亞

如果台灣不是一條能開走的船，就只能和中國大陸咫尺相望。台灣想閉眼不看中國，卻不能躲開中國大陸的虎視眈眈。中國不變，台灣永遠不會安全。

中國大陸的政治轉型是臺灣安全的根本所在，我並非主張台灣介入中國政治，台灣只需讓自己成為全球研究中國問題的中心，就會對此起到最有效的作用。中國政治轉型堪稱當今世界頭號難題，不僅是因為中共政權抗拒，還因為政治轉型不可避免的震盪。以台灣之基礎，這種震盪至今未平，中國大陸更應慎之又慎。民主不是一切問題的解決，而是很多問題的開端。如果沒有足夠的理論研究、方法準備和沙盤推演，可以指導中國在變革航程中繞開激流險灘，中國的轉型震盪將會比台灣擴大百倍，那時覆巢之下，復有完卵？

當然不能指望中共政權進行這種研究，世界也沒有其他國家會有這種動力，但是台灣應該做，除了台灣和中國有割不斷的血脈，還因為台灣的命運和中國前途拴得最緊。台灣有人才，有自由，有資訊，有資金，通中文，有中國文化的共同基礎，也有從專制社會向民主化轉型的經驗，還有哪裡比台灣更有條件做此事？我希望台灣的新總統有此眼光。拜託。

把台灣變成
研究中國問題的中心

keepfly / 02-29 / 中港澳

中國政府越欺負打壓我們，我們就應該更要和他們交流。

研究他們的困境，協助提出解決的辦法，並且把我們自由、人權的觀念帶給他們，這樣局勢才有改變的可能。

一休 / 03-11 / 台北縣

相互理解是和平的重要基礎，希望對岸的大眾也能包容我們的想法……

希望貓熊不要來臺灣，希望
台灣可以成為保育王國

流浪的代課教師 / 03-27 / 台北縣

可以在類似林內紫斑蝶的復育上，花更多的心力。

希望熊貓可以自由自在生活在大自然中，可以不要成為被豢養的的寵物。

希望台北市政府不要濫用納稅人的錢，我們有很多孩子都吃不飽了，卻花2.5億蓋貓熊的家，那之後的飼養照顧費用，或許可以讓所有學童都有營養早餐可以吃了。

希望馬總統審慎思考，如果貓熊來台，只能促成短暫的經濟效益，卻留下更多長遠的負面意義，是否真的有此必要？

希望熊貓只是熊貓，不是政治的、經濟的工具，雖然我很愛很愛貓熊，因此把我老公叫做趴趴，甚至想養小狗把他打扮成貓熊，但是我真的不希望貓熊來台灣。

讓貓熊來台灣吧！

puppylove0306 / 03-24 / 台北縣

貓熊可以帶動觀光收益，讓貓熊來吧。

編輯出一本 東亞漢字辭典

唐人＿TangJen / 03-31 / 北美洲

找到適當的學者，編出一筆預算，和 香港、大陸、越南、大韓民國、北韓、日本等國的學者合作編輯在各地、各個語言中的漢字單詞辭典。這對於東亞漢字文化圈 之間 透過漢字溝通時的彼此了解，會有相當的幫助。這不會是四年、八年的計畫，至少是十年、二十年以上的事業。

希望時空倒回，趁年輕去國外當義工

鱷魚 / 04-11 / 台北市

當我知道可以透過國際救難組織、紅十字會……等團體，到國外當義工時，早就大學畢業，在社會工作很多年了。沒能趁年輕時去服務地球上其他國家的人，並增廣見聞，實在是一件很遺憾的事情。如果時光能倒回，我寧可休學一兩年，也一定要去。

很多事情，真的今天不做，以後會後悔。

張桂越的希望，以及我看到的台灣希望

張桂越

常在世界各地飛來飛去，離得越遠、越久，越覺得台灣可貴，也就越不容任何人把台灣的好變不見了。

身為記者，我就從記者的經驗說出對台灣的希望，雖然大家都罵台灣的電視或報紙新聞，媒體老闆們不注重國際新聞也是事實，但無論如何，無論如何，我是有自由表達我記者的觀察的，我在新聞的歹路裡，跌跌撞撞幾時年，還是看到路邊的螢火蟲，即使有時大媒體不登或不播出我的報導，可以是我寫的不好，也可能不是，但，無論如何，沒有疆界的部落格或網站永遠開著大門等著我，台灣有無限的管道，自由傳送個人的意願，而這個管道是受台灣政府法律保障的，是無需害怕被抓被逮，像緬甸等國家一樣，這總自由不是每個國家的人民都能享受得到的。我的經驗告訴我，台灣的媒體，還是有一些隱藏的良心，這是台灣的希望，譬如：1999年我寫了一篇文章，批判外交部在馬其頓政府應對科索沃湧來排山倒海難民潮時，台灣外交部由李大維率領近一百人的慰問團，浩浩蕩蕩一海票，壓得小小的馬其頓透不過氣來，不但忙壞了大使館，更增加馬方政府的麻煩，中國時報登出我的文章後，立法院立刻把外交部長請去質詢……。

這個case我一直沒忘記，也一直是我認為台灣有希望的原因之一。恐怕也些國家是行不通的。

只要媒體管道沒有阻塞(即使不太通暢有好)，這個國家的政府就在一種監督下，這就是我認為的希望!

不信，如果你去check一些國家，做了比較，你就會更珍惜台灣的這些希望。

因此，身為中華民國公民，我是不希望台灣的希望被踐踏的。

至於我自己的希望呢 – 台灣人關心非台灣人

我希望台灣成為一座世界級的島嶼

胡晴舫

我希望台灣成為一座世界級的島嶼。

擁有世界級的國際機場，讓全球的旅人都能輕易進出這塊島嶼。

擁有世界級的海關。清廉有效率，永遠不必排隊，笑臉盈盈。

擁有世上最完善的稅制和移民法規，讓全世界的候鳥人才隨時都能飛來這座島嶼棲息，發揮長才，實現他們的人生夢想，並貢獻己力給台灣社會。

擁有最先進的人權理念以及人權法，讓全世界無論是因為戰爭、疾病、政治迫害、貧窮或是純粹只為了個人理想而決定遠離家園的人們，能夠在這塊島嶼找到他們安身立命的角落，經營他們的人生，建立他們的家庭。

擁有一流的城市建設，也擁有一流的自然環境，讓全世界的觀光客都把台灣放在他們旅遊清單的首位。

在一個全球化時代，我希望，台灣真正成為一個人權、自由、開放的島嶼，追求富裕之餘，也積極重視對國際社會以及自然地球的責任。

我希望，台灣不僅是我的家，也是全世界每一個人類的家。

所有渴望追求一個更好的生活的人類，都嚮往來到這塊島嶼，追求屬於他的台灣夢。

我希望，我是地球人，因為我是台灣人。

棒球

by 楊孝先

每天都像看棒球

菜菜子 / 03-09 / 台北縣

我希望台灣的氣氛可以像看棒球一樣，大家有個正面的共同目標，很團結，很快樂，很有禮貌，很包容，只有鼓勵沒有鼓譟……

歷史老施 / 03-12 / 台北市

我希望政府能補助每一個人到紐約看王建民的大聯盟比賽！既光榮亦潛移默化提升對多元生涯發展的最佳宣傳！

ray / 03-14 / 台北縣

希望王建民今年20勝以上
讓台灣團結起來～～

May / 03-14 / 歐洲

我希望中華隊可以拿到奧運金牌，而且大國旗飛揚在北京。

關於棒球的希望

楊孝先

我看棒球。

早在沒有中華職棒，也沒有大聯盟轉播的年代，我們就在看棒球。

在選擇不多的年代，我們看的除了中華隊還是中華隊。如果年齡稍長，甚至還會有比賽時間太長，轉播時間不能配合，導致九局下半需要在新聞中找回的記憶。或許正因為台灣人對於棒球有著太多記憶，在網球、撞球等其他運動正逐漸蓬勃之際，棒球還是有著無限魅力。

我的這些記憶，卻隨著中華職棒的一連串危機、中華隊國際賽事逐漸失利，而漸漸失去。終於，我的殘存熱情也埋入凍結的記憶。之後，棒球就比照一般運動賽事，沒有太多期許，就不會惋惜，更不會氣。

奧運資格賽前，為了紓解壓力，第一次走上打擊練習區，終於親身感受棒球的魔力。資格賽時的中華隊，在重重困擾、不被看好的情形下，硬是出了一口氣。從現場的旗海，到網路的串連，場內場外都處處展現了希望，對澳洲、韓國這兩場關鍵戰役，不但網路電視連不進去，網路廣播也很難載入，看來我們還是不缺熱情的球迷，更重要的是，棒球讓整個台灣團結在一起！

我看到的台灣的希望就是棒球生命力。

然而隔日，職棒19年開幕戰觀眾數竟創下新低，原來國際賽也無法拉抬棒運的低迷，再回想記憶中看過的新聞，華興、美和等許多家喻戶曉的名字，不是已經解散，就是在解散邊緣徘徊。

親愛的球迷，台灣棒球需要你／妳。不只是短期賽事的支持，從職業到業餘，都還有許多待解決的問題，但是這一次我真的相信，只要從現在開始重視，不再只是搖頭嘆息，台灣棒球一定可以再次興起。

因此，我自己的希望是維繫台灣棒球生命力。

創意

父親+母親+孩子=幸福 / 03-11 / 高雄市

希望所有的政治人物及政府官員說謊話都會變成馬鈴薯。
希望這個魔法可以成真～這樣…應該沒有人敢出來亂開選舉支票跟打口水戰了吧……變成馬鈴薯後還可以拿來當糧食,也不錯吧～

by 馬路

以領導人格鬥取代戰爭

梁兮兮 / 03-03 / 台北

「戰爭勞民傷財,通常引發戰爭的因素也不是多數人民迫切希望解決的事情,不如以雙方領導人的決鬥代替兩軍沙場征戰,還可以電視轉播收取轉播權利金增加國家收入。」

希望火星人聽到

EMILY / 03-18 / 台北市

如果宇宙中有生命,有先進的科技,請接收我的電波～幫幫地球改變環境,讓地球更美好～

by EMILY

大風吹～

Bai / 04-11 / 台中縣

哇哈哈!希望現在當記者的20%轉行當編劇小說家;希望現在當數字雜誌和水果報紙的人40%轉行當生態紀錄者;希望現在當立委轉行的20%當台灣觀光大使;薪水不會比現在少(這樣他們才會想轉行),希望剩下20%其它職業的人,能夠盡自己的力量保護自己居住的地方!

希望所有的政治人物及政府官員說謊話都會變成馬鈴薯

hare / 04-05 / 台北市

馬鈴薯可以炸可以做沙拉……贊成!

國家與人民該給總統公平合理的待遇

封小唐 / 04-06 / 台北縣

挺新鮮的想法,推!
建議可以從這個想法再發想更多齊全實際的配套與實施方法～加油:D

希望政府能重視「通用設計」

fish / 03-25 / 台北縣

雖然非常清楚新政府當務之急是要改善國家的經濟狀況,但我仍希望新政府能將通用設計觀念推廣與落實於國家建設與發展之中。

通用設計是讓更多數的人都可以使用的設計,也就是希望產品、空間等設計與服務能讓男女老幼、身障或行動不便等使用族群使用,且能為一般大眾所接受與使用。

在日本,已有六成以上的民眾知道何謂通用設計,超過三千件不同的通用設計產品進入市場,地方政府和許多企業都紛紛導入此觀念,進行相關的推展與建設,不僅受到廣大民眾的好評,亦為企業帶來了相當好的商業效益與企業形象,但這樣的成果是透過政府及產、官、學等多方共同努力而來,包括成立專門的研究機構、展示中心,推動相關的教育活動、企業輔導、觀念宣導,政府從事各項建設時能將此觀念納入考量等等。

個人深感台灣在通用設計的推展過於遲緩,加上深知通用設計對全民的照顧與國家的發展都有著非常多的好處與優勢,故期盼新政府能將此觀念運用於國家建設、教育與社福等各項政策之中,讓通用設計在台灣能有更全面化的推展與成果,社會會加美好!

by fish

一個希望和一個嬰兒的誕生

——2月17日滿月記

親愛的朋友：

今天是3月17日。早上三點多起床（最近起床時間不很規律），打開電腦，收到黃心健的一封email：

「好棒啊！謝謝分享！每隔幾天都會去網站上放些希望，今天兒子滿月，感覺更是不同！」

聽到他的寶寶滿月了，才覺察到今天跟二月十七日相距剛好一個月。對「我們的希望地圖」網站，也有特別的意義。

從二月十一日開始讓思索多時的想法走出自己的嘴巴，在邀請共同發起人的過程裡和大家經過討論後，我是在二月十五日早上調整出這個計劃的名稱及內容，以及網站以希望來表現光點的想法。

二月十五日當天碰上過程裡最大的挫折。當時我準備是在選前一個月，二月二十二日就能建好這個網站來公佈。但是請教一位IT方面的專家如何建構這個網站的時候，他告訴我要做出我講的效果，最少得一個團隊，一個月的時間。而我想的是五天的時間？我自己也不好意思再多談下去。

當天晚上一個餐會後，我請杉浦康平和呂敬人去相思李舍。客人到午夜興盡而歸之後，我累在沙發上一時起不來，就跟老闆李威德談起我的想法，也順便說了說現在找不到網站找不到人做的困境。李威德說，有一位以前常常來他這裡喝茶的客人，看來是個高手，問我認不認識。

我一下子興奮起來。我認識他！那人的確是個高手。我知道他是大夜貓子，馬上打電話給他，半夜兩點沒人接。我先回家，再發email。心裡想，這應該就是答案了。

第二天十六日，我抱著希望等到下午，接到他助理的簡訊，說他現在人在美國，一時回不來，也不方便聯絡。興奮了一夜的期待，算是破滅了。

但我不死心。當晚在台北書展忙碌的行程裡，趕了兩個約之後，我又想起有一位獨行俠式的網路專家，他專門利用遍佈全球的程式高手來工作，可能有辦法。於是從圓山打電話給他，緊急約了在永和一見。

見面後，他也幫不上忙。他開發的東西，聯絡的人都集中在很專門的一個領域。「並

且，你只有四天的時間要建好，這不可能啦。」他在咖啡館裡跟我說。

幸好這時我的手機響了。是趕來這裡的路上，我打電話給Seednet的總經理程嘉君留的言，他回話了。剛才我過來的時候，同時打電話王克捷，問他有沒有其他可能的資源。克捷除了幫我找一些可能的資源之外，問我認不認識程嘉君，我叫了聲怎麼忘了他！

我跟嘉君說，有急事要找他一談。請他第二天星期天早上，給我半小時。

第二天，二月十七日早上十點半，我去內湖美麗華附近見了嘉君。

嘉君聽我講了十分鐘之後，跟我說：「我支持你。」他說的支持，包括網路頻寬、程式設計，以及四天之內完成，二十二日就開站。唯一，他說使用界面的設計，需要我們多花心思，工程師全力配合就是。

說起來，我和嘉君認識雖然有段時間，但是光以見面次數而言，其實那天早上應該也不過是第六或第七次而已。他一句「我支持你」，讓我吃了個定心丸，說一聲「謝謝」就匆匆分手。

我趕回台北書展現場，等林懷民。他就我們的聲明給了我很關鍵的一個意見，我要趁他中午一場演講之前，跟他確認一些細節。而他也的確就在匆匆趕來，匆匆一眼之下，就又給了我一些很好的建議。

聲明最前面，有一句「讓我們抱著希望，換個想法，來拼一個台灣未來的地圖吧。」他走動了兩步，揚揚頭，說，「加一句『　起頭來』吧！」

我去主持了他的演講的開場，然後和同事wini討論怎麼找一個香港網路設計師。這天早上有朋友傳來一個香港的網站，其界面有些設計很不錯，我想在時間這麼趕的情況下，是否可能第二天星期一聯絡由他們做。有現成的東西，改起來應該比較快。Wini準備聯絡。

「可是，」我加了一句，「有點可惜。我們的總統大選，這件事情如果能由台灣的人來完成多好。」

Wini看看我，「那你要不要找Akibo試試看呢？」

我又大叫了一聲，「怎麼忘了他！」

Akibo是台灣電腦繪圖及數位設計等領域的指標性人物。又是我雖然很早就認識，但見面不到三次的人。幸好兩年多前有次專訪過他，有次深入的對談，對他所做的事情有多一些了解。

我打電話給倪重華，問到Akibo電話。沒有人接，我留言後，去參加法蘭克福書展前主席衛浩世的《集書人》新書座談會。兩個小時後，座談會結束，電話響起，Akibo回電了。Akibo說星期天他在家陪小孩。我說有急事，請他給半個小時。他家住天母，我在信義區，Akibo不但立刻同意安排好小孩見我，還好心地約了我們雙方共同的中間地，國賓飯店見面。那晚衛浩世要回德國，通常，我都是和這位老友一起進過晚餐再跟他道別的，

那天我跟他匆匆握了個手，把他交給別人之後，就在細雨中趕去國賓飯店了。 Akibo說星期天他在家陪小孩。我說有急事，請他給半個小時。他家住天母，我在信義區，Akibo不但同意安排好小孩見我，還好心地約了我們雙方共同的中間地，國賓飯店見面。

Akibo聽我講了十分鐘，說，「我做。」我們緊緊地擁抱了一下之後， Akibo說，「你還要再去找一個人。」這樣他告訴了我黃心健的名字，以及心健曾經在美國Sega公司擔任產品研發的藝術總監，是數位互動遊戲的頂尖高手。
Akibo馬上打電話給黃心健，約他出來見。但他講了講電話，大聲說了句「恭喜」之後，跟我說，「可是很不巧，他今天家裡有大事，他太太生Baby，在中壢，他現在就要去中壢。」
聽人家生Baby，又是高興，又是想，那怎麼辦？這麼大的事情，怎麼也不可能去打擾人家了。但是，時間對我而言又是分秒必爭。我只好厚著頭皮和臉皮，請Akibo 再撥個電話給黃心健，問他如果我過去中壢看他呢？
黃心健沒有拒絕這個莫名其妙的人，說那就八點半。
於是，我和Akibo再談了一會兒，他又給了我應該為一些不方便上網的人設置現場希望張貼板的建議之後，匆匆趕回家去給孩子準備晚餐。我則在飯店樓上和wini吃了些東西，然後出發去中壢了。

夜裡飄著雨，氣溫又低得很。但是車上我的心一直是熱的。多麼不可思議的一天啊，我想。雖然我還沒見到這位黃心健，不知他是什麼樣的人，不知道他是否也會像Akibo這麼熱情地答應，但是我相信佛菩薩會幫助我的。而我自己能做的，頂多就是不忘記去買兩盒雞精。
到了中壢的醫院，找到產婦的房間，黃心健不在。等了幾分鐘，看到一位個子不高，戴個黑框眼鏡，像個大學生的人，慢慢地走了過來。本來想找一個可以喝茶的地方談，他太太起身，說是要去看新生的嬰兒，她的床借我們用就好了。所以，我就拿出電腦放在床上，講了一遍給黃心健聽，並且說，要二十二日開站。畢竟我和他是完全初次見面，不知他會說什麼。
黃心健走路慢慢的，講話也慢慢的，反應看來也慢慢的。他聽過後，說了一句「我知道了，我會和Akibo先討論。」我看他雖然沒有像程嘉君和Akibo那麼直接地說什麼，但畢竟並沒有拒絕我，也沒有說二十二日不可能，對一個第一次見面，又是家裡有重要喜慶事要處理的人來說，還能要求什麼？
我這樣上了車，本來要約一位韓國版權經紀人在二十四小時的敦南誠品店見面，想想還是算了，一路昏昏沉沉地睡回了台北。

這就是我的二月十七日的一天。

第二天，我們和Seednet的人開了第一次會。第三天早上，三方人馬第一次會齊在心健的故事巢辦公室開會。Seednet的工作團隊代表有建成、思翰、彥群。我們公司有Seaman（對，就是提「我希望馬路是平的」那位）及Riz。再來是Akibo，以及心健。而Akibo和心健在我們開會之前，已經先把首頁頁面如何呈現的方式討論出來。我只能說，他們想到的呈現方式，也就是各位現在看到的這個樣貌，比我原先的設想，高明、有趣、有機得太多，啓發了我對網路，以及遊戲的許多未曾有過的想像。

在那個十九日的早上，對於我想在二十二日開站的想法，仍然沒有任何人告訴我不可能。Seednet團隊的代表說一定會把程式趕出來，Akibo和心健的互動界面要晚個兩三天，但是他們說可以先設計一個臨時的界面。
最後是Seaman、Riz（他們兩位負責居中協調，穿針引線）和我其他同事提醒我：已經找到這麼頂尖的任務團隊來完成這件不可能的任務，大家都為了配合我，沒有任何人潑我冷水，為什麼不把網站啓動的時間延後一個星期，到二月二十九日再開站呢？
我接受了這個建議。這可能是一個魯莽的傢伙在這件事情上做過最明智的決定之一了。
而後來的事情，大家都知道，我就不多說了。

今天在這裡記下這些，是因為得知心健的寶寶今天滿月，聯想到我們的網站也是滿月。我和Akibo下午買了個小禮物送給寶寶，在卡片上寫了：「你和我們的希望地圖一起誕生到這個世界。歡迎並祝福。」所以跟大家分享一個新生命，和一個希望網站的誕生的喜悅。

感謝所有參與，支持這個計劃與網站誕生的人。和幾方工作人馬開過一次會之後，就完全透過電話、手機與email聯絡，就準時讓這個網站在二月二十九日準時開站，甚至連林強匆匆間答應相助，為這個網站主題曲的編曲也及時趕到，是一種太特別的事。能精準地達成原先的目標不說，還可以產生如此美妙的視覺、聽覺與參與感覺，光是享受這種專業工作默契，就無從形容。
也感謝所有在我們的希望地圖上發表希望的人。是你們，讓這個網站在開站之後，真正開始有了生命；是你們，讓我們從黑暗之中，看到一個個熠熠生輝的光亮。讓我們的希望地圖真正有了生命。

如果最後可以讓我再多一句話，那麼就讓我說：
真誠地相信你的希望可以實現吧。
希望會實現的。也可以實現的。

郝明義Rex

夢想

To become a top photographer
小葉 / 03-11 / 台北縣

30歲前去日本念書， 成為Ashin
的御用攝影師！加油~~加油~

希望地主都賣土地給我
達人 / 03-08 / 台北市

我是一個土地開發專員，開發土
地真的很辛苦，希望地主們都能
體諒我們的辛苦!

錄取錄取錄取
小飛 / 04-05 / 台北縣

可以在個人申請被錄取長庚工商
管理學系

通過CISSP考試~
fitfish / 03-12 / 台北縣

我決定更加的積極，有效規畫時
間，9 / 13 通過 CISSP 考試。

尋回夢想 / 04-07 / 台中市
找回自己製造夢想的能力

林懷民的夢想
林懷民

有些國外來的朋友，看到台北、看到台灣都非常的驚訝，因為他們對台
灣的了解不多，或者他們對所看到的事情跟他們了解的事情不一樣，他
們最重要的一句話是說： 啊！整個老百姓都好有活力。

去年，有北京、或者是廣州來的一些大陸的媒體，他們採訪我完了回到
了自己的城市以後，給我簡訊跟一些email。然後他們說他們對台北有
鄉愁，他們說台灣的人民是這麼的有知識、善良、熱情、開放，他們說
簡直不像是一個中國人的社會。

的確，我們會在這裡也許覺得很多事情覺得很苦悶，但是在一個也許不是
非常好的政治環境裡面，經濟也不是最好的狀況裡面，人的品質不斷不斷
的在往上提升，在各方面來充實自己，來要求自己。

而我自己呢，雲門做了三十五年，表面上是說我喜歡舞蹈，那真正的原
因、真正的動力是我看到台灣的這個潛力，那我希望看到這個潛力不斷的
發揚出來，我想台灣最重要的財富，是台灣人。

如果對台灣有什麼希望的話，在我這個專業上面，我始終在做著一個夢，
我在想我們曾經走過經濟發展的路，那麼最近像LV、像Tiffany這些都很流
行，我想很多人碰到一個朋友說你的衣服你的皮包這麼漂亮，那下一句話
問說：「多少錢？在哪裡買的？」我想，擁有物資，我們好像也不是那麼
快樂。

所以我的夢想是什麼呢？我在想有沒有那一天，一個台灣的年輕人，他工
作、他收入不多，但是他戴起耳機、戴起iPod的時候，他聽貝多芬或者是
南管，或者是 U2，但是他的想像力、他的空間無限大，他也許他的房子
只有十五坪，但是他的精神、他的想像是，讓他自己覺得他非常充實。

我在想像有沒有那麼一天，大家可以用欣賞的態度來過日子，你欣賞藝術
品、欣賞大自然的花、草、山川，你欣賞別人的好處，欣賞生命的光芒。
我的工作一點一點的做，也許，過二十年，我們是不是可以呈現到那個狀
態，這是我對自己的期待，也是對台灣的希望。

買一座小島
Meat Lufe / 03-12 / 屏東縣

自己能買一座小島， 在島上建立起自己的皇宮， 最重要的，還要有美
女相陪^^

by 力晶 潘瑞彧

有個夢想

小狐 / 03-08 / 桃園縣

有人看了我的畫會感動、會開心、會覺得幸福。

然後，有一天能夠出版自己的繪本。

逐夢踏實

Faith in the Future / 04-08 / 台北市

從小到大從不曾覺得自己有什麼過人之處，即使默默努力偶有勉能一提的佳作，很快也成為陳年舊事。

轉眼30餘載，不想再日復一日沒有自我地工作著，只想放棄眼前一切，重新開始追尋自己可以揮灑努力的天空，儘管過程的阻難與瑣碎可想而知，但除了自己就再也沒有別人給得了這樣轉折的機會，不管這轉折是好是壞。

帶著莫名勇氣前去領受未知，踏實地成就每一個步伐，只願別辜負放手捨去後所得的機會，讓自己與身邊的人愈來愈美好。

by Autremoi

年輕人的第一個夢想能實現

yamyam / 02-29 / 北美洲

新總統能夠辦一個活動，蒐集全國20~30歲年輕人的第一號夢想，只要不離譜就幫助他們實現，當然這也要召集全國的企業一起來贊助。每個人在壯年時有機會實現第一號夢想，到了老年他就有更多實踐能力，而努力成長的兒童也會樂意趕緊長大，努力做夢，因為知道總統會幫他們實現他們的第一號夢想。

希望王建民今年20勝以上

Christie / 03-04 / 台北市

在一片烏煙瘴氣的新聞中，「沉默的王牌」王建民的新聞總是能振奮人心，讓人感覺到希望。 他不愛現，不爭功，話少，可是默默的把每一球投好，讓自己也讓整個團隊更棒。現在的台灣太需要這種人了！大家少講一點廢話，多做一點有用的事情，整個社會才能真的變好。 希望今年王建民不但蟬聯19勝，而且還超過20勝！阿民加油！

年輕人的夢想與權力!

梁兮兮 / 03-20 / 台北縣

加油！為自己的夢想努力，在能夠任性的時候任性一點。希望不要再有孩子的夢想跟興趣被升學扼殺。

coop / 02-29 / 台中市

沒有小偷 希望小偷越來越少 不再有小偷

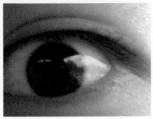

by 乞司

流浪

找到流浪的出路

紫娟 / 03-17 / 台北市

在流浪中漸漸找到自己的出路，也遇見能一起築夢的另一半。

自由

給我們一個免於恐懼的自由

天佑 / 03-21 / 台北縣

以前小時候,覺得很幸福,但年長結婚後確沒法快樂,因為時時都有恐懼感!!恐懼來自很多地方,房貸&薪水&健康&治安&年老退休---怕房貸繳不出來,所以拼命工作!!怕年老子女不孝,所以拼命存錢!!怕房子遭竊,所以加裝鐵窗把自己關起來!!怕親人被歹徒欺負,時時刻刻叮嚀家人要注意安全!!怕得癌症,所以不敢亂吃!!怕選情激烈暴動而影響經濟,怕太多太多了!!所以免於恐懼是公民的權力,國家應該要朝這個方向前進。

不但為台灣,更要為世界

C.C / 03-16 / 台中縣

台灣應該要走出國家,政府,金錢援助外交這樣的模式。要提出以國際組織,國家企業辦理外交的手段,繞過政府階級去發展影響力。我們要關懷國際弱勢,關懷世界議題,不論是不人道,不公義,或是不公平。在美國,我們就透過管道設立機構長期關懷弱勢,關心還沒有脫離貧窮的非裔美人,關心受到歧視的西裔美人,也協助所有的華裔美人。在歐洲,我們就關心德國的土耳其後裔,法國的北非移民,科索沃的塞爾維亞人;如果在中國,我們就關懷民工,關心農民。我們要傳揚一種價值,因為台灣,你不會孤獨。因為台灣,世界會更好。

台灣人是自由的,不論在什麼樣的執政者,什麼樣的政府之下,台灣人會捍衛自己,以及全世界的自由。台灣人不受省籍、血統、意識形態、宗教或是政黨立場挾制,因為我們是自由的,我們有權利選擇自己的文化,有權利選擇為誰效忠,有權利用我們的力量影像想世界。台灣人就是自由人,不論身為美國籍、中國籍、英國籍或是科索沃國籍,只要認同台灣的文化,認同我們對自由的態度,就可以是一個台灣人。最終,我們能改變世界。

by 鉅晶 葉美鈴

勇氣

by momo

不要懼怕

ah tsau / 03-09 / 新竹縣

從一出生為人的剎那開始，就被指示要躲避危險、小心謹慎、說話圓滑、努力跟上這個世界，因為怕身體受傷、怕損失財富、怕名譽受損、怕異於常人……於是乎不敢面對挑戰、不知道沒錢要怎麼過生活、從來不知如何表達真實的想法、不知道活著要幹嘛……直到發現放掉了恐懼，才能面對暴力；放下了恐懼，才能夠接受自己發揮天賦；放下了恐懼，才會直視所謂失敗與悲痛後面的意義；別怕伸出手，別怕用心愛，別怕自己會害怕。

勇氣

ay / 04-10 / 台北市

我有足夠的勇氣去面對我選擇的一切。

希望我們有勇氣和力量從歷史中走向未來

柯裕棻

我的希望和大部份人的希望一樣。和平。自由。平等。公義。博愛。

我們經歷了殺戮、封閉、歧視、貪婪和妒恨，從這些黑暗的歷史中我們學到的不應是自卑，也不應是復仇。

我希望我們有勇氣和力量從歷史中走向未來。

我也希望新總統有勇氣和力量，維護並且實踐眾人的希望。

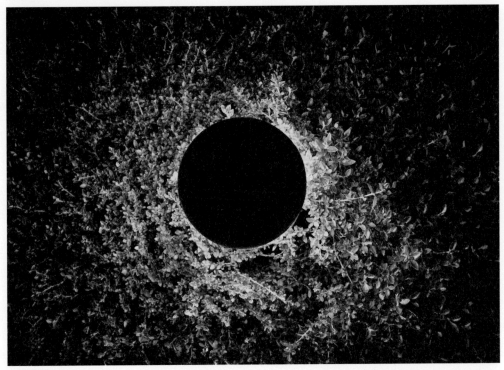

by 力晶 許文廷

自己

by 力晶 黃士人

不要一個人變老
qo6 / 03-04 / 宜蘭縣

能勇敢並溫柔地與這個世界和平相處，不要一個人變老。

成為動畫職人!!
mia / 04-08 / 台北市

希望有朝一日成為名揚四海的動畫師!
用我的雙手紀錄台灣的傳統產業。

瘋狂的三月
黃婷 / 03-05 / 台北市

1. 唱片順利做完
2. 作品獲得肯定
3. 可以去看電影
4. 有時間多讀書
5. 減肥成功

世界沒有心機
雅江 / 03-28 / 台北市

人人和平相處 為別人著想 自己的利益不要著墨太多

從自己開始發亮
梁兮兮 / 03-18 / 台北縣

覺得冷就先自己發散熱情，覺得暗就由自己開始發亮。

真誠的希望不會是奢望
黃婷

近年來因為工作需要，頻繁地往來於台灣和中國大陸，接觸對岸的人事物，注意到他們在各方面快速成長，然後對照台灣的政策搖擺與發展停滯，有時心裡真是著急。

當我們還在為了幾個政治人物而爭吵不休，別人卻在經濟、建設上突飛猛進；當我們總是為了小小的族群問題而夾纏不清，別人卻早已放眼世界，緊緊跟隨全球脈動。當我們汲汲地追求名義上的虛榮而自我懷疑，別人卻早已用實力去抬頭挺胸。

社會的亂象，導致人心不安。我們需要「成熟的媒體」來建立健康的輿論，需要「正義」的發揚，需要初生之犢的勇氣。尤其，看到這樣的希望：「不但為台灣，更要為世界」，更是使我感觸良多。我們總是在跟別人比，卻又因為比較而失去自我，反而更加綁手綁腳，更加不知所措。

其實，真正的強者，貴在超越自己。台灣擁有良好素質的人民、堅實的經濟基礎、優良的風土人情，沒理由我們不能快速進步。只要多一點自信，多一點團結，多一點樂觀；少一些權力鬥爭，少一些自私自利，少一些歷史包袱，我們一定會有更美好的未來。

唯有壯大自己，才能戰勝別人。這是我對台灣的希望。

「得體」、「得時」、「得宜」
黃薇

我希望，我們都能做到：「得體」、「得時」、「得宜」。

我們生活在一個民主的時代裡，資訊發達使人人有發言機會，但正因如此，人人同時都能接收到無限多的資訊，所以我們需要做到「得體」，在關鍵時刻要識大體做對的選擇，這就是「得體」與「得時」的表現。既然做了選擇，不管結果如何，都要能理性、有建設性的接受結果，這就是「得宜」！

政府能夠聆聽人民的希望，國家才能健康的運轉；這次的總統大選，我們看到了大勝與大敗，大勝的要大悟，悟出人民的需求，才能站在位置上替人民服務；大敗的要大徹，只有虛心徹底的積極改革，才能找回正確的位置而有所作為。

從這一次人民對希望渴求所做的努力，我們每個人都能從中獲得學習。這番道理，小至適用於每一個人每一天的所作所為，大至適用於國家治理。

祝福我們的國家：明天會更好！

思想有機 言語無毒

fish / 04-06 / 台北縣

這個希望一點也不需要補充或詳述，簡潔又有力！而這八個字就是一種值得大家去努力做到的境界！

我會好好過

yen / 04-07 / 台北縣

這是一首李玖哲的歌，在三重與土城只是半小時的距離，卻是相隔一片海海藍天，我答應妳要好好的照顧自己，無法自拔的一直在想念妳，我已經無法為妳再做些什麼，只有一直感嘆自己為什麼那麼無能為力，現在的我只有好好過也祝福妳，敬我自己失去一切，為我們的緣份乾杯。

我希望大家可以停下來一分鐘看看身邊的風景

Koala / 03-26 / 台北縣

請大家靜下心來停留一分鐘，看看身邊的人是不是還跟你記憶中同樣的模樣，看看街道兩旁的樹木吐了多少新芽，傾聽風的聲音,您的呼吸,幸福就在不遠處.誰說幸福很難找,行道樹上的枝椏都在告訴我,我有多幸福。

記住今日我，明日更美好

月亮上的小狐狸 / 04-11 / 台北市

我要記住我寫下、推出的每個希望，我要記下我今日的缺點，或一些不好的行動……等
記下並改善，讓明天的我比今天的我更美好。
過去種種，如昨日死。
今日種種，如明日生。

每個人都願意修煉自己，不再只是責備別人

伊恩（希望代貼信箱）/ 04-08 / 台北市

這次馬總統高票當選，甚至我認識許多原先支持綠營的朋友這次都改投給他，很大的原因是因為「修養」以及欣賞他的「人格」。
選後，在報紙上看到許多人倡議加強道德倫理教育，我擔心的是，當道德倫理變成一種規範，反而失去了它的真諦。「道可道，非常道。」舊國民黨時期的「偽君子」風氣就是讓大家都知道怎樣是「應該的」，講一些「應該」的話，但實際上卻不是從心發出的；民進黨是這股風氣的逆轉，乾脆來個「真小人」──我掌了權，我就是這樣，你能拿我怎麼辦？
2004年大選前後到2006年紅衫軍運動，有個話題常被討論：教養。我認為所謂教養，就是修養。就算父母沒教好，自己也可以鍛鍊的。
真正的修養並不是用道德或倫理去規範的，而是從心靈層面去提升。有識之士可以鼓吹心靈修養書籍的閱讀、討論。心靈修養不是速成的，要當心：當一本心靈或心理勵志的書以讓人「幸福」、「成功」為標榜，就離修養有點距離了。

學期加油

拿鐵 / 04-01 / 台南市

我希望...
這學期我可以ALL PASS

by 鉅晶 葉美鈴

我希望自己逐漸成熟

sam / 02-29 / 台南縣

可以在紛紛擾擾的人事物中，智慧增長，從而可以分辨是非，作出正確的選擇.並且承受性可以提高，在自己的決定後，不論好壞接受所有結果……並體會當中得失，回饋自己。

希望大家都有智慧

張妙如 / 03-17 / 台北縣

我不經常祈求，可是每回我遇上困難時，我總是只祈求老天(神)給我智慧，給我智慧就好，其它我願意自己來解決。
智慧也是力量。

好好加油!!!

哇哈哈～ / 02-29 / 高雄縣

新學期開始了，政治風風雨雨隨他去；總之好好念書，知識掌握在自己手中。
加油！莫忘初衷將各個科目都學好吧!!!

感動

多一點感動，少一點感慨

胡志強 / 台中市市長

多一點感動，少一點感慨，台中的發展，台灣的進步。

要踏實，負責任

封小唐 / 03-19 / 台北縣

我要真正的負責任，而不是想太多又嚇壞自己的亂擔責任，先照顧好自己，一步步很踏實的培養自己的能力，然後行有餘力再照顧家人然後再是其他有需要的人。 我要勤勞，每天反省自己，不逃避自己的課題，當下的問題要當下處理，不要老是壓抑自己，想哭就哭，想要就笑。要真正對自己負責任。 我已經長大了，這些心願、期許，都要透過不斷地練習才會真的熟練、學會。就像羅國輝一樣，雖然被笑，但還是當個勤於練習的傻大個兒，堅持夢想，不斷練習。 我要對生命謙卑，臣服學習。就算遇上挫折也不要灰心放棄，要秉持像阿基師那樣的勇敢精神，就是不斷的向逆境學習。 踏實的準備好自己，我是一個有愛、開放的人。

傾聽

璞茗 / 02-29 / 高雄市

每個人無論是否擁有相同立場都能安靜聽對方把話說完

找回在地的感動

何壽川

大概過年之前，因為做社區發展很有經驗的廖嘉誠先生來跟我談到，他在做的社區營造的工作，我覺得他做的非常好，也幫助了很多社區裡頭發展出他們自己文化的特性。但是當他講到在社區裡頭做一些經濟體，希望能夠支持整個社區繼續發展工作的時候，我們有很多的討論。在這個討論當中，我們就提起一個事情——我個人覺得說，要找回社區的價值，一定要找回我們過去在這個地方上的感動。什麼東西可以感動？感動是一句非常抽象的話語，我就舉了一個例子，也真的，在那一刻談話當中，忽然間，湧起了我過去的記憶。

我記得每一次過年的時候，家裡就是很忙碌，從小，我母親所有的糕點都是自己來做。做糕點的時候，我們小孩子也不能做什麼，但是一直想吃，一直在等待，媽媽做出來的那些糕點，我們可以享用。所以當我提起這故事的時候，我就忽然間，聞到了我媽媽做的那個菜頭粿的味道！這是蘿蔔糕，這個蘿蔔糕在我講的時候，我看到了我母親做糕點的樣子，全家忙碌的那種幸福快樂，以及想念的時候，不但看到了我母親、同時也聞到了蘿蔔糕 的味道。所以我就舉這樣的例子告訴他說：你社區營造的時候，要找回的就是那個味道、就是那個感動。所以廖先生告訴我，他聽我在講這個故事的時候，他也聞到了蘿蔔糕的味道。這個就是所謂的感動！要幫助一個社區找回那個感動，就是要找回那個味道！

從這個地方，我就想起：台灣所有的生意人，一天到晚都在忙碌，大家出國非常頻繁。所以我告訴他說，每次我回到現在的桃園機場的時候，一坐上車子，我就會覺得說——我回家了！因為，不管在外面是什麼樣的旅行、工作，總是覺得，很多的台灣人做生意，是漂浮在外面的。等到踏上了自己的國土，坐上了車子，覺得環境是我們所熟悉的，馬上就安靜下來。那個感覺，就是——我回到了家！這個回到家的感覺，其實是台灣一個非常重要的價值，如果所有的生意人在外面漂泊、奮鬥，所有的目的，就是想回到家，那個感覺，那個感覺是這麼多年的工作裡頭，我覺得是我永遠不能忘懷的。所以，每次出去，就要想到，什麼時候可以回家？回家，就是休息的地方，也是我們找回自己熟悉環境的地方。

如果所有的台灣的生意人，都能夠真正找回台灣的味道、感動、跟家的感覺，其實台灣是小的國家，是必須要以世界的舞台做舞台的地方，如果大家能夠把台灣建造成為真的是大家的家的味道跟感動，我認為台灣沒有什麼不值得大家努力或者是下功夫的地方，也就是台灣所有的希望——就是大家努力的、建設它的那個家的感覺。（卿沄聽打）

包容

賢知 / 02-29 / 台南市

科學家發現，人與動物為數不多的差別裡，有一個是很重要的，就是人
類具有投射的同理心。除了黑猩猩，其他動物沒有。

人的價值可能就在這裡。

我希望，這個世界上的每一個人，在做任何一件事時，都可以善用這個
人之所以為人的偉大特性，多多體諒在生活中你會接觸到的任何一個
人。

by may

我們的希望地圖

場都能安靜聽對方把話說完」，因此我相信這些雷同度頗高的希望，屆時一定也會被挖掘出來。這也正說明了，大家的希望看似五彩繽紛，其實經過大家許下希望的同時，早已凝聚出幾項主要的共識。有了共同努力的方向，這樣真好！！

很多的交集，但我們彼此都是對方的其中一塊拼圖。

歷史老施 / 03-12 / 台北市
我希望大家在希望地圖裡除了瀏覽外，也能多給與認同的希望連結！

希望「希望地圖」已經不只是個希望

月亮上的小狐狸 / 03-07 / 台北市
一看到希望地圖，就覺得這個想法很棒，開始推推推～～這幾天看到很多人的希望～～讓我想到最近很暢銷的書《秘密》裡頭說信念是很重要的～～就像一件有研究的可怕結果 『每天新聞都報導自殺事件，就會導致自殺率上昇』 意思應該是指～～我們觀注的事會越來越大（不管他是好的or壞的）所以媒體不應該深入報導～～多不必要的事（如陳冠希=.=）所以～～我們一直說「希望」它就會一直是「希望」，而不是「實現」，大家應該要用完成式～～用「已經」；來代替我們所謂的「希望」，把「希望」變成一個代名詞～～意指我們要做的事，而不是遙不可及的夢～～當越來越多人在「希望地圖」發表一個光點 就代表「希望地圖」已經不只是個希望了，讓我們把更多光點合成光～散播到世界的每一個地方～～加油！

希望不應該有排名

卿沄 / 03-30 / 台北縣
其實有許多希望內容是互相重疊融攝的，例如您目前提出希望相同數最高的標題「大家都能靜下來傾聽和保護好自己的心靈」；類似的希望，另一位名為璞茗的朋友也提出了相同的希望「傾聽——每個人無論是否擁有相同立

我的希望

hopezukunft / 04-011 / 台北縣
全部舉雙手贊成，特別是希望希望地圖可以考慮繼續下去，或許可以轉換某種形式或形貌。

fish / 03-31 / 台北縣
如果可以的話，我希望「希望地圖」的主辦單位可以統整所有的希望，將相同或類似的希望整理成一個，給新總統看一份完整但是簡明扼要的「希望總覽」報告書。這麼多的希望也許不只是給新總統看，哪些希望適合哪些有關單位去努力或落實，也能讓這些單位有所了解，如教育類的希望可以讓教育部的官員了解，直接作為參考或進一步努力的方向，如此一來，或許可以讓希望的「實現率」提高。

希望地圖是我們彼此人生拼圖的其中一塊

卿沄 / 03-19 / 台北縣
在我們的生活中，原本就有許多不同面向的朋友：有的朋友可以和妳一起喝咖啡、有的朋友可以和妳一起逛書店、有的朋友可以和妳一起唱歌、有的朋友可以和妳一起讀詩、有的朋友可以和妳一起寫很多個希望，無論是哪一種類型的朋友，我都覺得很感謝他們的陪伴，幫我一起拼湊完成這一張人生地圖。也許我們會因著興趣或生活型態的差異無法有

星光

張妙如 / 03-13 / 台北縣
幾年前有一則新聞引起我的興趣，那新聞內容是某個國小學生做了個實驗，把同樣的食物切半分成AB兩組，學生們對A組食物不斷說好話，對B組食物則不斷說壞話。
隔了一陣子之後，他們發現對半分的同樣食物，B組臭爛得很快，A組卻狀態明顯比較好，不但腐爛得比較慢，且腐爛味道也沒有B組那麼強。指導老師就是希望讓學生們知道「對人說好話和壞話」的無形效力。（台灣的教育並非一無可取啊！）
從希望地圖網站開站以來，我每天都來把每個人的希望看過，我最喜歡看到的一類希望是具正面甚至建設性的，不去「指名帶姓地說」某候選人或某黨如何差如何黑，只希望事情能往更好的方向去，就算有些人只是單純地讚美某事物，我覺得在現階段的社會，這類人的包容心比想像中大，這些人可以說自己就是希望。
希望或詛咒，抹黑或揭弊，也許很相似但並不是一樣的，如果能分清楚，黑暗中也能有星星的美。人生不是要全部幸福或全是陽光的，只要黑暗中也能有星光點點就能非常滿足了！我感覺這就是希望要存在的意義，我感覺這個網站的夜空星點設計非常棒！

希望不應該有排名

Angel / 03-27 / 高雄縣

其實我覺得希望不該有排名的，沒有擠進去前二十名，希望不就落空嗎？殘念啊！再一次受到打擊。

我目前得到最多的相同希望是四票，有時候沒人支持的希望不代表不重要，只是時機問題還有其他原因。而且說不一定新總統馬英九可以做得到相同希望票數是很少的事情。我知道你們都決定好了，還是忍不住建議一下給你們參考^_^

希望部分網友不要再發表無關緊要的文章了

Mr. fL / 04-06 / 花蓮縣

看了許多發表的文章，發現有些言談好像跟本對這個社會、國家都沒什麼太大的助益，只是來充版面而已。所以我希望各位大大們，都能提出具體對社會、國家有益的想法和意見，希望地圖的成立才有意義！（怎麼好像在幫網站作宣導=="）

希望停止洗版文

人類 / 04-07 / 台北市

帳號創建不嚴，板工檢查不周

不只300萬人支持希望地圖

松鼠 / 04-11 / 台北市

正面的念力不要終止，要擴大再擴大，直到我們所愛的土地希望處處萌芽成長，不只這一代，延續下去到世世代代！

友朋因希望相聚

hare / 03-17 / 台北市

藉由希望地圖而收到朋友們的消息！人與人的關係，其實很近（抱）

by 曹玉明

從M和Y的故事回顧

——總結報告之前的最後一份希望地圖報

親愛的朋友：

我們的希望地圖從選前三個星期開始的活動，到今天，四月十一日，就要告一個段落了。每天發一份的希望地圖報，今天也是最後一份了。

這段時間，我們已經開始請教一些學者專家，討論如何把希望地圖上的一些希望，轉化為對新政府政策的可能建議。也在討論其後如何讓馬英九先生參與回應，以及再其後大家每年回來一次給馬總統「打考績」的方法。這些討論目前還在進行，我們聽到了許多意見，進行得比預計要多花些時間，尚沒有定論，所以想在今晚十二點活動正式告一段落之後，再用一些時間整理，訂於四月二十二日辦一個記者會，向大家公佈。請見諒。（從四月十二日起，希望地圖網站暫時仍會以目前型態存在，只是發表的希望不列入排名統計。未來的走向，也會在二十二日一併說明。）

最近幾天陸續在整理這段時間我個人印象比較深刻的一些希望，不時有同事提醒我，應該整理一下對整個活動過程的回顧。但不知道是什麼原因，我總沒法讓自己浸入一個「回顧」的氛圍。可是在今天的希望地圖報裡，又的確應該有些「回顧」的元素，所以我想寫兩個印象讓我很深刻的人。

第一位，是Y。

Y我認識有十年多了。但純粹是公事上的來往，每次見面都和她的上司一起，印象中是一位很幹練，很冷靜，也很低調的職業女性。這次總統大選之後，在一個大家輕鬆聚會的場合，我有個機會和她談到一些工作以外的話題，就問她可否講一個自己的希望。

她帶著一點幽幽的口氣說了一句，「希望在我有生之年，台灣不要被中國統一。」

然後，她述說了以我們的交往，平日不可能告訴我的一些心事。

她是個台北人。小時候每天上學，父母叮嚀最多的一句話，就是：「不要亂說話」。

放學回家，父母問的，仍然是「今天有沒有亂說話？」

她還記得，父母每天都要給她口袋裡塞很多錢，以免國語講不好，在班上被罰。

「後來我國語講好了，就回家去嘲笑我自己的爸爸媽媽國語講得不好……」

她沒有用「心痛」的字眼，但是從她的眼神，就可以看到一切。

那天晚上，Y還說了另一個希望，「我希望台灣騎機車的人少一些。」因為騎機車的人，總想多鑽一個空檔，多搶一步其實沒那麼必要的空間，「只要這個心態不改，台灣是進步不了多少的。」Y說。

第二位，是M。

M，和Y年齡相仿，是我認識二十多年的朋友。我和她很熟，所以不論在工作或其他話題上，她有什麼想法都會告訴我。以籍貫來說，她是所謂的「外省人」，但嫁給「本省」先生。過去這些年來，她一提到陳水扁一家人的貪腐新聞，一些民進黨政府官員的言行，經常咬牙切齒，我想任誰都會把她歸為「藍」的。

選前三天遇見她，問她心情如何，她說這次緊張得失眠。血壓一直飆高。

選後見到她。問她怎麼樣，她趕快小聲噓了一聲：「要低調要低調。不能顯露出心情。」

聽到這裡，我都覺得她的反應在我預料之內，但是，接下來她的一句回答，卻完全出乎我意料之外。

「從今天開始，我決定開始當綠色的了。」

「呃？」我問她，「怎麼了呢？」

「我要開始和民進黨一起監督國民黨了。」她說得很平靜，也很認真。「國民黨，也沒那麼稱頭。」

Y和M，是兩個背景很不一樣的人。但也可以說是兩個相同的人。兩個都在強調「價值」的人。

Y在強調的，是國民黨掌權者執政的五十年間，挾「中國」、「國語」等文化優勢，有意與無意間擠壓，並扭曲了的「台灣」價值。

M在強調的，是民進黨掌權者執政的八年間，挾「台灣」意識的本土優勢，為所欲為所破壞的一些傳統價值，或普世價值。

她們對政治人物與政黨所說的，其實關心都不大。她們在乎的，只是如何追求自己所重視的價值而已。

所以如果由我來回顧，我會說，2008年發生在這塊土地上的總統大選，是一場「價值觀」之戰，一場重新認識「台灣價值觀」的選舉。這場選舉已經證明，任何人想要以「外來」、「本土」的區隔來說明「台灣價值觀」，不免狹隘而有局限；這場選舉也將預告，任何人如果以為光是更換一頂「台灣」的帽子，而不知道更換舊有的心態與做法，來呼應、引領新的「台灣價值觀」，也必將自曝其短。

選後一個朋友寫信給我（紅字是她的原文標示）：

「民進黨若不低頭認下大敗就是無恥，國民黨若敢翹起尾巴自恃大勝，也是無恥。」

我同意她的話。台灣，已經前行到一個形成新的「台灣價值觀」的階段。這次，是新的「台灣價值觀」決定了勝負，而不是別的。

所以，在這回顧中，我要感謝什麼呢？

要感謝的人，要感謝的事情太多了。我難以一一致謝。（那是另一篇文章的事了。）

我能說的只有一句：

感謝所有發起、參與、支持我們的希望地圖的人，

不論在網上，或是在網外。

我們會記得，在一個萬聲嘈雜、千影動盪的時刻，我們曾經共同以一種新的方法與形式，讓一些細微、平靜、自持的聲音，逐漸在黑暗中形成一個個光點。

我們會記得，在一場重新認識「台灣價值觀」的選舉中，我們曾經共同以一種新的方法與形式，進行了一場新形態的網路拼圖遊戲，也進行了一場公民意識的自發行動。

四月二十二日，我再給大家做一個總結報告。

再會。

郝明義 rex

Part 3 綜合分析報告

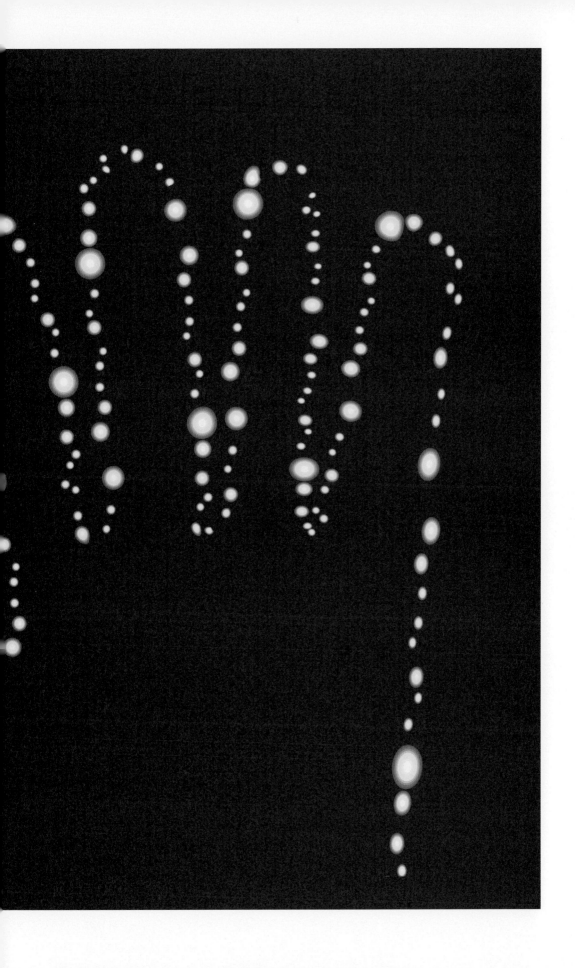

親愛的朋友：

4月11日，我們的希望地圖（http://hopemap.net，以下簡稱「希望地圖」）活動告一段落，前後6個星期共收集到18,440個希望（網站11,517個，實體張貼板6,923個）。

以下是整理分析：

一、參與者的分析

網站11,517個希望的參與者資料分析，如：附件一。

不論在選前或選後，希望地圖上的聲音，與許多政治人物所強調，並因而為主流媒體所重視的一些新聞焦點，始終大有不同。

以選前而言，有段時間當「一中市場」、「綠卡」、「踢館」這些關鍵字所代表的新聞，佔據大幅新聞媒體版面的時候，在希望地圖上談論的人卻寥寥無幾，是倒數排名的希望。那段時間，希望地圖上大家最熱切注意的，是「住在台灣的人都是台灣人」、「我希望馬路是平的」這些希望。

選後，馬英九與蕭萬長總統及副總統當選人，積極推展「三通」，成為媒體注目焦點。但如果以「三通」為關鍵字來搜尋一下希望地圖會發現，談論並贊成「三通」的人，雖然比前述例子多了一些，但仍然是排名40名以外的希望。

再來看馬蕭在競選期間一直強調的「拚經濟」。希望地圖上以「經濟」為主題關鍵字的希望，最前面的排名至少在200名以外。然而，這又不表示希望地圖的參與者並不重視經濟，只是重視的角度不太一樣。排名第11名的「進步的迷思」，就是一個不以經濟為主題之名，談的卻是經濟的希望。但這個希望的重點是：

「我希望這個社會能夠看穿進步與偉大建設的迷思。……我希望我們存在的社會可以不必以過度消費與浪費地球資源來換取經濟進步的繁榮假象。」

而希望我們的新總統能在經濟起飛之外，還可以注意到弱勢族群、貧富差距、大家買得起平價房子等的希望，更是所在多有。

我想透過以上說明指出的是，希望地圖的參與者，相當有別於對政黨與選舉熱情的支持者。他們大多對社會與自己的生活另有關注的重點，並且提出自己的價值觀。而提出的過程，他們又相當冷靜、理性，自有主張，不輕易受別人情緒的挑動。

希望地圖參與者之所以如此，在我請教過的人當中，夏鑄九教授的說法可能最簡潔也最直接。他說，「希望地圖所呈現的價值觀，就是台灣市民社會的價值觀」。他認為，這種價值觀發展到今天，已經不會被太象徵性或認同的問題所困惑，所以他們重視的不在於統獨，也不是為了追求經濟發展而發展，而是生活可以改善，有個livable, sustainable的生活環境。「民進黨過去不是沒有嗅覺聞得到台灣市民社會的這種價值觀，只是過去八年他們太快就失去了這種嗅覺，太快脫離台灣社會。這是他們敗選的主因。」

事實上，希望地圖參與者發出來的聲音，絕不只是一些特殊但少數，或者說「另類」的聲音。光拿最近一個月的新聞來比對，就看得出希望地圖上的許多希望，和大眾媒體的生活議題結合得多麼密切。

我來舉一些例子。

告別密室政治 立院協商全都錄

國會透明的希望，2月29日開站當天就有人提出。成立國會直播電視台的希望，3月23日就有人提出。

愛之味兩系列乳品下架
擬向加工廠求償 量販店接受退貨

病牛乳的新聞最近爆發，「將牛乳產業列為國防農業」，提供新鮮營養的牛乳，是很早就名列希望地圖前茅的希望。

目睹家暴兒 14萬悲劇上映中
未通報黑數可能高好幾倍 可能產生焦慮、自虐、嘔吐等現象與暴力行為

婦女團體最近公布全台至少有14萬個孩子曾親眼目睹家暴，而「不再有家庭暴力，不再有虐兒事件」，很早就是排名比較前面的希望。

2008年3月14日／星期五
北縣爛路20條 縣民來票選

「北縣爛路20條 縣民來票選」、「婦腳陷溝縫 蒐證擬求國賠」這種新聞，早就有「我希望馬路是平的」希望相呼應。

9成所得拼溫飽 700萬人真辛苦

物價漲個不停 中低收戶壓力巨大 民生必需品價格 今年首季漲幅7.5% 刷新近28年同期紀錄

和「9成所得拼溫飽 700萬人真辛苦」的新聞相對應，希望地圖上呼籲「救救最底層苦民」、「讓每一個小孩子都能夠有飯吃，有平等受教育的機會」。

應馬要求 國宴菜色「減碳」就地取材

至於馬英九總統當選人指示520的國宴要考慮「食物哩程」，食材佐料盡量就地取材，更從來都是希望地圖上許多希望調整飲食來節省能源、注重環保的主張。

這些例子，應該也可以回頭呼應夏鑄九教授的觀察。

二、七類希望分析

如何把希望地圖上的希望，送交給新總統，如先前跟大家所做的說明，我們本來打算只選相同希望數排名前二十名的希望。這段時間，我們也接過網友的建議，認為希望不分大小，不應該以排行榜的方式來選擇前二十名。

我們同意，每一個希望，都是由個人的需求與心願出發，再微小的希望，再個別的希望，都有它需要被照料的意義。事實上，所有網路上的12,000個希望，都將持續公布於網上，我們希望新總統有機會的話，可以上網聆聽所有這些聲音。但是就我們必須選擇一些希望，以請教於學者、專家的意見，並轉交新總統參考而言，則不得不以排行前二十名的希望為篩選的主要標準。

不過我們也新加了一點調整。那就是除了前二十名的希望，我們從排行前一百名的其他希望之中，選擇與其相關的希望，綜合做了分類。這些分類如下（「＋」號前是前二十名的希望，「＋」號後是前一百名的其他相關希望）：

1.有關生理與心理健康的希望 13個
將「不孕症」夫妻所做的自費醫療支出，納入健保或育兒補助內！
將牛乳產業列為國防農業
提升國人心理健康的品質

請總統候選人提出國家的精神心理衛生政策

政府應重視幼兒自費疫苗全面接種補助政策

＋

希望能有幫助精神病患的政策

我希望台灣可以成為醫療、養生、喜樂之地！

護理人員工作十五年（含）以上者，一律轉門診及學校當校護或老師

希望台灣是大家想要養育孩子的地方

給自殺遺族關懷

醫療體系能夠從人本的角度來對待病人

緊急醫療制度的建立

好好照顧老人

育兒補助

優質的老齡社會

拒吸二手煙

2.有關教育、閱讀與文化相關的希望 15個

讓孩子們快樂的成長

孩子能在安靜、美麗的環境中長大

但願大人的言行，可以成為孩子的榜樣！

5千元文化支出列入所得扣除額

＋

圖書館建設

圖書館閱讀宣言

讓每一個小孩子都能夠有飯吃，平等受教育的機會，順利的長大

兩眼都看，才有深度

走出成見，放大台灣

創造無書包的基礎教育

圖書館

不要一直放煙火

體育的重要

新總統應更重視文化與生態

提升文化意識

3.有關族群、弱勢團體及性別權利的希望 11個

住在台灣的人都是台灣人

落實同志人權保障

我希望自己是一個公民而不是選民

救救最底層苦民

周美青女士繼續她所從事的工作

＋

我是大陸配偶，我希望得到公平的待遇

關懷身心障礙者 及弱勢族群
希望每個女性都不用再害怕
保障移民／工人權
不再有家庭暴力，不再有虐童事件了
建立個人公民認同，尊重社會多元文化

4.有關生活空間與品質的希望 8個
我希望馬路是平的
便捷挑戰安全的自行車道
＋
台灣每條路都有可以讓行人走的人行道
城市再造新美學，打造百年好地基
噪音防治法的修訂
落實寵物的管理制度
正視流浪貓狗的生存權

5.有關生態環境與發展的希望 11
★ 緊急呼救，開始吃素，加入環保！
進步的迷思
綠化大地無限生機
＋
停建蘇花高，以保存台灣僅存的淨土，揭示台灣新的生命價值觀
補貼大眾運輸
樂生、溪州、三鶯都保留
成為環保減碳的模範國家
開發破壞一塊土地就相對的種植等量的樹木
台灣可以全面使用省電燈泡
跳脫私人汽機車的思維

6.有關司法改革的希望 4個
建立一個人民信賴的司法制度
＋
馬英九先生能親自向被台灣司法踩躪十七年的八旬老嬤道一個歉！
司法改革尊重現職考生的權益
我提法官及檢察官任用時改革提議

7.對媒體的希望 6個
管束新聞媒體
＋
希望大家關掉電視律，做更有益身心的活動！
媒體人自律，堅守理性、中立，善盡職責

透明的國會
成立國會直播電視台
陽光照到的地方，沒有貪腐

以上7類希望，在前100名希望中，共佔65個。
我們據以找學者、專家請教對政府建議的，也就是這7類希望。

三、學者與專家對新總統與新政府的政策方向建議

1.有關生理與心理健康的希望

和信治癌中心醫院院長黃達夫，認為新政府最重要的工作，還是健保的
改革。在這方面，他認為新政府需要對馬蕭醫療白皮書裡所描述的
一些矛盾的情況拿出對策。這個矛盾就是：台灣一方面標榜擁有「全
世界最方便、最自由、最經濟、最有效率以及滿意度最高的健保奇
蹟」；一方面又高唱「健保入不敷出，醫病雙方皆苦不堪言」。

黃達夫認為，政府有責任告訴社會台灣醫療品質的真相：結核病誤診
率廿二％，死亡率是美國的廿倍，末期腎病發生率是世界第一，糖
尿病死亡率居亞洲之冠，麻醉致死率為日本十七倍，乳房X光誤判率
七十八％，而且病理報告沒出來，可能就被開刀，因護理人力配置不
足，住院病人死亡率可能就增加卅一％…，這樣才能打破許多人對「俗
擱大碗」健保滿意的迷思。
黃達夫指出，健保實施不到五年就入不敷出，是全世界最快面臨破產
危機的制度，而且，制度設計使它無法遏止濫用與浪費，所以台灣的
醫藥衛生體系百廢待舉，距離改善全民健康的目標還很遙遠。他並引
用國家衛生院溫啟邦教授的研究說，雖然，全民健保的實施讓納保率
從五十六％增加到九十八％，但十年後，除了少數弱勢族群的死亡率
有少許降低外，全國平均死亡率並沒有因為可近性、可及性的提高而
減少。

對於不孕症患者希望治療費用列入健保或育兒補助的聲音，我訪問了
新光醫院副院長張珩、衛生署國健局副局長吳秀英、前立法委員沈富
雄、心理醫師王浩威等人。幾位身分背景不同的人士，都認為不孕症
提出這個需求涉及的因素很多，從生理上的病因，到個人婚姻生活的
步調安排，到台灣社會傳統需要生子傳代的價值觀，都在其內。由於
不孕症患者的治療費用又的確昂貴，新光醫院副院長張珩認為，如果
政府考慮這件事情，可從加入範圍限制的角度思考，譬如限於生理學
及解剖學上的病因所導致的不孕。

對於許多人呼籲政府制定國家心理政策，或應對自殺的防治，張珩、吳秀英及王浩威，都認為現在政府各級單位都已經做了許多事。譬如各地的「自殺防治中心」、「社區精神醫生網」及「社區營造中心」等等。接下來，王浩威認為，應該訂定「心理健康促進法」來總合其事，使許多事務的推展更見成效。中華心理衛生協會已訂有「心理健康促進法」草案。

2.有關教育、閱讀與文化相關的希望

洪蘭教授認為，政府對教育可以做的事情，首先是讓教育、科學、文化的預算，回歸憲法規定所佔各級政府的比例。其次，是教育資源的公平分配。她認為補助大學五年五百億的卓越計畫就應該檢討。教育資源的分配不均，使得偏遠地區，尤其是原住民部落的資源極度缺乏。所以她自己目前重視與投入最多的，就是對偏遠地區的小學提供各種自己可以找到的協助。

再來，洪蘭教授認為，教育經費的使用，要在執行上真正用心，而不是做表面工夫。過去透過教育局發下去的教育經費，很多都被扣下使用到選舉上，是大家都知道的事情。教育經費一旦用來做表面工夫，我們看到的學校的硬體建築會很漂亮，但是軟體方面就不對稱。許多學校的圖書館都多年沒有預算採購書籍。而限於採購法的因素，採購來的書籍又往往品質很有爭議。這些都是教育經費沒有善加使用的結果。

還有，學校即使硬體外觀很好看，但是教室鮮有潔白平整的牆面。在洪蘭教授的記憶裡，除了少數私立學校之外，台灣的中小學教室牆面都不但談不上美觀，更多的是剝落不堪，以及「壁癌」橫生。（這和海砂屋多，氣候又潮濕有關。）

學校的環境都如此了，學生家裡的空間環境也可能有問題。到了偏遠地區，就更顯著。

下列彰化一所國中的學生家庭環境，可以說明這種情況：

在這樣的學校及家庭環境中長大的孩子，我們不太可能要求孩子有什麼修養，品味。

希望地圖上希望孩子能在一個安靜，美麗的環境中長大，洪蘭教授認為是非常合理的一個希望。而這可以從家庭教育和學校學育雙方向做起。安靜而不喧嘩，是父母可以從小教育小孩的。至於「美麗」，洪教授認為「乾淨」就是「美麗」的開始。她以自己去和一些偏遠地區小學生互動的經驗來說，讓孩子懂得花時間整理社區，把自己家弄乾淨，這時他們就學會乾淨是美麗的

彰化一所國中的學生家庭環境

開始。學校可以把學生打掃、清潔家庭，當作是給他們的家庭作業。至於要讓孩子快樂成長，她認為最重要的是讓孩子不要負擔太多考試的壓力。而這是政府、學校和家長等各方面要共同努力的。

前教育部長曾志朗，對教育政策的建議方向則有三：

一、馬蕭教育白皮書裡，教育經費從現在每年5,000億，逐年增加0.2%的比例，只是個輪廓。更重要的是得知道其中的內容，如何分配使用。

二、十二年國教，應該是個重點。

三、十二年國教的成敗，與高中的品質密切相關。因此接下來要有高中的品質監督機制。

此外，曾志朗也一再強調重視偏遠及弱勢族群的教育的重要性與急迫性。

台北市立圖書館曾淑賢館長，提出的方向是，請政府於中央設置專責規劃、監督與管理圖書館發展的部門或委員會，並將直轄市立圖書館及各縣市立圖書館，改制為縣市政府一級單位，鄉鎮圖書館納入各縣市立圖書館系統，成為縣市立圖書館之分館，使縣市立圖書館的管理與輔導一元化，以有效整合、共享全國圖書資源。曾館長有兩個與圖書館的建議如附件二。

曾淑賢還建議，政府應該出面訂一個屬於台灣自己的「書香日」，然後結合社會各方資源來共同推動，以這個「書香日」為核心，來推廣社會的閱讀運動。

3.有關族群、弱勢團體及性別權利的希望

政治與社會觀察家南方朔，指出要解決族群問題，首先要求立法，譬如像「反挑撥利用族群離間法」，並將之編入國小教科書。

他對「救救最底層苦民」這樣的呼聲，指出一點：台灣其實不是M型社會，而是「三分之二型社會」。「三分之二型社會」就是，隨著經濟的發展，社會裡有三分之二的人，其所得與經濟條件其實是不受影響，或受的影響不大，但是另有三分之一的人，會越來越拉大其落差，而「苦民」指的應該是這三分之一的人。如何解決這個問題，需要經濟學家和社會福利學家等共同思考如何定義「苦民」，再找出解決之道。

性別人權協會秘書長王蘋認為，過去幾年由於藍綠的政治角力，政治人物對於同志議題雖然在概念上不是很清楚，但為了政績表現，加上民間團體的積極推動，同志相關法律算有些許進展，2004年通過「性別平等教育法」，明定不得因為學生的性傾向和性別特質而有所歧視，2007年則修訂「性別工作平等法」，明定在職場不得因為員工的性傾向而有所歧視，所以同志在教育與工作權上已經有基本保障。

在更多的同志人權方面，其實中央政府與台北市各有一個「人權基本法草案」，但是至今尚未通過。

如果希望同志有結婚權，有下列幾種方式：
修改民法——目前的民法規定結婚是一夫一妻的結合，如果將「夫妻」改成「配偶」就可以將同志婚姻也納入。
立法通過「同性婚姻法」或「同性伴侶法」。
還有，立法可以通過「同居伴侶法」——這樣，適用範圍不只是同志，而將異性戀當中有同居關係但不願走入婚姻的人納入，讓他們的小孩、共同財產、相關權利得以有所保障。

除了訂立相關法律，還可以由中央、地方政府公開舉辦促進公民對話的大型研討會，讓同志與大眾進行公民對話，促進彼此的瞭解。
此外，也可以立法通過「反歧視法」，將各弱勢族群皆納入法案範圍。（王蘋的詳細意見，請見附件三。）

台灣人權促進會長劉靜怡，對新政府的政策思考方向建議有三：
一、把馬蕭人權政策白皮書裡現有說是要做的事情，切實進行。
二、補上目前政策白皮書裡不足的地方，譬如：就國際人權的標準而言，國家應該設立一個「國家人權委員會」。並且就聯合國人權宣言而言，應該考慮廢除死刑。
三、為了完全解除族群議題的魔咒，也為了真正讓自己新生，國民黨需要就自己在歷史上的人權紀錄，做一次徹底的公開與反省。

4.有關生活空間與品質的希望

以「我希望馬路是平的」為主的這一類希望，我請教了台大城鄉所所長夏鑄九、前台北市勞工局長鄭村棋，加上公路總局養護課林進發工程師。

夏鑄九認為：台灣的市民意識，對生活空間與品質的需求已經升高到一定程度，但是今天台灣的各級政府，行政機關的機能，卻無從滿足這個需求。這是國民黨在2000年之前精省，造成制度崩解，所留下的後遺症；也是民進黨在過去八年沒有在這方面投下心力改進的後遺症。
他表示，馬路之所以不能是平的，就是因為有太多部門在管，很難整合。除了台北市之外，其他縣市也有因為要虛耗預算，所以確實有挖挖填填的事情。
他認為，台灣需要根本的政府改造，行政區域重劃。夏鑄九的詳細構想，如附件四。

鄭村棋從另一個角度來看，為什麼每個縣市都有路平專案，馬路卻總是不停地挖，不停地補，又做不好的原因。他認為其中有官僚體制的慣性思維與作法因素，也有現在的政府已經是一部千瘡百孔的舊機器因素，因此，不論任何公共事務，如果主事者不帶頭看出其「公共性」，並且身體力行，官僚就會自動切割處理。馬路難以是平的，牽涉到各級政府編列預算的心態、與民意代表的互動、不同行政單位之間的協調等等因素。

公路總局養護課林進發工程師則從第一線工作者角度，提了一些補充意見：

一、建置共同管道，道路要避免管線單位設置人手孔蓋及路面開挖後修復不平整情形，設置共同管道是最徹底解決之道，然而建置共同管道經費相當龐大（1公里約5千萬至1億元），礙於經費難以立即全面推行。建議可在管線人手孔蓋設置較多路段，編列經費分年分段辦理，以逐年建立共同管道，徹底解決路面因埋設管線經常開挖等問題。

二、孔蓋地下化及減少孔蓋數量

三、加強管制管線單位路面開挖後修復品質

四、提升坑洞修補品質

他的詳細意見，也請見附件五。

5.有關環境與發展的希望

我請教了荒野保護協會的李偉文，鄉土關懷委員會召集人廖惠慶，蘇花糕餅舖網站李佳達，他們的建議是：

一、立法院盡快通過「溫室氣體減量法」，並增定具體的減碳目標，以符合國際潮流。

二、建立透明公開的決策機制——立法保障所有社會團體，可以在公共建設規劃設計的初期就被納入討論機制中，所有審查會資料公開、並保障社會團體發言權，所有規模較大之建設，皆應舉行具法律效力之聽證會，向全民說明。

三、培養公民參與的專業能力——由重大建設個案撥百分之一作為NGO基金，讓社會團體在公共事務上能夠有經費進行專業研究，監督政府施政，並於未來侵害人民權益時，能由公益團體聘請律師替人民向國家或企業打官司。

四、重新檢討目前爭議重大建設如蘇花高、大煉鋼廠之設立，計算並公布台灣排碳量的分佈狀況，要求污染量大的企業確實負擔起補償責任，以落實環境正義的要求。

李佳達另有完整建議文章如附件六。

6.有關司法改革的希望

我請教了司改會執行長林峰正。

林峰正認為，新總統當選人馬英九是學法律出身，又曾任法務部長，所以他應該對台灣司法界的實際狀況，改革的需要，最清楚。何況馬英九在競選期間自己就深有感觸。

林峰正的建議是：

一、儘速通過「法官法」。讓法官的晉用及監督機制，用一個新的方法啓動。檢察官也準用這個法。去年底，這個法幾近通過，但最後關頭卻止步。他希望國民黨這次重新執政，加上立法院的優勢，可以使這個重大的改革前進。

二、確實執行刑事訴訟法裡的「人權條款」，防止檢、警、調辦案的濫權。

三、法學教育的改革。

林峰正還特別提醒一點，每個檢察官原來就擔負的一個任務是：推廣「法治教育」。過去，這種推廣工作都是在說一些「不要吸毒」、「不要中輟」、「不要犯罪」的事情，但是林峰正認為今後要有更符合公民意識的做法。

司改會本身以美國為範本，新編公民教育課本，拋棄傳統談「選舉」、「開會」等議題，而改以「權威」、「隱私」、「正義」、「責任」為四個主題。目前避走教育部國教司的路子，而自行訓練幾千名種子教師，在全國幾百所小學推廣。

7. 有關媒體的希望

這一類希望，我想主要應在於媒體自律，並沒有再請教其他學者與專家。國會的透明化，則有待政府回應。

四、未來如何與政府對話

「我們的希望地圖」在開始啓動的時候，就未來如何讓新任總統聽到參與者的聲音這一點上，最主要的想法是「編輯出版一本《希望之書》，於520新任總統就職時，以適當的方式送給他，告訴他這是我們參與拼圖的人交付給他的希望地圖，希望他參考。」

但是在希望地圖啓動之後，因為不時聽到有人在問一個問題：這些希望會不會只成了不會實現的夢想？所以我們開始思考如何讓這些希望送交給總統候選人之後，讓他們有所回應與承諾，日後再據以觀察其承諾實現的程度。

這樣我們在選前的3月20日舉行記者會，提出與未來總統當選人對話、溝通的計畫。也承蒙兩位總統候選人出席的代表俱表示，不論當選與否都支持這個計畫。

最後，我們也非常感謝馬英九先生在選前最後一天，親自簽名支持希望地圖的這個計畫，給予重視與回應的承諾。

鄭履中／中國時報提供

選後將近一個月的時間，我們經過與馬英九辦公室主任羅智強先生聯絡，得知他們有以下顧慮：一、希望地圖的前二十名希望轉化為政策建議之後，馬英九先生本人無法圈選哪些可以採納為施政政策，而必須待他就任為總統之後，才能交付行政院長及其閣員加以考慮。二、因此必須於就任後有一段時間之後才能回覆。

我們覺得以上顧慮合理，因此，也相應調整這個辦法定案如下：

一、我們整理到四月十一日截止的總希望清單。
二、我們就總清單的前二十名，加上前一百名的其他相關希望，做出7種希望的分類，送交新總統參閱。同時，我們也邀請相關學者、專家來參與討論，提出對新政府思考政策方向的建議。
　　（原計畫由學者、專家來參與討論後，提出「實際政策建議」，因想到政府才應該是政策的制定單位，民間無法越俎代庖，因而修改為請學者專家提出「思考政策方向的建議」。）
三、在4月22日記者會上，我們把以上希望的綜合分析，與思考政策方向的建議，也就是本綜合分析報告，請馬英九先生辦公室羅智強主任代收並轉交。
馬英九總統就任後，交給劉兆玄行政院長及閣員研究之後，在最長不要超過三個月的時間之內，能提出他們如何參考這些建議的思考方向，以施政政策來回應這些希望。
四、至遲三個月，新政府提出回應希望地圖這些希望的政策之後，網友即可進行第一次滿意度的評分。
此後，每年520那一天，網友將回來看新政府提出的這些政策的進度與表現，進行滿意度的評分。新總統對於這些評分如果覺得需要答辯，可以在網上提出解釋。
然後，希望地圖的網友根據他的答辯，再來提出一次滿意度的評分。
五、如此一年、兩年、三年、四年的累積，希望地圖的參與者就可以根據這些希望的政策實踐程度，當作給這一任總統打個考績的基礎了。
六、除了原始希望地圖的參與者之外，新感興趣的網友也可以登錄一個帳號，取得評分的資格。
公民如何監督政治人物，使得他們在競選活動結束，自己當選之後，仍然記得當初自己聽進去的那些聲音，實踐當初自己所許的承諾，一向是民主社會的一個重大課題。我們以上的嘗試，是想在網路時代，

建立一個公民對政府溝通與監督的新平台。

再次感謝馬英九總統當選人願意承諾支持這樣一個實驗。也邀請所有希望地圖的參與者，大家繼續共同進行這個實驗。

五、結語

最後，我想特別再強調幾段在我印象特別深刻的訪談。

夏鑄九說，國民黨在2000年之前精省所留下的後遺症，也是民進黨在過去八年沒有在這方面投下心力改進的後遺症，造成今天的台灣已經是不可治理。

南方朔說，台灣不是M型社會而是三分之二型社會，有三分之一的人，可能隨著經濟的發展，而日益與另外三分之二的人拉大差距。

鄭村棋說，政府主事者必須看出一些改革的「公共性」，否則，官僚系統就會切割，無以進行。

我同意他們所提的觀察，也相信新的總統與政府在馬上就要啟動之際，必須記得他們的任務不是要和過去八年的執政黨相區隔，也不是要接續八年前的執政黨的軌跡，而要有從頭也從新思考台灣未來，大破大立的準備和行動。

身為希望地圖的發想者，與共同發起人之一，我想在這最後的綜合分析報告裡，再加一個自己的希望：新政府必須對台灣人口結構及內容的改善，提出人口政策。在目前所見的政策白皮書裡，未見這一塊獨立思考。

台灣人的生、老、病、死的結構與內容，顯然到了必須整個社會都加以緊急的注意的地步。

生的部份，相當高比例夫妻為不孕症所苦、每年18萬名新生兒的生育率在全球敬陪末座、每年有30萬名墮胎兒，這本身就是極大的警訊。如果我們再考慮進18萬名新生兒中，有越來越多是出生體重不足而有可能影響未來健康的情況；有七分之一是外籍配偶所生，而整個社會對這些母親與子女的接納，從法律到心態都還有很多需要改進之處，那就更不能不特別看待。
（信誼基金會執行長張杏如，曾經提供我一份澳洲政府鼓勵人民生育的新聞報導，澳洲政府自2004年開始實施的新生嬰兒獎勵計畫，對

鼓勵澳洲人多生育孩子起了巨大的作用，造成2006年澳洲登記在冊的新生嬰兒有265,900名，35年來首見的一次高潮。不只是鼓勵新生人口，澳洲總理陸克文新上台，針對他們弱勢族群所提出的「被偷走的世代」補償誠意與決心，也很值得我們參考。）

老、病、死的那一端，也有很大的警訊。勞基法把強制退休的年齡延長到65歲，進一步確認了台灣老齡化社會的形成。然而，儘管台灣的健保制度有許多為人稱道之處，但是台灣人的病與死，卻和先進國家形成很大的落差。

在寫這篇報告的最後關頭，我正好有機會和國家衛生研究院的溫啟邦教授有機會一談，得知癌症在1982年第一次成為國人死亡人數排名第一的病因之後，不但持續蟬聯第一至今，在1996年更成為死亡人數超過第二名加第三名總和的病因。2002年，再成為死亡人數超過排名第二加第三加第四名總和的病因。現在，台灣總共有100萬癌症患者，並以每年10萬名新生癌症患者，每年4萬名死於癌症的人數而在持續增加。相較於美國，從1990年代開始，癌症患者逐年下降，今天已經減少一半，我們的落後，是十分顯著的。

溫教授指出，台灣20~50歲的人特別不愛運動，差美國人四倍。65歲以上的人，運動量才跟上美國。而不運動，是台灣人罹癌四大主要原因中的一個。（其他三個是吸菸、吃檳榔與肥胖。）
所以如果我可以補充一個希望的話，就是請新總統和新政府，要從根源注意人口政策，改善人口結構與內容。

我們今天面臨的情況雖然可以說是十分新奇，但也十分嚴峻。一切，只看我們如何共同面對。

面對未來與未知，我們又不能把全部的希望寄託於於政府。我從鄭村棋所說的話裡，引伸出我自己的一點感觸：「每個人都必須看出一些弱勢或偏遠問題的「公共性」，否則，我們自己就會切割處理，迴避面對。」不孕症患者、外籍配偶、貧困學童、身障者、烏坵居民的希望，可能都是離你我遙遠的議題，但是一旦我們切割，冷漠以待，最終，我們自己還是會共同承受其影響的後果。

這是我們要真正打開自己心胸的理由。這也是我們要懷抱希望，分享希望的理由。
在希望地圖上，真正使用最多的關鍵字，還是「希望」。
是希望，使我們來到今天這裡。並，前行。

郝明義 2008/4/22

附件一 希望地圖網路參與者資料

活動自2008.2.29啓動，統計至2008.4.11晚上12點

1. 希望類別數

給新總統的希望	6942
關於個人	827
關於社會	3090
關於世界	658
總計	11517

2. 年齡區間

0～19	1106
20～29	3612
30～39	3698
40～49	1911
50～59	832
60～	358
總計	11517

3. 所在地別

台北市	3285	台北縣	2291	高雄市	594	台中市	556
桃園縣	536	屏東縣	518	高雄縣	452	北美洲	420
台中縣	364	新竹市	306	台南市	242	花蓮縣	227
台南縣	210	雲林縣	195	彰化縣	182	基隆市	179
新竹縣	160	宜蘭縣	128	苗栗縣	106	南投縣	90
台東縣	86	東北亞	61	澎湖縣	42	中港澳	54
嘉義市	51	歐洲	51	澎湖縣	42	東南亞	38
連江縣	10	金門縣	9	大洋洲	8	非洲	4
中南美	3	中東	3				
總計	11517						

4. 按「相同希望數」排名的前二十名

名次	主題	發表人	相同希望數	地區	發表日期	分類
1	★ 緊急呼救開始吃素，加入環保！	愛海藝文廣場	559	台北市	2008/3/31	給新總統的希望
2	將「不孕症」夫妻所做的自費醫療支出，納入健保或育兒補助內！	等待迷路的送子鳥	373	台北縣	2008/3/2	給新總統的希望
3	將牛乳產業列為國防農業	HUNTER	333	台中市	2008/3/1	給新總統的希望
4	政府應重視幼兒自費疫苗全面接種補助政策	朵兒	253	台北市	2008/3/19	給新總統的希望
5	我希望馬路是平的～	Seaman	250	台北縣	2008/2/28	關於社會
6	住在台灣的人都是台灣人	阿ken	219	台中市	2008/2/29	給新總統的希望
7	落實同志人權保障	阿哲	215	台北市	2008/2/29	給新總統的希望
8	提昇國人心理健康的品質	侯南隆	118	台北市	2008/3/3	給新總統的希望
9	我希望自己是一個公民而不是選民	rex	114	台北市	2008/2/29	關於個人
10	建立一個人民信賴的司法制度	八旬老孃	101	台北市	2008/3/24	給新總統的希望
11	進步的迷思	天馬賢三	85	台北縣	2008/2/29	關於社會
12	讓孩子們快樂的成長	Sea	74	台中市	2008/2/29	關於社會
13	請總統候選人提出國家的精神心理衛生政策	林言	62	台北市	2008/3/4	給新總統的希望
14	孩子能在安靜、美麗的環境中長大	幾米	58	台北市	2008/3/13	關於社會
15	5千元文化支出列入所得扣除額	傅月庵	57	台北市	2008/3/19	給新總統的希望
16	周美青女士繼續她所從事的工作	Yiling	55	台北市	2008/3/24	給新總統的希望
17	便捷挑戰安全的自行車道	0xe	53	南投縣	2008/2/29	給新總統的希望
18	但願大人的言行，可以成為孩子的榜樣！	吳若權	50	台北市	2008/3/16	關於社會
19	兩眼都看，才有深度	張妙如	49	台北縣	2008/2/29	關於社會
20	管束新聞媒體	春麗	48	台南市	2008/2/29	給新總統的希望

附件二 關於圖書館的兩個建議

台北市立圖書館館長曾淑賢

此為曾淑賢原計畫在「全國圖書館會議」提案的背景說明及提案資料

建議案一

案由：為健全我國圖書館事業的發展，建請政府於中央設置專責規劃、監督與管理圖書館發展的部門或委員會，並將直轄市立圖書館及各縣市立圖書館，改制為縣市政府一級單位，鄉鎮圖書館納入各縣市立圖書館系統，成為縣市立圖書館之分館，使縣市立圖書館的管理與輔導一元化，以有效整合、共享全國圖書資源，推展圖書資訊服務，進而強化國民素質，提升國家競爭力，請討論。

說明：

一、在過去數十年來，我國一直缺乏一個瞭解圖書館業務並具有統籌規劃及推動圖書館發展的強有力的圖書館主管機制，而且圖書館管理體系紊亂，事權不一致，各類型圖書館之間亦缺乏橫向的連繫。目前，國家層級圖書館之國家圖書館及國立中央圖書館臺灣分館隸屬於教育部社教司，國立臺中圖書館隸屬於文建會（即將移撥教育部）；直轄市層級圖書館中，臺北市立圖書館隸屬於臺北市政府教育局，高雄市立圖書館隸屬於臺北市政府文化局；各縣市層級圖書館則隸屬於各縣市政府文化局；鄉鎮層級圖書館隸屬於各鄉鎮公所。大學校院圖書館分別由教育部高教司及技職司主管；專門圖書館體系分別隸屬於各部會；中小學圖書館隸屬於各縣市政府教育局。

二、依照圖書館法的規定，圖書館之主管機關在中央為教育部，然過去，相關圖書館事業政策或由國家圖書館負責研擬和推動，或委由中華民國圖書館學會研擬。由國家圖書館扮演全國圖書館事業的主管機關，層級太低，且未賦予足夠的人事及經費，難以發揮功能；另外，國家圖書館由教育部社教司督導，難以指揮監督非屬教育部的縣市立圖書館及鄉鎮圖書館。而中華民國圖書館學會為民間社團，所提建議難以形成政策。教育部的相關單位對於全國圖書館事業的願景、藍圖、發展目標、執行策略及方案，並無整體規劃。

三、「圖書館法」第11條雖明訂：「各級主管機關得分別設立委員會，策劃、協調並促進全國及所轄圖書館事業之發展等事宜。」然由於屬於「得」而非「應」分別成立委員會，至今教育部向未依據本法條規定成立中央級的委員會，以促進圖書館事業的發展，而各級地方政府也未能成立，致使第17條的圖書館業務評鑑業務，也有待積極推展。

四、「圖書館法」賦予國家圖書館爲「全國出版品之法定送存機關」之責任，然在執行第18、19條之違反送存規定之罰則時，宜有上級主管機關協助進行跨部會的協調，以使業務順利推動。

五、綜觀各國圖書館事業的發展，統籌規劃全國圖書館事業發展的上層組織至爲重要，如新加坡在資訊、傳播暨藝術部（Ministry of Information, Communications and the Arts）之下設立國家圖書館管理局，英國主管圖書館事業的文化、媒體與體育部（Department for Culture, Media and Sport），或設立負有督導與協調圖書館業務功能的委員會，如英國的博物館、圖書館及檔案管理委員會（Museums, Libraries and Archives Council）。

六、目前縣市層級之圖書館除「臺北縣立圖書館」、「台南市立圖書館」直屬文化局外，其餘各館業務由縣市政府文化局圖書資訊課辦理，爲該局內部單位。縣市立圖書館層級低，資源少，無法普設分館，以擴充該縣市之圖書資源，影響民眾之學習機會，尤以學童之學習資源的獲得爲鉅。

七、我國鄉鎮圖書館是鄉鎮（市）公所之附屬單位或僅是某課室之業務，而臺灣的地方自治制度賦予鄉鎮（市）長充分的行政裁量權，使鄉鎮（市）長可任意調度屬於鄉鎮公所的人力、物力。因此，目前鄉鎮圖書館之發展深受鄉鎮（市）長的施政理念、地方派系、選舉恩怨等政治因素之影響。文化建設並非一蹴可及，成效不顯著，無法爲鄉鎮（市）政績加分，因此，鄉鎮（市）長往往不重視鄉鎮圖書館之發展。

九、縣市級圖書館與鄉鎮圖書館在正式的行政體系上並無隸屬關係，但是在圖書館業務的輔導體系上卻又有上下輔導關係。圖書館主管機關和輔導單位不同，造成文化局對鄉鎮圖書館之規劃，不易獲得主管機關的配合，圖書館的輔導體系僅有從旁協助及導引的功能而無強制性服從的效果。

十、由於早期文教合一政策，文化附屬於教育，文化中心初創時期隸屬教育廳、教育局，嗣後社會快速變遷，文化發展與保存日受重視，臺灣省政府文化處、文建會相繼成立，如今又有文化部之籌備，文教二元分立實務上已完成，除各級學校圖書館原則上由教育部及所屬教育機關輔導外，其餘公共圖書館由文建會予以統籌、規劃及執行各項輔導業務似較妥適，惟囿於圖書館法第3條規定主管機關在中央爲教育部，文建會始終無法編列公共圖書館業務相關預算，而教育部每年僅編列少許預算，致公共圖書館業務之輔導政策遭受質疑。

十一、國立臺中圖書館及國立中央圖書館台灣分館併入國家圖書館後，皆爲教育部所屬單位，如各縣市圖書館仍舊在各縣市政府文化局之下，仍存在管理與輔導非一元化，所造成的諸多問題。

建議：

一、爲了解決我國圖書館事業發展的困境，以及健全個類型圖書館的發展，充分發揮圖書館在知識經濟時代的功能，提高國家競爭力，於「教育部組織法」內比照「醫學教育委員會」、「國語推行委員會」等設置「圖書資訊教育委員會」（名稱暫訂），對內綜理教育部各司處之圖書館業務，對外向各部爲爭取資源與合作，強化圖書館事業的發展；或在教育部之下成立一個圖書資訊事業處，由層級高的專責單位負責全國圖書館事業的規劃，編列充裕經費，並逐年推動，檢討成效，以建立完善圖書資訊組織架構。

二、將直轄市立圖書館及各縣市立圖書館，改制爲縣市政府一級單位，並將鄉鎮圖書館納入各縣市立圖書館系統，成爲縣市立圖書館之分館，由縣市立圖書館統籌資源的分配、服務的規劃、作業標準的建立。

三、將縣市立圖書館的管理與輔導一元化，無論中央及地方政府皆宜由教育主管機關負責。

建議案二

案由：爲充分發揮學校圖書館之功能，建請將中小學圖書館轉型爲教學資源中心，併入圖書資源、電腦資訊及教材教具等相關業務，明訂國民中學及國民小學圖書館之組織編制，並提升爲學校的一級單位，設立圖書資訊教師，協助教師進行教學，指導學生運用圖書資訊進行獨立學習，以求學校圖書館之正常發展，積極扮演學校教學資源中心、學習資源中心、閱讀資源中心等的角色，請討論。

說明：

一、國民中、小學圖書館在法規未明定設立圖書館主任的情況下，其圖書館非一級的獨立單位，而屬於教務處管轄。在國民中學階段，有少數學校在教務處主任之下設一圖書館組長與設備組長平行，綜理圖書館業務，如此圖書館可稱爲二級單位。但大多數學校都由教務處下之設備組負責，而圖書館成爲三級單位。至於國民小學大都在教務處設備組之下設有一位編制人員負責圖書館（室）業務，而也有少數是由設備組其他人員兼辦圖書館業務者。

二、國民中學及國民小學圖書館因無專業人力，無法提供圖書資訊利用教育，亦無法配合學校課程、教學活動，提供教師規劃課程內容所需資料，亦無法指導學生配合課業，利用館藏資源，查尋相關資料。

三、目前國民中學及國民小學圖書室多採「一人管理模式」，有部分學校採兼職方式，即讓校內幹事兼管圖書館（室），平時隸屬於某一組工作，下課時則至圖書室內負責流通業務。圖書資料流通雖然是圖書館（室）的重要業務之一，但不應以此為限。

四、部分高中圖書館轉型為教學資源中心後，以資訊業務為重，由資訊教師（電腦教師）擔任圖書館 主任，影響學校圖書館功能的發揮。

五、鑑於2007年國際閱讀素養調查（PIRLS）結果公布，臺灣落後同樣使用繁體中文的香港，學生語文能力低落之問題亟待重視。而國民中小學圖書館是培養學生競爭力之重要學習資源中心，圖書館配置專業人員刻不容緩。目前有熱忱的流浪教師又有許多，如增設圖書資訊教師，一來可以有專業人員推動學校圖書館的業務，充分發揮學校圖書館功能；二來可紓解流浪教師問題。

建議：

一、建請將學校圖書館提升為一級單位，與教務、訓導、總務三處平行，設置圖書館主任，承校長之命綜理館務，並分組辦理資訊組織、讀者服務與教學支援等業務。

二、建請將中小學圖書館轉型為教學資源中心，併入圖書資源、電腦資訊及教材教具等相關業務。

三、建請在國中及國小設置圖書資訊教師，讓具備教師資格，並修滿規定之圖書資訊學分者，可擔任國小圖書資訊教師，以推動國中及國小的圖書館業務。

附件三 立法通過伴侶法與反歧視法

台灣性別人權協會秘書長王蘋

如果希望同志有結婚權，有下列幾種方式：

1. 修改民法：目前的民法規定結婚是一夫一妻的結合，如果將「夫妻」改成「配偶」就可以將同志婚姻也納入。如果做到，台灣將會在全球是領先地位（德國似乎已有此做法，待查）。

2. 立法通過「同性婚姻法」：北歐目前即採用這個，在不修改民法的狀況下，新增一個針對同志伴侶的法律。可以預見宗教團體將會強烈反對。

3. 立法通過「同性伴侶法」：同樣不修改民法，但是賦予同志伴侶的不是婚姻權，而是伴侶權，例如遺產的繼承、子女親權、探病、醫療決定權、重大手術的同意簽署、申請開立對方的死亡證明書、保險理賠、葬禮儀式的決定權……等。

4. 立法通過「同居伴侶法」：適用範圍不只是同志，而將異性戀當中有同居關係但不願走入婚姻的人納入，讓他們的小孩、共同財產、相關權利得以有所保障。

過去幾年由於藍綠的政治角力，政治人物對於同志議題雖然在概念上不是很清楚，但為了政績表現，加上民間團體的積極推動，同志相關法律算有些許進展，2004年通過「性別平等教育法」（2004年6月23日公佈實施），明定不得因為學生的性傾向和性別特質而有所歧視，2007年則修訂「性別工作平等法」（2008年1月16日公佈實施），明定在職場不得因為員工的性傾向而有所歧視，所以同志在教育與工作權上已經有基本保障。

在更多的同志人權方面，其實中央政府與台北市各有一個「人權基本法草案」，但是至今尚未通過。
陳水扁總統任內，2001年六月由法務部完成的「人權保障基本法」草案，經過總統府人權諮詢小組三年的研議修正，終於在2003年7月17日第三年度第六次全體委員會議通過了「人權基本法」草案，但是這個草案至今仍卡在行政院。

馬英九擔任台北市市長的最後一年（2006年），台北市的人權委員會也曾提出一個人權基本法草案，但是台北市議會至今尚未通過（相關事宜可請教法規會主委或執行秘書）。

此外，也可以立法通過「反歧視法」，將各弱勢族群皆納入法案範圍。除了訂立相關法律，還可以由中央、地方政府公開舉辦促進公民對話的大型研討會，讓民眾公開討論同志議題，讓同志與大眾進行公民對話，促進彼此的瞭解。

附件四 對希望地圖與新政府治理的看法

台大城鄉所所長夏鑄九

一、對於希望地圖呈現的價值觀並不意外。台灣市民社會的浮現所表現的價值，相較於認同價值困惑，主要是在生活的改善與生活空間品質的改善。人們重視的不在於統獨，而是改善經濟，生活改善，若是工作艱難，社會問題也隨之嚴重。至於人們期待生活空間品質的改善。台灣過去經濟快速發展，經濟發展掛帥，這是國民黨的成功也是他們的失敗。經濟發展了，但是生活環境的品質卻沒有隨之改善。社會對這方面的不滿是早就存在的。

二、至於民進黨，民進黨執政後脫離了台灣社會對現實生活改善的期望，可以說是敗選的主因。他們是全球化與新自由主義下的民粹政權，以愛台灣做為核心價值，把台灣變成精神狀態內向而封閉的國家，在全球經濟競爭的條件下，沒有出路是可以預期的。

市民社會的價值表現為市民城市，注重城市的可居性（livable）與永續性、可持續性（sustainable）。

身處全球資訊化資本主義之中，台灣現在有些問題已經日趨嚴重，社會兩極化，城鄉差距日大，空間隔離，有人把門的社區（gated community）浮現，這是世界性的現象，台灣也產生了。

像是對於外籍勞工、女傭等現象，我們的社會到現在都還沒有做好準備，迎接這樣的新生事務，我們一直把他們當作外國人，如果愛台灣的指標是希望永久生活在台灣，那他們可能比台灣人還要愛台灣。

....

我一直關心的都市社會運動，就是表現這種市民社會價值的都市動員過程。不管是古蹟保存、公園爭取、社區與鄰里的公共事務與公共空間改善，小到垃圾堆放（尚未強制徵收時）、學校教育、保護區與河川破壞、甚至在小學旁邊蓋柴油加油站等等。這些事情是台北市民最關心的事務，婦女尤其強烈，背後的價值觀與希望地圖呈現的是同樣的東西。

一九六○年以後，在許多歐洲城市，這種價值觀成為新的都市價值，透過市民運動、都市社會運動，最後改變了地方政府的政策，成為政策的價值觀，也使得城市的生活品質獲得了改善。

過去發展中國家沒有政治與經濟的條件產生都市社會運動，一旦產生，就會立刻上升為政治的暴力事件。而台灣這是發展中國家的類型，經濟層次的勞工運動、政治層次的民主運動、市民層次的都市運動在同樣的時間一起爆發，而歐美國家則是一步步誕生，但是，從這

次選舉結果，也可以看出台灣社會的生命力。
……………………………

不過希望地圖有個矛盾的地方是，這些意見是提給總統的，但是，這些意見的改革與執行卻大多是地方政府的權責。

正面來看，馬英九上任後，需要對政策提出改革計畫，他必須通過行政院的內閣把這些價值觀變成政策，然後更進一步把這些價值觀表現在地方政府的政策，讓這些價值觀在重要環節與穴道上明確表達出來，未來可以評估，要求地方政府落實執行與實現。

要給馬英九危機感，如果他以爲國民黨可以仍舊按照兩千年以前的方式提出政策與執行之道，這眞就是階級復辟，面對2008年的全球新變局與台灣內部的不可治理現況，注定是死路一條。
形勢與條件：
現在是外面一片灰暗，因爲全球巨變。
裡頭是不可治理，因爲制度已經崩解。
……………………………

全球都會區域的表現：現在的趨勢是全球都會區域的表現將決定未來發展的指標。舉例來說，中國大陸的一些都會區發展得成敗，就是未來中國大陸發展得好不好的指標。

行政區重劃：現在新政府可以立即做的事，行政區域重劃。現在既有的行政區域，既有院轄市，尤其是縣市，面對全球競爭，顯得太小，但是要面對草根民主，則又顯得太大。以台北院轄市爲例，必須擴大行政區，把竹南以北劃歸給台北管轄，形成目前北台七縣市，其規模與實力才能跟上海等城市平起平坐。中台、南台的院轄市的道理也都一樣。

此外，就是要二到三個鄉鎮合併（這樣，鄉鎮由合併升格而消失，更激進一點的建議是，取消里長，由社區這種組織替代），成爲新的縣或市，這是憲法賦予的最低層級政府。當然，這種制度的改革，會牽涉到選舉政治與地方派系利益的阻力，必須由有遠見的政治人物來推動。

都會區域治理：行政區重劃其實是面臨的是就是所謂全球化年代國家尺度重新調整的問題。我們應該調整爲北台、中台、南台、原住民自治區、澎湖、金門、馬祖等幾個大的區域級行政區。

縣市自治與市民（社區）參與：然後，基層縣市可以形成大約四十萬人左右的縣市，這是最基層的地方自治區，全台灣最多可以形成

一百二十個這樣的縣市，也容易推動直接民主，比如說大安區和信義區可以合併成一個市，人口規模就像美國的市一般，市民可以直接選議員、市長，教育、都市計畫與建管、社會福利、文化等等都直接由縣市自治也，比較容易推動市民參與或社區營造，建設地方，市民團體也容易直接向市長陳述意見。

至於生態，要根據河川流域進行治理而不是以河為行政區界，所以像是淡水河等，就必須由竹南以北的的區域級的行政區，經由政策加以治理。
....

這次希望地圖活動，許多網友提出希望馬路是平的。
馬路之所以不能是平的。就是因為有太多部門在管，很難整合。
除了台北市之外，其他縣市也有因為要虛耗預算，所以確實有挖挖填填的事情。

地方自治、草根民主、自主市民：現在台北市政府工務局底下有新工處、養工處，業務多得不得了，如果工務局可以下放到前述所說的縣市，這樣的小市才可能市民參與，也容易治理，市民跟市長可以直接面對面對話，市民可以參與計劃的形成與執行的過程，比較透明化，像是馬路等都市建設的問題，才比較容易可以解決。更重要的是：在市民參與的過程中，落實了草根民主（而不只是票選總統這種形式民主），也誕生了真正自主的「市民」。

附件五　公路總局「路平專案」實施概況

公路總局養護課工程師林進發

一、背景說明

道路路面人孔蓋不平整及路面坑洞造成人員傷亡爲目前國家賠償案件之大宗，亦爲用路人最詬病之處。人手孔蓋地下化，提供平整安全的道路，建立健全之管理機制，以降低用路人傷亡事件的發生，此爲公路總局推動「路平專案」的主要目的。

交通部前陳次長（現任行政院秘書長）於96年5月11日巡視本局時，特別指示公路總局應全面檢測轄區省道之路面品質，公路總局於96年5月24日擬定「路平專案實施計畫」，發函所屬各單位全面配合辦理，並請材料試驗所全面檢測本局所轄路面之平坦度及車轍。行政院公共工程委員會亦同時推動「路平實施計畫」，並於96年5月25日召開專案會議，本局提報7條試辦路段，已於96年底全部辦理完成。交通部長亦特別指示公路總局除7條試辦路段外，應主動積極全面擴大辦理，以期全面提升路面品質。

二、「路平專案」辦理情形

1. 行政院公共工程委員會列管公路總局7條試辦路段，共計20公里，孔蓋下地數爲1173座，已於96年底全部辦理完成，成效良好。

2. 交通部長於96年6月6日裁示公路總局應擴大辦理，擴大試辦路段增加28條，共計228公里，截至97年3月底已完成123公里，孔蓋下地數爲4492座，完成率爲54%。

3. 行政院公共工程委員會於96年9月3日派員視察公路總局已完成試辦路段（台3線27-31k，即三峽至大溪間），表示路面上已看不見人孔蓋，成效良好，大幅提高道路行車之舒適度。

4. 96年12月20日奉工程會指示於公路總局第一區養護工程處，辦理「路平實施計畫」道路孔蓋地下化試辦作業說明暨試辦道路觀摩會（台3線27-31k），全省各縣市政府代表均蒞臨參加，會中提供各縣市政府辦理方式、遭遇困難及解決辦法，並觀摩試辦道路人手孔蓋下地完成後平坦情形，部分與會地方政府表示將於今年度擇路段比照辦理。

5. 公路總局目前已完成平整度檢測，分別爲一工處台3線27-31k及三工處台9線401-404k路段，經完成路面重鋪後，檢測之平整度標準差約在2.3mm左右（本局新闢工程一般公路合格上限爲2.8mm，快速公路合格上限爲2.4mm），其餘試辦路段平整度檢測正辦理中。

台19線61k+430～65k+005

台19線61k+430～65k+005

孔蓋下地前

孔蓋下地前

孔蓋下地後

孔蓋下地後

路面加封後

路面加封後

三、「路平專案」擴大辦理後續處理事宜

1. 公路總局辦理「路平專案」孔蓋地下化，因台電公司未能配合孔蓋下地，致業務未能順利推展，將公路總局邀集相關單位召開協調會議，以取得共識後持續辦理。

2. 針對台電公司未能配合孔蓋下地，經濟部國營會提出孔蓋與路面齊平、加長人手孔距離、減少數量等建議方式。然而對路面品質而言，路面存在一人手孔蓋，於AC鋪築時因機具操作之先天限制，本就無法完全壓實孔蓋周邊之AC，日後極易蓄水而產生破裂或坑洞造成傷人事件，其中尤以機車騎士為最，更遑論未與路面齊平之人手孔蓋，爰此公路總局秉持「下地為原則，不下地為例外」之處理方式，以維護道路良好品質。

四、針對路面不平等問題，現況較可行的改善方式提供以下幾點建議：

（1）建置共同管道

道路要避免管線單位設置人手孔蓋及路面開挖後修復不平整情形，設置共同管道是最徹底解決之道，然而建置共同管道經費相當龐大（1公里約5千萬至1億元），礙於經費難以立即全面推行。建議可在管線人手孔蓋設置較多路段，編列經費分年分段辦理，以逐年建立共同管道，徹底解決路面因埋設管線經常開挖等問題。

（2）孔蓋地下化及減少孔蓋數量

管線單位針對長年未使用及預留之孔蓋辦理下地作業，並檢討設置必要性，儘量減少孔蓋設置數量。

（3）加強管制管線單位路面開挖後修復品質

管線單位路面開挖後修復品質應建立驗收制度，並提高未如期改善之罰鍰，以杜絕挖掘路面修補不良之情形。

（4）提升坑洞修補品質

道路養護單位於路面巡查發現坑洞時，以瀝鎂土先進行緊急修補，事後應以切割、刨除、鋪設、滾壓方式進行徹底修補，以提升路面修復後品質，維護路面平整及用路人行車的舒適度。

附件六 省碳節能的綠色希望

蘇花糕餅舖站長 李佳達

聯合國「跨政府氣候變遷專門委員會」（IPCC）最新報告（4AR）指出，全球二氧化碳濃度已由工業革命前的280ppmv，增加至現今的380ppmv；而台灣的二氧化碳總排放量，每人平均年排放量超過12噸，是全球平均值的三倍。台灣在1990年二氧化碳排放量約1.13億噸（人均5.5噸），到了2005年，排放量已高達約2.7億噸，總排放量倍數成長達110％以上，是全球成長值的4倍速度。

然而在台灣，推動從個人做起的省碳節能，其實都只是表象，因為縱使全台灣人都不用電，也只能節省台灣11％的排碳量，某家高耗能高污染的企業，所佔的碳排放量，已經高於全台灣人的日常生活總和，完全不符環境正義的要求。

而根據統計，台灣從2005年9月開始審議至今，已通過或審查中的重大經濟建設，若這些案件全數通過，台灣二氧化碳排放量將比2005年總排放量再增加43.44％！

因此我們可以這麼說，台灣的全球暖化問題，就是不當重大建設的問題。

這些重大建設，未來將可能使台灣面臨全球暖化下的貿易制裁，而不當的設計，非但淘空國家財政，也為所有年輕人留下鉅額的負債。更重要的是，這些建設也將完全改變台灣許多令人懷念的記憶，許多美麗的地方都將因建設而被破壞，最後只有企業財團獲利。

以蘇花高為例，當初交通部規劃，只有在產業東移政策成功的前提下，建設蘇花高才具備公共建設的效益，但最新的政策環評報告也指出，就算有蘇花高，產業東移政策也不會成功，若花蓮改以永續生態的願景發展，蘇花高將是破壞和污染最嚴重的選項，在東部整體交通政策上甚至連次佳方案都稱不上。

蘇花高為求環評過關，在二氧化碳排放計算上也避重就輕，國工局只考慮在高速公路上車潮帶來的排碳，卻切割每天六萬部車進入花蓮後造成的影響。蘇花高將帶來的人文經濟環境衝擊，政府也完全未做評估，未來興建完成，花蓮可預期將被納入台北一日生活圈，遊客大量湧進，快來快走的情形，將使得花蓮在地人文特色很難持續，而被跨國連鎖企業替代。

建設等於進步的思維，造成了台灣全球暖化現象日益惡化的元兇，它

影響的不只是台灣人的生活品質，更包括下一代對於土地的記憶，爲了圓一個省碳節能的綠色希望，我們提出具體的築夢策略：

1. 立法院盡快通過「溫室氣體減量法」，並增定具體的減碳目標，以符合國際潮流，並作爲政府施政指導原則。

2. 建立透明公開的決策機制：立法保障所有社會團體，可以在公共建設規劃設計的初期就被納入討論機制中，所有審查會資料公開、並保障社會團體發言權，要求所有規模較大之建設，皆應舉行具法律效力之聽證會，向全民說明。

3. 培養公民參與的專業能力：由重大建設個案撥百分之一作爲NGO基金，讓社會團體在公共事務上能夠有經費進行專業研究，監督政府施政，並於未來侵害人民權益時，能由公益團體聘請律師替人民向國家或企業打官司。

4. 重新檢討目前爭議重大建設如蘇花高、大煉鋼廠之設立，計算並公布台灣排碳量的分佈狀況，要求污染量大的企業確實負擔起補償責任，以落實環境正義的要求。

在現今減碳節能已成爲世界潮流的當下，不止每個世界公民都應從自己的角度加以響應，但更重要的，是新政府也需面對台灣暖化就是不當重大建設的問題，從根本做起，讓台灣眞正邁向一個樂活而美麗的永續未來。

附件七 學者專家感謝名單

本報告在撰寫過程中,以下20位學者專家就其專業領域給予許多寶貴的建議,特此感謝。

(依姓名筆畫順序排列)

1. 心理醫師 王浩威
2. 性別人權協會秘書長 王蘋
3. 行政院衛生署國民健康局副局長 吳秀英
4. 蘇花糕餅舖站長 李佳達
5. 荒野保護協會名譽理事長 李偉文
6. 前立法委員 沈富雄
7. 《亞洲週刊》主筆 南方朔
8. 公路總局工程師 林進發
9. 司改會執行長 林峰正
10. 陽明大學神經科學研究所教授 洪蘭
11. 台大城鄉所所長 夏鑄九
12. 信誼基金會執行長 張杏如
13. 新光醫院副院長 張珩
14. 中央研究院院士 曾志朗
15. 台北市立圖書館館長 曾淑賢
16. 和信治癌中心醫院院長 黃達夫
17. 國家衛生研究院教授 溫啓邦
18. 荒野協會常務理事／鄉土關懷委員會召集人 廖惠慶
19. 人權促進會會長 劉靜怡
20. 前台北市政府勞工局長 鄭村祺

HopeMap.net

網站發想者：郝明義

網站界面設計者：Akibo 與故事巢

網站系統設計與維護：Seednet

網站協力：Seaman 與Riz

主題曲編曲：林強

贊助：Akibo Works、故事巢、Seednet

專案企劃小組：洪儷容、韓秀玟、徐淑卿、林盈志、Wini

Hermes 11

我們的希望地圖

Our Hope Map

作者：我們的希望地圖參與者

編輯企劃：大塊文化＋網路與書

責任編輯：韓秀玟

封面美術元素設計：Akibo

封面及美術設計：張士勇 何萍萍 謝富智 林家琪

法律顧問：全理法律事務所董安丹律師

出版：英屬蓋曼群島商網路與書股份有限公司台灣分公司

台北市10550南京東路四段25號11樓

TEL：886-2-25467799 FAX：886-2-25452951

email：help@netandbooks.com

http://www.netandbooks.com

發行：大塊文化出版股份有限公司

台北市10550南京東路四段25號11樓

TEL：886-2-87123898 FAX：886-2-87123897

讀者服務專線：0800-006689

email：locus@locuspublishing.com

http://www.locuspublishing.com

郵撥帳號：18955675

戶名：大塊文化出版股份有限公司

總經銷：大和書報圖書股份有限公司

地址：台北縣新莊市五工五路2號

TEL：886-2-89902588 FAX：886-2-22901658

製版：瑞豐實業股份有限公司

初版一刷：2008年6月

定價：新台幣350元　ISBN：978-986-6841-25-5

國家圖書館出版品預行編目

我們的希望地圖 / 我們的希望地圖參與者
圖.文. --
　初版. -- 臺北市:網路與書出版 : 大塊文化
發行, 2008.06
　　面；　公分. -- (Hermes :11)
　ISBN 978-986-6841-25-5(平裝)
　1. 民意　2.輿論　3.文集
541.77107　　　　　　　　97008980

娃娃臉 KalaHom freesky 饅頭 阿龍 皓呆呆 米非 紅豆魚 羅克西 DEVIN 怡＊辰：）sa HAN show仔 Blue-Rain 流浪的雲 Sling Vigny 冠冠 peace 風雨中的寧靜 Patrick 米小恩 mimi 阿信 datao GAGA setsuna SAM Jaies Chapters bear19 souto 娃娃 黃老師 狗需 Mei 周德容 cc Skysea 甄 雨 ninatigerlily animalguard zoe Aven RES HUANG 侯蓉蘭 小呆 hsia atang Daniel Blue Pierre Allen cw mary felipe winnie 凌 阿盛 【誠品書店】 Goofy Janice 吳阿姨 y 蘿蔔絲 虎頭蜂 影武者 dani 竹 Elijah fran 種苗 Sarah ernie Peter Jim Sun 悠 閱讀者 Vitality 我是人 小p 大頭樂頭大 jingbin na 張正 瑤 peggy violaine Fen 狸 蘿蔔頭 maisy 阿鈍 kc 吳煬和 popo 放空的忍忍 hello 昌昌 mimi2006 YYJ 小黑 吳怡文 小短 Ray 鄭雲和 chings lauuu 玉珮 馬克白 ＊ 雅 ″ 陳怡嫃 keibun 煙雨心台草青青 buibui linsan Tuna Phil Hsieh 許閔勝 Syuan 小青蛙 阿奇摩斯 ursula 耶穌愛我我是耶穌 淡雪羹 綠青 蛙 amauago bwPingu Takatolee ctang abin 好自為之 如果 cherryleaf 安安 pei 百榕 Dear J ccc 狂沙 Over the Rainbow 朵兒 臘腸狗儿ㄟ 奶茶+椰果+kenty 和平鴿 謝智卿 MARY Winnie S. Albert adler 世界公民 蔡譽菁 Malimo 魚狗小孩 Yummy Porky 四耳 和良 a cappella pros 小魚乾 Ikkscott 大俠 ny Pim 小角落 fatty 維尼 dophy yvo floo 妤小鹿 老爹 Jamie chiueric 包子 ay Celeste 活力旺 瑋瑋 garnett 蜜雪兒 Eric 許詩筠 sherry inca fusionjazz cathy Pepsi_Mon 二泉印月 橋 北鼻 ann 張欣 飛魚 魯谷74 厲卓正 Vivien yun 汗神 joe Chin Junior hideallen 幸運 可妮 倚寒 stacy 大肚貓 世界公民 Kevin 李光正 威廉 郭詠佳 潘如玲 烏嚕嚕 LULU Yang Sara Helena 鳳梨 恩 Dunhill 渴望理性與和平 的桶 神秘A 小潔 WANG 佑佑 Angus 小蘭 遊魂 阿狗窩 Lucy elisa q15231 KIKIHUANG tonny peishan 謝amber MIL 球球 Senna May freeman 厚吓 玄鳥 阿印 april monica 家宏 cindy mandi 藍色 海 非佑 妹妹 肉圓 仙蒂 若夏 萍 TAO CHIEN 小桃子 畢琺桑 samyeh 喵 希望未來更好 小小葵 mike 喬爸 kakochang 曉青 mike 中李 小蔓 Elsa 叮咚 t t Kathy williams emma 郭鴻慶 曼棣 賓賓 Jupiter 貝 蒂 喵 carol hank 阿吹 YSL mikey 狄恩 fang tsen leoping garrett 大頭 Tony 妞 瑞司米 Esther Jack. Han 逸翔 小紅馬溜溜車 裕峰 shm mag Natalli 小裕 體元主人 yuri acrossline C-WANG 1 456 Annitawu 蔡小白 tws hope2008 小葉-麗莎 醉雲 A旭 Evelyn 小凱 djxiu Dinow Noger Eric Chen Chris Y-Fu 蜂 JJ 瓜子 阿諾 jas miao lokcyi Mafada 陳小poe 鴨鴨 咪咪 狐狸罐頭 GC stitchy Amigo Melody eric j Amos daphne LuLu 藍蕙 莊菁惠 yoyo 小蘋果 阿草 Rita 小靜 Steven non 大鼎 天堂中咪嚕 z06 mao yan 惠惠 哈哈 楊仔 julia Sophia lukema 小魔女 Vena 芭芭拉 J.J. 老青 Tom Denise 小鈴 J.J. 樂 樂兒 momo lullaby hp 固力果 丫媽 無法實現的願望 Alan Lin betty eileens rwcutter Lung 魯爾 翔龍 fen 福媽 ELF 拉拉芯 GreensEllen vanilla 大E 阮 Sean jane silverbat SUCHMC flora kb 阿蘇 sness 我們一直在等待妳(你) Pearl 冽羽 小毛子 檸檬伏特加 熙 joanna Wendy H.W. Lindalove 雪人 serfina 蛋 joyce 甘苦人 shenken 顧展榕 chouyang carita Merrydancer Joli ahaw MIFFY hcm 舞月光 MIKE 幸福小天 薇依 青影 miffy aamy Mandy Tim 珍 小佳 psuan 阿宏 chabi 阿花小姐 椰棗樹 yes Maggy 車車 tamako eLvis 天佑 Jay ccmin nakaw Ivy fif leslie 陳明明 小豪 nickywang 包布 mingyoung 小馭 城裡的月光 katie moon nicole 小貓 張恆慈 筱叛 期待.. Miki 企 愛與希望 不良 PAPER FrankinStar 瓜 子鴨 arkey 台東山豬 莎魚 Yvonne 滷蛋 february56 小麗 kate angel yyaepi Vicky Lin 成真 蘭韻 香妃 peace 土土 BeastYen Sharon yulinp green 小寶 希望 笨子 緋 joan mululu 瑪騏 Johnny Liu may kelly jas Tony Polly shinny nini Jane evabogi Bogus 星空彩繪 sunny 大嘴鳥 丫溶 希望 軍皓 大陸配偶台灣 媳婦抗議政府不准我們全家團圓 vincent pusadang 古椎慧 ivyhghsu 航空運輸業研究員 阿華 麗 chi 皺巴巴 摩可饅 花花 柚子人 醫生 愛台灣 vincent 希望在未來 姊夫 kp Edge fan mark coral junomay 胡蘭柏 solar stephanie Chris 小犬 玄輔 阿任--周董 minicat andie 小小市民 小良 野孩子 養樂多 心聲 郭大勇 酷兒蜜蜜 Oscar 艾小羊 嗚啦啦 雅芳 yi Lynn 阿佑 嚕貓果 柒小優 lison 博恩 Mellissa 無糖綠 Dish angela 小玉兒 ㄥ希望︵︵☆ㄥ鹿 savior ashiton jj erin yvonne ya_fang Gerald 我們是總統的希 望，總統是我們的希望 sunny 瑪姬 生在花蓮長在花蓮的花蓮人 小安 Joyce 小蕃薯 大有 YPL 野鶴 喵 喵 eric KK aliceshinlon 伏龍 alice min Jojo 保險天使 汪汪 蛙 糖 jet 蒼雨·緋霏 安塔 孫小翔 台北小市 民 elki mok 顏小靖 小林 楊阿陸 tiffany 小社工 Daniel QQ 旺仔 蒼雪 冽冷 昶諭 林耀宗 Feng 搖滾觀 世音 葉小捌 林幸妏 Ann 咯吱窩 咪 sheenchianchian 擁抱快樂 花花 nihil mihufish 搖滾新少年

WilsonKao 勳 XanadU 愛上宛 007 YSMUSGRAVE 銀 ttmok Sam Lai yuki bao 聆海 Robert Shawna Roe Victor Law balay Ancyken zz Fay polo adakuo jean Mt. Star aaron 阿成 九小查 echo Owl 徐珮珮 ally shane jane 媽子 R2 奕 酌影 櫻桃 吳宜榛 Carol zzzhyh michael 真美子 秀惠 puppylove0306 左一 Robin 萍子 瓶瓶 小可弟弟 river_theatre KF 花花 Grace maggie psycho SSF 阿璟 Jocelyn kamily Jinny 阿志 黃崇豪 皮皮 蔡小侑 高勝豐 阿舍子 Yian 大林 mellisa mwu 吳若權 antares MA chenchen chi 黎 KJ 喵喵 八旬老嬤 大牌 iRENE canopy 小琬 MIN 微笑 Micki 麻衣 孫阿毛 強 喵英 77 picassos Patty good firl grace salovey Phobby 彩惠 Jerry 葛瑞拉 angelina Emilyy Jasmine Vincent jen dino123 Vicky 老來得子的爸爸 mimi BiBi 福得 小B 劉家駒 忍者貓 jessica Ann Nicole 小比 area43 Wang before sky Mackensie Effie 土部 Celine 牛弟弟 terry 鈴夢孚 yuan 古錐乀婷 小白 Bill 翔哥 佑佑 晴天 bod 維尼 猩 造飛機 bean Elaine 贊文 酩哥 珍妮花 片業 Johnson momowa 小小胖 chenglin81313 豆花呀 ! yang joe steven 阿國 wen ani 台灣種子 tiger keeper 琳 踏進一個坑 aifish 鳴 緯 小白 ClareJ 葉小毛 緯仔 倪娜 serene Apple ~蝶~ karhun Reed Mr. J&R Meng 晴恆媽 Danny 葉小飛 chrissie 抛兒 VIP Young In-Jay 游小德 Sula ray 小安 Ken 小培 ren nantriplec 彎彎 張系國 查理王 Jay shamejudge 質能觸控化 bliss 瞎摸象 sugar RONDY96 Justin Liu 耕雲 Justin Justin MIN 家家媽 蔚雲 鴻漸 BETTY golden dozycat 王虎 joe roland 八分醉 simple 生工幫 貓館長 小秋 珠珠 happiness 丫駿 海 季曉 東亞 chienfong pc ddman love 卡瑞納 小蘋果 Clare 印刷-小真 佑子 輕熟男 凱文 ho 寧 Tuffy joy srk 阿k chun thron keihun 阿緯 百憂解 阿維 chenty 綠綠豬 小可 小玲 但尼斯 表妹 順裕 吳佳玲 David Lin seven 民~ 孤鷹 我是一隻魚 Yuen 阿貓 minna 天佑台灣 Dennis Sophia a NGO worker in Thailand ken 台灣加油 E.T. 悠媽 yu 甫 小龍 小妙 萬事go 裕ˋ 落雨獨甲仙 Sandy Jertsai 杰 fannilin 荳子 jmyao tsyuchu 王仁愷 大好蛋 Wendy MyTwoCents ★♀一═☆窩肆ˇ 饅頭呀ˇ☆一═★♀ JK celine CANON 大頭 RINGO 雪子 晝長苦夜短，何不秉燭遊 小Dora天 美齡 蟲蟲 kamail Simon queen猴 木婉清 emr 牛董 虎麟 Danick EEOrz 歪祐 smallmac 夜香 lisakan 奮鬥 偉仔 兩冠茶 Mandy 孟君 宗耀 史丹汀 胖大個 王國璿 羽毛公公 alex 農業萬歲 happy 小孟 pei-yu Tim 李小孟 YKK Joxu 思惟 晴恆爸 蘋丫果 Sargon jun lee 米粉妹 阿寬 sophia JEAN 蚵小煎 曾小惠 Tonia JJ JENCY lily 三郎 汀汀 如 rita april sabinchn SkysoBlue Simons Kailyn Mesa G 不凡女 Annie 軒 Irene 畢業生 7303010 邱薇 Teddy joan teddy 愛貓人 lin-lin 櫻桃 良心 fiel ec gin 浪跡兩岸三地的白兔 yang momo chi jenny 弦外之音 Lisa Amanda Joyce A-wing Alvin 丫弟~ 曉 小育育 阿政 真理 Midiland 木頭 希望地圖服務信箱 QQ chi 小奧 Jane 怡 巧克力 littlehia 梅子 lily 平 梨子 limmat 小問問 汧 smile xyz zero 呆皮進行式 沁璘 DADA 惠 MaV hal8900 昊辰 micchi Chen JJ Tiger CJ UFO 歐舍 eva 潔 DENY Svennk Holiday ching msa GM RT Rammod 羅蘭 佳融 Benson phoebus 5566 tnk grace agiplin hh0473 julin.chen BOSS SSY 范特西 maria 渟 已經為了人工生殖花了上百萬的苦命女人 Cherish 珂岩 Art 采蓁 隨風逐流的廷 Ping 晴恆外婆 尋陽 西行者 Allen 欣凌 小惠 Linda punc 英國鬥牛犬 Charlie 周姐 Larry PETER 屏 小子 Donald Chang Mr. fL loulw 阿Q krikri Chester VY vivian 老夫子 良 Joyce lazzy EILIN 小言 simone enhp niki lo yafi 雅瑄 Serena 皇上 jeff 黃金比利 豪 wsh wang 咩咩 Honey 茉莉媽 karen 邱景星 . diana kane apennines 書蟲 ☆ 歆〃晴 ★ zhuzhu 手指馬 CW Koo Yuki Vivic 度令抽拍 Eric 小魚 MONICA [娑] 慶 旺旺仙貝 筱楓 海豚 高梁58度 娟 雅琪 小廷 鬍鬚張 小月 施搭搭 *黃金鼠* 嵐少爺 elai 聰明鼠 ryan fish Patrick Anita Today mikecv candy Devil 柚子 goodbye kitty 林會卿 tony 阿達 may 佳 屁康 豬腳麵線 晴恆外公 依俗緣 noel lee 李四 meya 壽曉榆 小麥 DinoYu 雅江 Carol jill 晴川 Tao88 光明 小弟 帥哥 Louis hyde susan Kevinvet yen Hsiao 加百列 urea YUKY WARREN DENNIS FEBBY NEL NEL Maggie emily 0 YY shu hotpc OLIVER Minna Mia 乒 aai168 EASON yang 戴羽婷 小樂 Shin brandy WayTaiwan (為台灣) saxbpk Tammy amy 柿子 jonmin green liuchin jason64 scott juiigji 翔 K PAN 瓜 mabel ttp 阿勝 宣兒 Ying 【`[廷仔咩_____}-*】 趴趴熊 靜雨 雲~ KYLEbitch 暖海 昆昆 葉飛 Daylight Jamie 小龍 蓉 megan june9 fisher Waxley Terry 連結上帝的國度(我是女生XD) 小毛。 JUN.LU Jean 小工蜂 飛機 Cho hgsh205 小原 古士塔夫 藍天 grace Akemi hope sky Justice 貓喵=^.^= Linda Vivien frank jungle (-y-)老鄉 may Wenli

傑利 夏s＊ Chen 如 冥古 翼 小豬 好人 ruth 京城野 jp6 vern bunny George 黃晉瑋 --- 陳筱云 姿~ 期待 angela Louis 愛海藝文廣場 台大光音社&師大身發社 ALOHA 晴恆奶奶 漢木林笛手 auster 溫蒂 aregong SA &羽& 王淑雯 阿牛 小肥 小肥 黃老頭 hiruya LEEM 香文 美女燕 Alibutha 小豬 ringringina 溫馴的貓 垃圾渾蛋 regina 小菲菲 nicolin mia 真 joanna 愛睏小群 小橘 Ailsa 希望之胚 Houya 大呆 hky 從自己做起 廖婉君 小馮 劉思沂 小馮 幽谷陽光 黃小婷 JK JOEY 唐人__TangJen 丫頭咩咩 裴珀 陳澤麟 Athena Kuo Amy 邱培銘 史瑞克 奈米 Ju j QQ 朱煜 拂月 Barros Connie湯 大哥 玫瑰 Jane 姥姥 went tony michael 陳威威 summerrunner Tiffany 小草 廷 apple 黃 簡曼珊 雪如 蓬蓬裙 鐸 麗蓉 黑輪 jashe 阿布 貓兒 曉薇 AS 執著天才妞 益鈴˘ 法拉 ＊凸玲＊ 小魔頭 邦邦 jake 包公 Jane lee 益鈴 影妖 Phoebe 白白 星羽 truda Justin Yenfeng 小傑 alice Crystal 馨 Doris nikki Joe 小鳳 古季蓉 nicole ama ting 海妹 極光 dabby 心嫻 sonata amy liang Iris Othen 長頸鹿 Amy 陳芷菡 chw alan 王子 三姊 Elva Angel hope anna verna 超越 wu 幸福 june9 chingkai KNJI JOJO Michelle 梵宸 悠米 Angel 蚯蚓 Hcaven yp 苗錫聖 kevin bright Lee Yao Pierce Shane 希望 kovinda 大梵聖掌 waller210 miss 文文 歐俊麟 yvonne 笨人 fiona jade kyrene BetsyYeh joy480 ken Peter John lisayang 舒曼 悠悠 Saint 一心 稚玲 juliasweety 丫茵 williams Corrine 小可愛 willaims Kuo 鉛筆 平等 小羽 林瑞安 程榮福 spring janet jessie zena Mei mei Sophia 翁明輝 Benny 太陽 juila5411 Lawrence Wang Dora Joshua Ching light 可愛豬 gina 月芝 恩典 Grace UFO vegan louise 小士 宇宙寵兒 900246 愛 smch lily MAY jim 劉月瑛 insblessing tandie Alice 曾猛 jotimna gsk Tina 幻之音 little apple 曾先生 younger ken PHHsiao tina 林欣鈴 星光燦爛 Lin maggie 小黃 粉紅茱 小群 山林 bubble 慧光格格 ellen mike 呂泰霖 小布 jack 光亮的傑克 樂 LEN 和平者 anne matani Jake Hsiao 天堂花 Eric Huei Love Joe Tom Tim Leo MayMay Baby Eric Chu Leon Barbara winnie Chen 闇冰˙玄影 saveearth 夢子 阿明 夢 至驊 jash 思念彼岸 拿鐵 Sunny enjoy Autumn 寒尾毛 徐梵懷 vala Lucky yinspire 白 Hope Shupette Humble 晴晴 Sunflower 九九 小柔 lu 小龍 patrick 夢不落帝國的彼得潘 zOx 小陛 靈 清靈 維尼 大涵 ruying cherrybeer Ped su. 希兒 阿鍾 Eva Simple 西瓜 alice 蔡憶雯 itchy [羅一極] 林仕雄 橘子 Elisea jim sw moon a-shun Andrew Wang Sega Chen Juzel 開悟 Lawrence Liang Old Chou ahkin tcf 陳筱豔 Eileen soon 阿在 Sega Chen 玉米片 sonic 劉佩華 happy 小魚點 Ping hsiuhuey 電器 sway 陳俊任 amy 歐文 Top1 archy applemimi Alan STELLA KUO 極光 candy 小羅 藍 丫噹 文忠 rainbow chiang 何信毅 tei Duan pin 寶貝 琪峯 god2044 小欣 James Yang Julia Ch'erng Kitty 老煬 Snoopy Dream-M febie James Sharon Fred Sterling Jackie Ethan Mary Rain Frank 君 Howard missy Upton dev0963 Michael Wei Wei Jasmine Carol 小峰 Winnie BUTY kevin karen afa amy tcchen99 林裔玲 anny 米國 nadia bao 陳玉釧 perfert peter tan nobody 棠夔 andy Amigo Hope YEN 0902 grace Tsai Chu D JohnWong WuChengHan 江琦 陳捷甄 Amy feliz sandy Ringo Alice A.J. QQ 松哥 詩穎 JR KURO ken amigo 徐再添 Queen love Nina 何小姐 sumawendy hwt grace sky GIGI SPRING 168 yeayea 感恩者 LV 嫚 pure Titian 雷尚淳 藍雨 Christine paulina lightup erica PP peace GEHU 小小 rkreach melody 愛子 parrampin 無名 kk Amy daphne Philo vincent 讓我們敲希望的鐘 jade Sofia SharonWong SGH doris 小延 Alice 貓咪 hope SIMON 紛紛 我愛taipei enlight Clara Huang yunghsin 建倫 辜子芸 chin May HU 姍珊 小珠子 chichi 東 丫光 心華 阿華 ASENNA 芽芽 ong ong 陳衍廷 丁丁 peggy bear 小白兔 小狗貞貞 博喬.. 王若呈 chihyu amy 平凡人 柔柔 育熏 邱邱 lily 方美子 柯 無名氏 ＊ 啊秦 jojo Eileen 平 帆雅 beehoo 艾麗娃 大師 小畢 陳建倫 黃惠鈴 中華民國圖書館學會 小沛 triple-u 阿陵 Together whitman Tiffany 55 heyQ 阿miss outin owen yukun 沛穎 丫菁 柯婷匀 yui 小李 捲捲 William Chan goda yiwen joejoe9321 Janina Ron子 Dada 思婷 yo YAO Jeannie Liao 棠倪 謝孟蓉 阿祿 糖糖 jason 小涼 小美 yogi_cheng 阿鴻 avene hjl74813 NINA 無尾熊 lorita moo Y iltkz 小明 jessica 滿足 生チョコ 林冠穎 Kevin Yenpei 豆腐泡芙＊ sun11 小胖 sharehouse 檥仁 秋老頭 Cindy Lin Tom teresa 曾小妞 陳玨曄 小新 dora lala 神愛 郭wan lu 沛穎 林冠甯 烏龍茶 紀婷婷 jenny 龔資評 馮玉安 妹妹 arlen 朱光杰 Mei Dii winnie sonya fenfen iyo 羽卒 Debbie Lon_Lon 米t 洪春景 鷹衡 鋒 宜樺 愛汝 藍詩涵 小妮 pohodia joyce virtualboy beer happy 龍博士 Wawa pei sky 明格 280

Candy Robert happyntu feeling good 噗噗噗噗噗噗 Jean Rick 希望世界和平 龍 ivy 吳冠宇 youpa polly Light Agnes shia chen 田奇旻 劉曜彰 廖敏茹 Chu Al Aaron 光子 zue godsson light Polo 居禮夫人 羊小挑 GREEN prophet 小熊農場長工 momo Terry 龍 Good Great kumiko JJ APPLE 施愛上帝 thomas kuan sammy Baby熊屁 nefery 王大星 泰迪熊 nmc jj 彭彭 光音 業 nefery 易恩 葉子 燕子熊寶寶 張老師 名 airy ﹏ ╭☆★ ⸾♁哲≠☆︶*&﹏ 張幸宇 阿巧 Sheng Chieh Chan 小飛 天使阿成 ★§螞蟻 王昱文 哈哈 may 小璋 Damient Yawen Ann Nancy cllin 噹仔:) ay 林子琳 貓咪 thatslf sally 石芳瑜 lilyvalle 王大星 王宣詒 rosaline 楊宜珍 萱米~*ˇ^ ~ gaofan noviababe Gay HYY caton ink EV 帥帥老頑童 BBC 琵寶 米糕 rjsung 米a 快樂 chunpo91 妍妍 張大春 Mike 宋來發 anita JANSAN 喵喵 yulia 小小奶油玉米花 小牛 天空胖 貓尋 橘子 angel 光 crystal kelly linda 呆德 leon 狗狗 k Grace Q桑 light 林婷婷 林煊璟 莉燕 彩虹之光 bonny 許春華 chenpk88 菁 Grady Ch 阿蓁 noble 賴郁璇 chen XiDe 貓貓 姚子 龍貓 鄉下人 beautiful gardener 陳郁文 小力 吳國星 zhuangziyu 丫麟 可樂 Hallelujah 星辰 隆 武 sam Shampoo chenya savi江 Betty 葉子 Weet Tween milene 陳宜軒 yp nice mi 大老鷹姐姐 優亞 lisawang tsay90 loveinnergod yanglady JOe 斌哥 winnie fantastic w Lisa Porter Francis jan jade waldo 牛奶 王昶達 Susan YUHSUANHAN 牽牽 cheerjohn fanco 蔡白 doris june 糖果 小惠 LEWIS 小牛 winnie 呆 黃靜怡 BB wendy Ah-huang sunny Sara Lulu simba 蔡亦淳 Rachel 小偉 jenny addslau sandra 寶妮 包泥 小掌櫃 朱世華 小小羊 sky 天才 戴瑋 huahua 寶妹 小華 sheela 小飛 witch opg Lily yoyochee kueichiao Gary mei lee susanchang 陸壬秉 Derick 吳念慈 Y勇 kcleu yenting 吉良吉影 阿限 小寶 宋小花 小映himeka 豬仔子 小佳 K.Y. Hsu juli ss 不平則鳴 竹廷 mra 馬克 Ying ahfu Sophie 小牛 Jin Henry star Nanny 阿姨 張慧貞 晴 Karen Rainbow 阿萱 巧儀 冠汝 涵郁 JJ where su 晶晶 藍白 agnes 佩樺 Jeff blessing 小熊 David JM 劉騏睿 浮雲掠影 慈若水 Shuton 韋閔建倫 Sarah Chen 劉美筠 sara twins isea 金家柔 S3 林于湘 家柔 lily 風 Alice 小莊 七里香 Carol lonnie 寶園 shiva 棉棉 鄭華香 美麗新世界 lee saint Terry Serena shawn missbear colette liyun weimeichen nobledog 愛無所不在 polly 阿榕 葛雷絲 teddy wang 小不 慧 Win nano 流星慧 greenshady 翎 承昱 姜董 涵郁 劉嘉琳 ☆ ㄨ 佩君 愛 東 ㄨ ★ 吳英里 Green 阿男 呆璇 engine3d 小小白 ☆ ㄨ 佩君 愛 東 ㄨ ★ cder 佳儀 海綿 Eason Chen JHC Robert Lin loveyou 白老大 jonathan CC 小民 JC 野口 allen Filoli Remember God norahsul Becky celine 林淑娟 電影迷 熊 閱讀人 jane 彩梅 曲圓 Wayne 陶小驢 moon mj 姵誼 小柯 排球國手 sky yoyo 淑慧 yogi 黃小雞 Y Sir fishwa 月兒喵仔! 小八 潘ˇ Jeff linda mia 小華 Frank 阿丰 邱章凱 陳無 書籤發霉 anny 雅雯 林佳憲 峰宜 陳世國 jhchow68 lun 蓉兒 Rinoa 小婷 Giotto Frank Sharon 阿梅 蘇莉婷 張名婷 賴鈺涵 陳美云 蔡宜蓁 小禎 賴鈺涵 素醬 黃文萱 逸想天開 雅雯 陳亭吟 貓女 和平 陳逸寧 『瑋仔』 阿公 陳蘊宇 Kady 阿飄 建洋 小m 小楓 哲宇 阿姿 婷 葉子 可//* 許雅婷 dan shun yo 王淑羽 YM 品心 阿惠 鐵人 阿斐 小伍 小毛 榮 JamesLin Lisa Stephen Pei lye carol Amy yahsin Grace 阿中 安達樂三 溫肇東 Lily 三姊 噢嘟嘟 IRIS 方節 丫國 小玉兒 xxc 圖書館園丁 李亭葦 iamgodc 江萱 小倩 柯欣雅 吳欣怡 苓庭 大家慈 yoke 阿品 小慈 淳棋 韓妹 沁函 育嘉 林倩儀 iris hou bess 阿湯 羊妹妹 阿宏 chen Iris Cheng JC CHIA 台灣還有天理嗎？ 于倩 陳雅玲 阿爹 靖淳 鄭凱羽 Pessimistic 青 佳儀 搗蛋 維尼 家宏 Bai 佩珍 宜樺 柚子 育嘉家宏 sclo168 Sonia 朋友 小妤兒 化蝶 starlight 良知 飛虎 relax Thomas Tony Liang Dolphine 楊家璋 Ya Ching 周佳鳳 RU 小吉 patrick 丫玉 Tip Grendy Mike 忽忽 tfh 小李子 琪琪 李詩媛 SUNNY jacky 陳老師 fish angel WENDY 邱薇 caroline mimi 阿財 Jah money 峰 dudu 過路人 vivi 橘子 meowmeow Jonas 鈺姍 日本茄子 雅婷 江喵喵 爆 夢婷 雅雯 淳 嫵汝 林雨凡 宜蓁 a-Ling〝玲 淑琳 黃宗欽 天堂 mugee 姿宇 佳駿 羊毛 延廷 維×° 低調″¬♁ 傅馨儀 yunnhwa 阿慈 Chia-wen 唐筱菁 小野 戴竹君 mixkite 米奇翔 葉柔孝 胡 蘇冠瑜 tako 李尚樺 林欣品 Catherine 陳盈芳 ruth san chen 鳥人 肥肥 醇泉 張紫璇